Agradecimientos

A todos mis amores, en especial al más grande.

A mis compañeros del Centro de Salud.

A mis pacientes.

A Salva.

33 DESNUDOS EN BATA

María Pasquín

Es propiedad de:
© 2019 Amazing Books S.L.
www.amazingbooks.es

Editor: Javier Ábrego Bonafonte

Pº de la Independencia Nº 24-26.
8º planta, oficina 12.
50004 Zaragoza - España.

Segunda edición: Marzo de 2019

ISBN: 978-84-17403-37-9
Depósito Legal: Z 539-2019

Diseño, Preimpresión e Impresión - Cudipal Gestión Gráfica, SL
www.cudipal.com

Como citar este libro:

Pasquín M. 33 desnudos en bata. Zaragoza (España). Editorial Amazing Books; 2019

Web de presentación del libro:

https://amazingbooks.es/33-desnudos-en-bata

Sumario

PRESENTACIÓN DE LA AUTORA

PRESENTACIÓN DE LA AUTORA

33 Desnudos en bata pensé que cuando se completara sería una mezcla de los desechos que nos llegan a la consulta y la sordidez de los propios profesionales, sin mucha conexión, pero su elemento sería ese… Todo lo duro de la consulta, la muerte, aquello que quería vomitar.

Lo que ha salido es el propio crisol de un centro de salud donde converge la salud y la enfermedad, el regocijo, la aflicción, la idea de las miserias de pacientes y médicos, o los personajes de estercolero que aparecen por las consultas y la grandeza de aquel que pone sus incertidumbres en nuestras manos. También han confluido, como sin querer, todas las nuevas modalidades de comunicación que, sin duda, inciden en la forma de relacionarnos con nuestros pacientes. Esas nuevas tecnologías que muchas veces nos distancian más que acercan a las personas que se sientan frente a nosotros o se descubren en la camilla a mostrarnos su cuerpo.

Y cómo no, se han imbricado las dificultades personales de unos y otros, que entorpecen el saber para el diagnóstico y tratamiento: las vicisitudes propias de una ciencia no exacta, el dolor profundo, la cercanía a las personas y la gran trama de profesionales, médicos, enfermeras, pediatras, matronas, trabajadores sociales, etc., que buscan el bien común, ese deseo infinito, infantil, asentado, que es la vocación con la que se comienza…, al final me hubiera gustado transmitir lo inagotable del ser humano que día a día discurre por nuestras consultas.

María Pasquín

PRÓLOGO

Esto NO es un libro.

No. Esto que estás empezando a leer —en papel o en ordenador, qué más da— NO-ES-UN-LIBRO.

Esto es…, una película (o una serie de televisión).

Soy productor de cine. Lo más importante de mi trabajo es cazar talento, descubrir dónde están las buenas historias, y *33 desnudos en bata* es una colección de relatos con todos los ingredientes de los guiones que terminan siendo grandes películas: actores/personajes muy potentes, pasión, dominio del argumento/tema, emoción, conflicto, cierto suspense…

Empecé a ojear distraídamente el primer capítulo, "La solución ética", solo por ver de qué iba la cosa. Me atrapó. Me atrapó, me subyugó. Terminé —espero no hacer *spoiler* diciendo esto— emocionado. Literalmente llorando. ¡Joder, vaya comienzo!

Después…, los protagonistas (médicas, enfermeras, administrativas —sí, todas en femenino—, pacientes, etc.) se fueron, poco a poco, adueñando de mí y yo fui devorándoles vorazmente.

Seropositivos, drogodependientes, accidentes, socios fallidos, bancos usureros, deudas, hipotecas, compañías de seguros que rechazan la protección, suicidios, pendientes, pulseras.

Señora mayor sola que necesita curas diarias y que le cuenta toda su vida a la enfermera, que, de paso, le hace recados porque la señora no puede salir.

Usurpaciones de personalidad y de perfiles en Facebook e Instagram. Baja por depresión.

Y como guinda final nada menos que… ¡Benedetti, Celaya, Onetti!

¿Realidad? ¿Ficción? ¡Qué más da! Vida, pura vida, retazos de vida hilvanados por las sabias reflexiones de la autora.

Estoy seguro de que cuando la ministra de Sanidad lea *33 desnudos en bata* declarará Monumento de la Humanidad al Centro de Salud de Santa Hortensia (Barrio de la *Prospe*, Madrid).

María Pasquín ha escrito una joya (33 joyas, para ser exacto). Espero que la disfrutes.

José A. Romero.
Productor cinematográfico.
Flores en la basura (2019), *La flaqueza del bolchevique* (2003),
Se buscan fullmontis (1999)…

LA SOLUCIÓN ÉTICA

Si ansías conocer al hombre, penetrar todo lo trágico de su destino, entonces hazte médico, hijo mío.

Esculapio

—María José, tenemos que encontrar una solución ética, no puedo más, me asfixio.

LA SOLUCIÓN ÉTICA

Un día como hoy, veintinueve de julio, en el año 1933, nació mi padre, Ricardo. Como buen Leo, y bajo su signo del zodiaco, con un carácter que hacía honor a su astro. Los Leo, nacidos entre el 23 de julio y el 23 de agosto, simbolizan la energía, el orgullo, la vanidad, la realeza, el poder y la diversión, eternos mandamases y *disfrutones*. Su elemento, el Fuego, que prende su carácter visceral y sus pasiones bien arraigadas, comer, beber, regocijarse de los suyos y de lo suyo, achuchar a su mujer. Su estación, sin lugar a dudas, el verano. Con esa tripa bien cultivada, paseada de un extremo a otro de la playa, compitiendo con familiares y amigos sobre el volumen más magnánimo. Su carácter, en general optimista, con tendencia a la tragedia en momentos vitales críticos. Generosos, entusiastas con su trabajo, buenos líderes, amigo, muy amigo de sus amigos, espléndido en sus acogidas. Su color, el rojo, que pretendía que lo llevara mi madre, ella más tendente a la elegancia y discreción. El planeta, el Sol, que sus hijos y nietos giraran en torno a él. Se quejaba de que su mujer, etérea en su piano, no lo hiciera lo suficiente.

¿Perfumes? Uno de caballero, de uso diario, sin que mi olfato identifique ninguno concreto. ¿Piedras preciosas? El diamante, como el anillo que regaló a su esposa, por los ocho hijos que le trajo al mundo, gemelos varones como broche final a una vida, juntos desde la primera juventud. Los Leo son los reyes entre los humanos, o lo creen, de la misma forma que los leones son los reyes en el reino animal, con apego a su raza y origen. Mi padre, extremeño, de origen nobiliario, como tantos hidalgos españoles, no lo era menos, con la búsqueda de toda la saga familiar de un apellido compuesto de renombre, que revistiera de clase al pingüe recibido de nacimiento, uno de los múltiples acabados en -ez. Toda una historia y la creación de una estirpe.

Estos Leo pueden ser tercos, absolutamente tercos en sus creencias, pero siempre desde una fe y sinceridad absoluta, con consecuencias funestas por empecinarse en posturas extremas, más en lo tocante a la virginidad, pureza y honor de la mujer y la familia. En el más puro acento del *Alcalde de Zalamea*, y me tocó vivirlo en mis carnes de hija..., una verdadera persecución, la mía especialmente por la condición de primogénita. ¿Defectos de los Leo? Los propios del carácter pasional, arrogantes en circunstancias, con ciertos aires de superioridad y prepotencia, orgullosos siempre y con un genio endemoniado que, en la niñez y adolescencia primera, nos llevaba a dirigirnos a la madre como mediadora, interlocutora de causas perdidas, pues normalmente si decía no, era no. Nuestra adolescencia, la mía y la de mis tres hermanas, una verdadera pesadilla, horarios estrictos y hasta un sinvivir. Más relajado para los varones, aunque no dejaba de imponer su huella y sus normas.

Una noche, casi sin que viniera a cuento, me interpeló. Nos habíamos sentado a la lumbre de la casa de la sierra. Le encantaba ir, rodearse de sus nietos, y al que fuera el pequeño por entonces, lo depositaba sobre su barrigota, en un sillón de orejas en el que se sentaba a leer el periódico, y la criatura reposaba feliz sobre ese vientre protuberante, cálido, que le acunaba con la respiración. "¿Quieres quedarte con la casa?" —lanzó al aire.

La pregunta me dejó confundida e inquieta. La casa era la casa de Madrid, la que había sido mi casa de la infancia, en la que había crecido, había ido al colegio y de la que salí para casarme. Una casa con solera, una casa de esas que si paseas por Madrid, llama la atención. Una casa de familia, como suele decirse. Un escudo de armas con cuatro cabezas de moros degollados presidía la entrada y una cristalera de vidrio emplomado recorría la fachada para darle prestancia aristocrática. La pregunta me descentró. Mis padres residían ahí con algunos de mis hermanos, unos por jóvenes, otros por ser víctimas de las diferentes generaciones españolas de la X, la Y, los nini, mileuristas y demás parafernalias, en la que el paro ha atizado a los jóvenes en crisis entre periodos de bonanza.

"¿Quieres quedarte con la casa?" —la pregunta realizada con tranquilidad, a mí, felizmente casada, con cuatro hijos, médica, ejerciendo la profesión, con la plaza en propiedad, con una casa por la que estaba hipotecada hasta las orejas, me retumbó en el cerebro, marcándome una señal de alarma que no podía identificar.

La lumbre chisporroteaba en la chimenea. Un fin de semana cualquiera. Los nietos besuqueando a los abuelos. El padre, trabajando. Mis hermanos pequeños, en alguna juerga. Mi madre, dormitando en el sillón contiguo. Rebobiné.

Mis primeros recuerdos de la casa se remontaban a la visión de mí misma, etérea, algo rechonchita, con cuatro años, vestida con un tutú blanco, subiendo a la azotea por la puerta de servicio, cruzando la escalera oscura de piedra que recorría el edificio a modo de túnel, desde el sótano hasta abrirse al cielo. A tender la ropa con mi madre o con la tata del momento. Mi recuerdo y sensación es de soledad y libertad absoluta, de bailar por el tejado, de creerme princesa en un palacio. Veo todavía desde la altura y en imagen única lo que es mi recuerdo de la finca de Menéndez Pidal, la casa en lo alto, la colina con el herbaje, las amapolas y los eucaliptos donde pastaban las ovejas, ese recorrido al que nos encantaba que nos sacaran de paseo…, dos, tres, cuatro, cinco hermanos…, uno cada año…, mayor de cinco a los cinco años…, dicen que imprime carácter…, o lo condiciona.

La casa no era antigua, finalizada antes de los sesenta, construida por mi bisabuela, con tres pisos, uno por hijo, y domicilio que mi abuela Pepa no quiso aceptar. Afirmaba que se la habían construido sin consultar, que no era una casa para acoger a sus siete hijos y que ella se quedaba en su piso de renta de la avenida de los Toreros. Allí donde se vino a Madrid desde su Extremadura para acompañar y dar soporte a sus cuatro hijos varones, que estudiaran carrera. Estas historias eran las que nos contaba mi padre, Ricardo, hijo amantísimo. A esta abuela, de la que llevo el nombre, la única entre veinticinco nietas, no la conocí. Como nota, muchas de mis primas llevan el nombre de esa bisabuela de sangre, alcurnia y pecunia conquistadora, que sobrevivió con mucho a su hija.

A mi abuela le sorprendió un cáncer de mama en el tren, cuando volvía de Granada a Madrid, en una visita a mi padre y alguno de mis tíos, que, muy malos estudiantes, habían trasladado el expediente a esa ciudad con el afán de finalizar los estudios (¿sería más fácil?) o por el servicio militar, no recuerdo. Desde Granada, mi padre, con la mirada disipada asomada al ventanuco de una pensión de estudiantes, soñaba y se carteaba con su novia, que le instaba en sus misivas a clausurar la licenciatura en Medicina y Cirugía, que iba para diez años y que no podían recibir la bendición nupcial.

El caso es que Pepa, mi abuela, a la joven edad de los sesenta se encontró con un tumor que, pese a la cirugía y los tratamientos de entonces, se la llevó, dejando una estela de dolor en los hijos y en las bodas a celebrar, entre otras, la de mis padres, que retrasaron la suya además de obviar el convite.

Mi padre, dicho, estudiaba Medicina. No había antecedente de semejante profesión en la familia, pero es lo que decidió estudiar sin saberse muy bien por qué. Un chico hiperactivo, como alguno de sus hijos y nietos, expulsado por travieso de los jesuitas de Villafranca de los Barros, en la baja Extremadura, donde hacía guerras de moscas volantes, ponía a fumar a las lagartijas en clase y más travesuras salvajes que han escapado de mi memoria. Un buen verano, en el que se desgastó los codos, finalizó el bachiller examinándose de dos o tres cursos a la vez en un ataque de madurez.

Un estudio eterno, pues alternaba la relación con mi madre con estancias en el campo, la buena vida universitaria de la que nos contaba algunos episodios histriónicos de protesta en las aulas con los grises. O la vez que los cuatro hermanos en el cine le tocaron, o insinuaron tocar, el trasero a una dama y terminaron arrestados en el calabozo para susto de mi abuela y regocijo anecdótico de todos ellos, pues esta historia la he oído contar en numerosas ocasiones. O las escapadas de los hermanos al tugurio El Parral, donde se servían inicialmente hortalizas y poco más, para convertirse en lugar de baile de "modistillas" de casco ligero y, años después, en templo inicial de conciertos alternativos, escuchándose los primeros sonidos paisanos de rock'n'roll en directo. Hasta ayer se comía un cocido y un arroz caldoso con bogavante muy recomendables, sin esperar ningún lujo, eso sí, con un trato agradable como de andar por casa. Cerró sus puertas en 2017.

Mi abuela Pepa, que no lo he dicho, era viuda de guerra. Del bando nacional como se habrá supuesto al leer lo anterior. Ella y su marido, mi abuelito Manuel, como siempre he oído decir, tuvieron un idilio a primera vista. En esa época, años veinte; en esa región, la Extremadura del caciquismo, una boda no era cualquier negocio. Había que contemplar si los novios procedían de buena familia; si el abolengo, rancio en ocasiones, era de suficiente rango; si la dote o la aportación fiduciaria, adecuada, y la fe y espiritualidad, sin tacha. No parece que la familia de Pepa contemplara todas estas cualidades en Manuel, prohibiendo esta relación durante numerosos años.

La familia de Manuel procedía de la hidalguía extremeña, mostrando en un libro miniado del siglo XVI la probanza de la pureza de linaje, exenta de sangre mora y judía, pero las malas lenguas o las envidias divulgaban que Pepa era plato de segunda mesa, trayendo como consecuencia que los padres de la prometida no les permitían ni saludarse, pese a ser familia en tercer grado. Tanto es así que la susodicha fue trasladada a Madrid, donde se vieron a hurtadillas desde la calle al balcón, se interpusieron saludos con el sombrero alzado por el paseo de Rosales y cruzaron numerosas cartas secretas, interceptadas más de una por la hermana de la infeliz novia, persona en extremo envidiosa, que terminó desposándose sin tantas complicaciones con el hermano de Manuel, dicharachero y jugador, al que su hermano siempre le prestaba dinero, según consta en una pequeña agenda que se conserva. Pepa sufrió una verdadera depresión y quedó en extremo delgada. El pretendiente, en sus cartas llenas de romanticismo, la exhortaba a ganar peso, enviarle un mechón de cabello, cosa que nunca hizo, y a esperar tiempos mejores. En palabras de Manuel: *"Hay momentos en los que al mirar tu retrato, en el que estás seria y muestras a todos el milagro de tus ojos, me parece ver en tu semblante un rictus de dolor"*.

Decir que parte de la negación a este casamiento provenía de cierto enfrentamiento ideológico entre mi abuela y sus progenitores. Pepa, que estudió bachiller y piano en un colegio de Sevilla, algo no tan usual en esa época, fue seleccionada para la plática de graduación por alumna aventajada, hecho publicado en el Diario de Sevilla y cuyos borradores me han llegado escritos y tachados de su puño y letra. Tachados, porque la censura colegial al uso así lo exigía, y los comentarios de Pepa, pacatos ahora, tenían, en su interpretación, un toque liberal o poco religioso. Volaba la corriente del feminismo en Europa y alguna pluma llegaba a España. Pepa escribía, pero quedó en el tintero: *"... los grandes pueblos, las grandes hazañas, los grandes hechos son inspiración de las grandes mujeres, no siendo posible concebir naciones generosas en toda la extensión de la palabra, donde la mujer viva envilecida"*.

Llegó el ansiado permiso por parte de la madre de Pepa, viuda de un marido que sufrió molestias estomacales toda su vida y uno de los responsables del desmantelamiento de edificios suntuosos de la Castellana en aras del progreso, con una boda de la que no he logrado el registro y para la que no hubo celebración alguna. No importó. Eso sí, Manuel, con el gran sentimentalismo que hemos heredado las generaciones posteriores, llevó a Pepa en brazos al lecho matrimonial, en una pequeña finca sin luz ni agua corriente y al fulgor del astro nocturno, resonando la *Marcha nupcial* de Mendelssohn en un gramófono de manivela, según cuenta mi tía María Luisa, a la que se lo contaría mi propia abuela. Pepa y Manuel fueron felices los años juntos, con un hijo tras de otro, diez en total, siete supervivientes. Cuentan que Pepa gozaba de la simpatía de las gentes del campo y del servicio, que era una persona especial, que nunca se llevó bien con su madre, aunque la respetó y obedeció. Que su hermana Ventura era la favorita y especialmente caprichosa, tema sobre el que volveremos.

Manuel, letrado implicado en política y propietario de tierras, fue malamente ejecutado a los quince días de la Guerra Civil del 36 por los milicianos. Dicen, y consta en diversa documentación, que fue enterrado todavía con vida, sin el tiro de gracia, tras haberle estallado un ojo de un disparo. Atrocidades se cometieron en todos los bandos. Pepa quedó encinta de siete meses, con ocho hijos a su cargo y tal dolor en el corazón que no volvió a cantar ni a tocar el piano en toda su vida. Esa misma semana, y en una misma noche, fallecieron su hijo más pequeño, Miguel Ángel, nacido prematuramente para marcharse a continuación, y Fernando, de casi dos años, por difteria.

Pepa se traslada a Córdoba. Dos años después, recupera al sexto de sus hijos, que a punto estuvo de ser deportado a Rusia a la edad de cuatro años. Con buen criterio de chico de la calle, a lo que se hizo por pura supervivencia tras la muerte violenta de sus abuelos en su presencia, cogió el calzado ofrecido por los comunistas, como niño con zapatos nuevos, y se escondió detrás de un pozo para no ser subido al camión que los llevaba lejos. Posteriormente, Madrid, piso y pensión de viuda de guerra. Su madre, mi bisabuela ricachona, apenas le aporta ayuda para la crianza y educación de sus hijos, mientras su hermana Ventura, casada con Ramón, el hermano de mi abuelo, y recuperada de su simultánea viudez, escribe cartas repletas de numerosos cotilleos, las novedades de la moda y el diario de la época, que obran en mi poder. Y se queda con la herencia de Ramón..., y parte de la de Manuel. Pepa, exhausta por el dolor, no es capaz de vindicar la hacienda de sus hijos, que la pierden para siempre. Y en esa etapa de posguerra, no se quejan respecto a lo que padecen otras familias, con mucho tienen más. Hay documentos que atestiguan estas afirmaciones.

Las hijas de Pepa van casándose, son las mayores, guapas y hacendosas. Hacen buenas bodas. Los varones, con la madre, hacen vida universitaria en Madrid, le cuesta meterlos en vereda. Son muchas las distracciones para estos cuatro chicotes. Todos muy dicharacheros, excepto el joven Ramón, una tristeza interna le queda de por vida consecuencia de la matanza familiar en su presencia y del exilio familiar, extraviado dos años desde la edad de cuatro, durante la guerra. Es el último en echarse novia formal. Es tiempo de rutina feliz. Misa diaria de Pepa en la Iglesia de San José, en la confluencia de Gran Vía con Alcalá, adonde camina con su paso presuroso a primera hora del día. A la vuelta, mercado y cocido. Los garbanzos y el tocino salado que llegan del pueblo se consumen a espuertas por esos hombretones altos y fornidos que crecen a ojos vista.

Atrás queda el tiempo de servicio en la casa y plancha al carbón de la lumbre para dar prestancia a sábanas y camisas. Las tardes son más tranquilas. Se sienta a la ventana en el Morris, acomodándose un cojín para la espalda, y procede a la costura interminable de remendar calcetines, reparar bajos de pantalones, coser una botonadura o adaptarse una falda, con la edad se ha vuelto más robusta. Alguna tarde visita a su prima Emilia o sale con María, madre de uno de los amigos de Ramón, con la que ha intimado. Ocasionalmente, cuando su madre y su hermana vienen a Madrid, meriendan juntas.

Los chicos disfrutan en el barrio. Una pequeña colonia de casas con jardín detrás de la casa de baños de la Guindalera, aúna músicos, escultores y un ambiente jovial. Corre el ponche algunas noches y circula el baile al son de una gramola que sacan a la calle a distraer aceras y acacias. Vibran acordes del fox-trot *Blue Skies* traído por Pedro, hermano de Lola y joven marino, y boleros achuchados. Los muchachos y muchachas se entretienen. El violín de mi abuelo materno se deja oír animando el cotarro. Las farolas de gas son testigos de primeros besos. El sereno, amigo de vecinos y gentes, añade silbato y cierre a la medianoche.

Lola, mi madre, aparece en escena, abandona las heridas en la rodilla para convertirse en una criatura frágil, fina su cintura, grácil su cuello, con unas manos delicadas que transmiten fuerza, sensibilidad en ese *Nocturno* de Chopin, un claro de luna que ha iluminado nuestras vidas de romanticismo y que le brindó un premio extraordinario de carrera. Mi padre queda prendado de por vida. Un año tras otro, una postal, una carta, un almidonar y planchar la misma falda para la salida con el novio. El conservatorio para ella, el hospital provincial para él, los primeros quirófanos, el debut profesional en un tiempo en que los estudiantes ejercían labores de especialistas.

La habilidad de Ricardo progresaba, la sensibilidad, el buen hacer clínico iba calando en su carácter de bonanza, pero la titulación se hacía esperar. Sin gustarle, cosía también Lola con Pepa. La una, las sábanas del ajuar con festones y vainicas; la otra, los remiendos de la escasez. Intimaban, las partituras de Chopin de Pepa nunca más interpretadas pasaron a manos de Lola. Frente a notas en cuadernillos en papel de bajo peso, le sacudía un tomo de piel de vacuno rojo con el nombre escrito con letra firme y picuda en la primera página, y toda la humanidad candente de la mujer que no sería su suegra en vida.

Pepa se fue un primero de noviembre a las tres de la tarde. Ese bulto en el pecho, que se tocó casualmente en el tren de Madrid a Granada, resultó ser un cáncer de mama infiltrante. Los avances de la hormono-radio-quimioterapia que se aplican en la actualidad llegarían generación y media más tarde. Mi padre se ocupó de llevarle al mejor cirujano de la época a que le extirparan la mama, cirugía radical con limpieza ganglionar. Funciona…, al principio, pero es un tumor traicionero, hay que enfocarlo desde el principio como enfermedad diseminada. Ricardo, a poco de licenciarse, se vuelca en el cuidado de su madre, bien puede cuidarla él un tiempo con todo el que ella les ha dedicado. Se pierde alguna convocatoria más.

El tumor golpea, metastatiza en el hígado, se traslada a la inmensidad del esqueleto que nos recorre. El sufrimiento es como el galope sostenido de caballos salvajes, el dolor desatinado. La morfina no se autoriza y los remedios disponibles de alivio, muy escasos. Las hijas, todas casadas, con hijos pequeños, están repartidas por Andalucía, quedan únicamente tres hijos solteros, Ricardo al frente. Trasladan a Pepa a la casa recién construida, con su madre, con su hermana Ventura, y el servicio suficiente para la ocasión. ¿Qué sabrán esos jóvenes de atender en condiciones a una señora, más con lo gamberros que pueden llegar a ser? Incluso estuvieron en el calabozo…

Comienza una verdadera peregrinación en busca de tratamientos, no hay opción que no se pruebe. Se testa hasta un curandero de verdadera labia que convence a Pepa de poseer el remedio final a sus molestias y dolores. Ricardo observa a su madre mermar. La merma final que tan bien conoce de su paso por el hospital esa triada clásica que se estudia en Propedéutica, astenia, pérdida de peso y apetito, el llamado síndrome constitucional. Su madre, hasta ahora una mujer racional y dura, accede a escuchar y probar todas las alternativas disponibles, está fuera de sí, desconocida. Su carne mengua, el rostro se afila, una tonalidad cetrina acapara su rostro, su marcha se hace lánguida hasta que la cama se convierte en el único escenario de los aconteceres de su vida. Ricardo la acompaña en todo momento.

Su abuela, madre de Pepa, paga contante y sonante sin rechistar lo habido y por haber, hecho extraordinario para una mujer con alacena y nevera candadas. Pepa se va, se licua en la cama, se le escara el cuerpo. Ricardo no puede más de tanto dolor, continúa con sus prácticas, sigue pasando noches de quirófano, sigue volando al lecho de su madre enferma, comprobando que la solución posible no existe, que no hay curación, que no es posible el alivio, que la Medicina no es una ciencia que lo puede todo.

Trasladan a Pepa a la clínica Imbea, pequeño sanatorio en la lontananza del Arenal de Maudes, pequeña aldea que se anexionó al barrio creciente de Chamartín, destinado más al alivio del bolsillo que del padecimiento. Esos últimos días de octubre, en la gran casa construida, los susurros y los verde-campo y rojos de la vidriera de más de cinco metros de largo prestan un aire de iglesia al gran vestíbulo central que hace las veces de distribuidor del domicilio. Hay pasos silenciosos de la zona de servicio a la alcoba que transportan ora agua ora sábanas o paños varios. El rumor de mujeres en conversación con alguna risa contenida en la salita de la entrada trae vitalidad a esa casa apagada adueñada por la enfermedad. La gran abuela chista exigiendo silencio. Pepa plegada, avasallada por el sufrimiento, no tiene fuerzas ni para remullirse en la cama, en ese colchón de vellones de oveja que le acomodan cada cinco minutos. Ricardo ampara esa mano débil, diríase tenebrosa, que le ha dirigido en la vida, en su sólida mano. La aprieta delicadamente por miedo a romperla.

—Mamá, estamos todos aquí, han venido.

Se le parte el corazón. Se le parte tanto el corazón que ese año, tras fallecer Pepa, su madre, la mujer a la que debe tanto, no es capaz de sacar ninguna de las pocas asignaturas que le quedan para terminar Medicina. Esculapio carece de sentido para él, esa pregunta de ese texto vigente, escrito cinco mil años antes de nuestra era: "Tu vida transcurrirá en la sombra de la muerte entre el dolor de los cuerpos y de las almas, de los duelos y de la hipocresía que calcula, a la cabecera de los agonizantes. Te verás solo en tus tristezas, solo en tus estudios, solo en medio del egoísmo humano". Centrado como está en la Medicina y el quirófano, se revela contra el mundo, contra la ciencia. Quiere abandonar, dedicarse al campo, tirar la toalla, irse donde sea.

Lola le acompaña, le habla dulce y llanamente como es ella, del futuro, de compartir, de la vida juntos. Aprieta a Lola contra sí, deseándola su mujer y lo consigue año y medio más tarde, quedando una secuela que le marca de por vida. Pavor a la depresión, y a cualquier forma de enfermedad mental, y al cáncer de mama como guillotina de las mujeres amadas. Años más tarde, sufriría este lance en la mujer de su hermano, que los abandonaría a la edad de cincuenta años, y de nuevo en Lola, que lo supera con creces.

Mis padres se casaron sin la celebración acostumbrada. Ella iba preciosa, como atestiguan las fotografías. La vestían su sonrisa y una *toile* de Christian Dior que su modista interpretó sabiamente en raso de seda y *plumeti* de algodón, el velo y el vestido la envolvían como si fuera una nube. Los documentos gráficos en blanco y negro testifican que Ricardo entró serio, muy serio, y salió de la iglesia con gesto de felicidad.

A los nueve meses justos llegué yo. Vivíamos en casa de mis abuelos maternos, en esas casas bajas de la Guindalera, junto a la antigua Casa de Baños. Se había acondicionado el semisótano de la morada para acoger a mis padres, sin ingresos en esos momentos. Muy mimada, con dos bisabuelas —abuelito Perico y abuelita Dorita eran ambos hijos únicos—, abuelos y padres. Mi bisabuela Mama Lola fue una de las personas más importantes del mundo, considerándonos suyos a mi madre y a toda su prole. A ella debo mi afición a los relatos. Temprano me acurrucaba y, a la demanda del cuéntame algo, me caía una historia del evangelio, alguna fábula o anécdota interesante de su vida. No en vano nació en 1882 y nos dejó con un cutis terso y carrillo de pellizco en 1984. Como primera, me fotografiaron de todas las maneras posibles, durmiendo, despierta, comiendo, chupándome los pies, con el culete al aire, en el orinal, los primeros pasos, posando como una señorita. La foto más entrañable es la que tengo en mi dormitorio, con mi padre, mejilla con mejilla, debía tener unos nueve, diez meses.

Por entonces, Ricardo realizaba todo tipo de contratos posibles, temporales, de verano, de quirófano, de casa de socorro. Por un lado, peleando por la subsistencia; por otro, formándose por el sistema existente entonces en Cirugía y Traumatología, especialidades que ejerció. La combinación de ejercer la profesión como generalista para la manutención con su especialización le convirtió en un clínico solicitado. Y no me refiero a la solicitud por pacientes privados, sino a familiares y amigos que lo consideraban su médico de referencia.

En la más pura referencia a Esculapio: "La mayoría de los ciudadanos pueden, terminada su tarea, aislarse lejos de los inoportunos; tu puerta quedará siempre abierta a todos; vendrán a turbar tu sueño, tus placeres, tu meditación; ya no te pertenecerás". Para cualquier roto o descosido, mi padre era consultado. Y lo que es más, a cualquier hora del día. Qué decir que con el plantel de longevos de la familia (tres bisabuelas, abuelos maternos, la "ejem" tía Ventura, hermana de Pepa), los numerosos familiares y montones de amigos, las consultas, por una u otra razón, eran frecuentes. Incluso excesivamente frecuentes. Por ende, para nosotros, que rápidamente nos convertimos en cinco, esto era una suerte. Mucha gente nos quería y para nuestro alborozo, ¡sus señorías los ilustres Reyes Magos nos dejaban regalos en sus casas!

Nos trasladamos a la casa del comienzo de la historia cuando tenía aproximadamente año y medio, hecho del que tengo una vaga reminiscencia, aunque nadie se lo crea. Ese verano, o el anterior, recuerdo estar en un pueblo de la sierra, que luego me enteré de que era Villalba, donde mi padre ejerció de médico rural dos veranos, tocándole atender algún parto, suturar, trasladar abdómenes agudos en un sistema sanitario no organizado como en estos tiempos. A esto no se remonta mi memoria, por supuesto, sino a la cama tan alta a la que no me podía subir sola, al hombre del coco que me iba a llevar si me hacía pipí sobre el colchón de oveja y a mi tía Bola cocinando sobre una piedra de granito para alcanzar al fogón en esa casa cedida para el verano, prebenda que acompañaba al puesto de facultativo del pueblo. También recuerdo a mi prima Belén, no al resto de sus hermanos, unos meses menor que yo, morena, gitana y gordezuela, belleza ahora, una mujer de Julio Romero de Torres.

Como decía, vivíamos en la casa, mi casa, no en modelo de propiedad, sino de alquiler a la propietaria, la madre de Pepa, mi bisabuela, vaciada de muebles instantes antes de que mis padres se trasladaran con sus dos hijos, no dejando más que los famosos sillones Morris en los que Pepa cosía, que perduran en la terraza, y que fueron los sillones del cuarto de estar donde mis padres se aposentaban a ver la televisión o a departir con el café después de la comida. Y allí nos quedamos, pues a mi padre le tocó la casa en herencia cuando falleció la abuela, después de muchos dimes y diretes y más mangoneos de la herencia, volviendo a quedar menoscabados los hijos de mi abuela Pepa.

Los años siguientes fueron de penuria económica para mis padres, hecho no registrado en mi haber, pues añadido a la dificultad de asentarse en un mundo competitivo, le intervinieron de una costilla cervical de más que le ocasionó un síndrome cervical compresivo, de dolor intratable de otra manera, invalidante pues no podía manejar el brazo, y que le obligó a permanecer sin ingresos: tiempos en los que si no se trabajaba, no se cobraba. A esa época se remonta mi primera vocación sanitaria. Cuatro años y llevándole un chato de vino a la cama, recién intervenido. Quería ser enfermera y cuidar. Trepaba por la almohada de la gran cama de matrimonio para masajearle el cuello con unas manitas que intuyo sin fuerza, pero que mi padre agradecía enormemente, costumbre que quedó hasta el final de sus días.

Rocío llegó en torno a esa época, mi hermana, la cuarta, y dicen que con un pan debajo del brazo, siendo la primera plaza en propiedad que obtenía. Ricardo no era hombre de consulta privada. Le horrorizaba el perfil de pacientes exigentes sin sentido, en vez de resolver problemas de salud tal cual. El sabio texto milenario le daba la razón: "Los pobres, acostumbrados a padecer, no te llamarán sino en caso de urgencia; pero los ricos te tratarán como a un esclavo encargado de remediar sus excesos". Persiguió a toda costa trabajos remunerados, seguros, y con contrato estatal, añadiendo que en esos sesenta del *baby boom*, muchos contratos eran de dos horas y la familia crecía a año vista y mi madre ocupándose de nosotros, que fuimos al colegio a la tardía edad en estos tiempos de los cuatro o cinco años. El tiempo, la política y la necesidad cambiarían lo que fue su planteamiento inicial.

Mi siguiente recuerdo vinculado a la vocación, a la mía, es de ese momento y muy relacionado con los temas a los que me dedico ahora. Desfilábamos por las rayas marrones laterales de los interminables pasillos blancos del colegio para expandirnos en el recreo, acudir a la capilla o ir al salón de actos donde las "madres", así nominábamos a las monjitas, nos vigilaban hasta ser recogidas. Mi madre, tardona siempre, plomo como la llamaba su padre, en su retraso me procuró un tiempo extra con la madre Peláez, anciana relatora de milagros, que me regaló un libro ilustrado de inglés que todavía conservo. Supongo que entre mi bisabuela Mama Lola y esta abuela-monja adquirí el gusto por los mayores, que llega hasta hoy.

Pero no es ahí donde iba a parar. En postura india, con las piernas cruzadas, excepto la profesora en una silla, supongo que por decoro de los sesenta, joven como la veo ahora en fotografías, comentando los deberes y dibujos de niñas de cinco años. Me picaba la pierna izquierda, la parte alta del muslo en su cara externa, allí donde una cicatriz redonda como un bocado me quedaría para siempre, señal ajena a los nacidos después de 1975. Me picaba y mucho, me removía y sentía que no podía parar quieta. Mi padre me había indicado que no me rascara, que no era bueno. Procuraba frotarme suavemente con el leotardo y la palma de la mano. Me había puesto un recuerdo contra la enfermedad de la viruela, esa extraña enfermedad que se había cargado a media humanidad en tiempos, haciendo estragos de cicatrices y secuelas en la cara y en todo el cuerpo y que se consideró erradicada unos años más tarde. Me salieron dos vesículas en la pierna, que se tornaron escara para cicatrizar dejando su marca. Lo que me sorprende es recordar perfectamente, como fotografías, las lesiones que luego he visto en libros y el pensamiento de la suerte de contar con una vacuna que nos salvara de esas heridas que desfiguraban la cara y que, si nos invadían por todo el cuerpo, debían ser espeluznantes, como un *alien* que te devora. Contaba cinco años. La viruela se erradicó en 1980 y, a día de hoy, estoy altamente involucrada en el campo de la Vacunología. Un recuerdo más es la distribución en el colegio de la cucharada de azúcar con la vacuna de la polio a la hora del recreo, en el gran patio por donde correteábamos... Esos fueron los años de los grandes estragos de esa enfermedad, con una compañera de clase con la pierna encanijada y encorsetada en un aparato rígido y ortopédico. Otra enfermedad eliminada.

Pasamos de los sesenta a los setenta. Mi padre deja de fumar sus cuarenta pitillos y tres puros diarios y, al poco de semejante hazaña, agarra una neumonía de caballo que le mantiene casi un mes en cama. A mis hermanos y a mí nos resultaba ciertamente extraño que sus cien kilos de vitalidad se encontraran recluidos en una alcoba, callado, a oscuras, sudando a más no poder. Al poco de este hecho, fallece Francisco Franco Bahamonde. Nos recogen del colegio y en la televisión, que no recuerdo si en blanco y negro o color, nos tragamos todo el sepelio, las colas para besar el féretro, las multitudes llorando. Los noticiarios sin parar de alabar el buen hacer de su mandato, de ese régimen que fue la dictadura fascista de cincuenta años que había aparcado al país en el siglo XIX. En mi casa, de niña, nunca oí hablar bien del caudillo, pero el entorno era el que era. Por suerte, mis padres, con cierta apertura de mente y, sobre todo, de corazón, hablaban de sus diferentes grupos de amigos…, hoy salimos con la panda de derechas; el martes, nos vemos con la de izquierdas, alguno de los cuales llegó a ser dirigente; al otro, con los tíos…, nos criamos sin enjuiciar al otro por una ideología.

La coronación del entonces joven rey Juan Carlos I acompañado de la siempre discreta doña Sofía es una fiesta que devuelve exultante el pueblo a las calles. Estrenamos monarquía, saltándonos una vez más en la historia de este país el orden sucesorio, con un rey que toma el relevo a un dictador y que se ha ocupado de su educación. Su padre, don Juan de Borbón, nunca monarca, permanece en el exilio primero y regresa al país posteriormente para ser enjaulado, una vez muerto, en el panteón de reyes de El Escorial.

En esos años, las imágenes de mi padre son vagas, supongo que por andar poco por casa, época de trabajo exhaustivo con tres plazas estatales de diversa índole, con ocho hijos que mantener, sacar adelante. Mis catorce-quince marcan el despertar de la conciencia social tras ser educada en un entorno protegido y conservador. Un viaje a Extremadura, a las tierras de unos parientes, y la convivencia con lugareños, me revelan una realidad inexistente para mí hasta entonces. Tengo en la retina las tardes de paseo en burro; los rostros desnutridos y los cuerpos algo contrahechos de Carmencita y su hermano por alimentación inadecuada; la decisión de su familia de emigrar a Barcelona por falta de sustento; las primeras letras a la guitarra con letras de Miguel Hernández, las nanas de la cebolla, el niño yuntero; miel, huevos y pan frito a la mañana, la lechera a la tarde; la interrupción de los estudios tras la enseñanza general obligatoria a los catorce años de nuestros ligues paisanos, obligados a trabajar. Mi clara idea de estudiar Medicina, que quedó por ahí reflejada en un diario que tiré por una redacción sin calidad; la escasez de agua, el calor de la era a la tarde; el frescor de la casa con las ventanas cerradas; cepillarnos el pelo cien veces todas las noches para tenerlo hermoso. Comienzan los desajustes con mi progenitor. Diferencias de pensamiento y su marcado control militar de nuestras vidas y horarios marcan una ambivalencia hacia él. Los vinilos de Serrat y Víctor Jara se rayan desgranando la *Elegía a Ramón Sijé* y el *Te recuerdo Amanda*.

Estrenamos Constitución, registrado con alborozo en ese diario destruido por la vergüenza de una posible lectura ajena. Estrenamos democracia con un Adolfo Suárez, presidente y representante de un partido centrista, en una España ilusionada con heridas de guerra no cerradas. Elijo ciencias puras, matemáticas, física, química y biología encaminada a ciencias de la salud. Y, finalmente, a comienzos de los ochenta, accedo a la Facultad de Medicina en la Universidad Complutense. Mi padre, más orgulloso que un ocho, lo pregona a diestro y siniestro. Ese verano no pegó un palo al agua y lo paso en la Costa del Sol, de casa de una amiga a la de una prima, con planes inverosímiles. Muchas primeras experiencias, quedándome en la retaguardia cierta psicodelia de drogas que nunca probé y tomos de clásicos que devoré mientras la mayoría dormía. Mi tintero se nutrió de un novio hippie de comuna, Janis Joplin, Pink Floyd, Oldfield y su *Tubular Bells* y temas sueltos de Zeppelin y otros. Finales de los setenta. Y los ochenta los estrené con un COU lucido y el Nacho de Nacha Pop y su *Chica de ayer* en mi clase, que poco nos duró, el turno de tarde no era compatible con su vida de artista.

Estrenamos, claro, PSOE, el felipismo y los muchos cambios que trajo. A España le hacía falta una pasada por la izquierda, lástima que se institucionalizara el robo a manos de los políticos que llega hasta nuestros días. Aun así la imagen de estadistas jóvenes, ilusionados, con el verbo de crear una España diferente impregna esa época, y muchas transformaciones se hicieron no solo bien sino muy bien. La Sanidad fue una de ellas. La extensión de la cobertura sanitaria hacia la universalización logra una percepción de seguridad en los ciudadanos respecto a los servicios sanitarios, factor importante de cohesión social. Para los sanitarios, especialmente para los médicos, apareció la primera ley de incompatibilidades que intentaba racionalizar el empleo público en un puesto de trabajo por persona. Para muchos profesionales, incluido mi padre, supuso una merma económica brutal al tener que elegir y renunciar.

Recuerdo que adelgazó unos veinte kilos, cosa que no es de extrañar, teniendo en cuenta la hipoteca en la que se había embarcado para una segunda vivienda y la familia numerosa que arrastraba. Andaba de un humor exasperante, ahora hubiera dicho que tenía una depresión reactiva o un cuadro adaptativo, y la situación lo catapultó a compatibilizar lo que había rechazado, la medicina privada con sus sociedades. Se instaló en casa con su despacho de toda la vida, mobiliario heredado de mi abuelo Manuel, su padre, de caoba teñida al estilo portugués, y a recordar las sabias palabras griegas siempre vigentes: "Ten presente que te juzgarán no por tu ciencia, sino por las casualidades del destino, por el corte de tu capa, por la apariencia de tu casa, por el número de tus criados, por la atención que dediques a las charlas y a los gustos de tu clientela". Por supuesto, ni que decir, que "la" casa contribuyó a su éxito profesional y, en realidad, a organizarle una vida más cómoda, pues no andaba tan de aquí para allá.

Para mí, eran tiempos de estudio duro. Como para todos mis compañeros. Muchas horas delante de libros y apuntes. Números *clausus* para entrar, compañeros, no listos sino lo siguiente, con los que medías tus conocimientos, competitividad exacerbada con el examen MIR como broche final para obtener una plaza con la que formarnos como especialistas. Más lo propio de la universidad, bailes en el vestíbulo del pabellón docente del Hospital Doce de Octubre para sacarnos "unas pelas". Los viajes de paso del ecuador o de final de carrera ponían un incentivo a tantas horas de encierro.

Tiempos de rock desaforado y pop desmedido. Saltábamos a la pista con *Vamos a bailar un rock and roll en la plaza del pueblo* de Tequila, el *Bienvenidos* de Miguel Ríos, las *Mil campanas* de Alaska o el *Marta tiene un marcapasos* de los Hombres G. Plena movida madrileña con escarceos posexámenes a la Vía Láctea en Malasaña, la no lejana Sala Clamores, con sus pringosísimos cócteles de champán derramados en las eternas mesas de mármol, o algún concierto en el Café Central por Huertas. Tiempos de droga dura, muertes de jóvenes y el descubrimiento del virus del sida en plena efervescencia del final de nuestros estudios. Ese círculo, rodeado de un halo de encanto y atractivo, se convirtió en el escenario contrario a nuestras vocaciones, la de salvar vidas. Los noventa, con la profesión recién estrenada, se precipitaron con certificados de defunción a mantas. El sida y la droga se postularon como los grandes *killers* de nuestra práctica, por encima del cáncer o del riesgo cardiovascular. VIH positivo que determinabas, muerte segura en meses o pocos años. Una verdadera pesadilla, especialmente para las familias y para los que trabajábamos en entornos castigados por ese Apocalipsis.

En ese tiempo descubrí a mi padre como hombre, un ser humano excepcional, que perdía la rigidez que a nosotros nos mostraba como camino de rectitud para denotar una humanidad por la que sus amigos le adoraban. Aparte de su carácter dicharachero de buen comedor, bebedor y hombre de sobremesa, siempre tenía el tiempo y el humor para atender, escuchar, visitar o dar un consejo, como insinuaba el galeno heleno: "En la calle, en los banquetes, en el teatro, en tu cama misma, los desconocidos, tus amigos, tus allegados te hablarán de sus males para pedirte un remedio". Como muestra, las cosas que una se entera de adulta y que vivió de niña. La mejor amiga de mi madre, soltera y con gran bombo (lo que suponía escándalo y discriminación ipso facto en tiempos perifranquistas), acudía a tomar el sol a la azotea de casa en bikini, con la familia mordaz que habitaba otras plantas de la vivienda. Ella continuó morena todo el año y toda la vida hasta que esta se le apagó, con los ojos verdes más espectaculares que jamás he visto. Fue una forma de hospitalidad. O el acogimiento a la mujer de su hermano con cáncer de mama durante varios meses para ser intervenida y tratada en la capital. Puede suponerse que mi madre le acompañaba en este periplo y nunca la oí gruñir. Lo que sí sentí en numerosas ocasiones fue "el alma lo bastante estoica para satisfacerse con el deber cumplido y encontrarlo retribuido con una cara que sonreía porque no padecía más". Ese grandullón con alma de niño era mi padre.

Avanzando con el tiempo, me casé, tuve hijos, cuatro, y disfruté de chocar las panzas un embarazo tras otro, registrado a todo color, seis meses de gestación y su triponcia recuperada, un verano el día de su cumpleaños, Leo, lo dijimos. La mayor, con el milagro de una vida nacida del amor. La segunda, su ratita, y los mellizos, que nos dieron mucha guerra, por prematuros y por dobles. Y en ese juego que es la vida, pasé de ser la niña, la hija, a la mujer, la madre, la facultativa. A enfocar las diferentes miradas del mundo en función de con quién estés y de cómo te hayas hecho.

Y crecí en el torbellino de la crianza, la pujanza profesional, las vicisitudes de la pareja y las enfermedades de mis padres. Mi madre, con hijos muy jóvenes todavía, se tornó frágil con su cáncer de mama que superó, para sobrevenirle un Alzheimer a los pocos años que nos la perdió en sí misma. La dureza extrema de diluirse la mujer que me había dado la vida, una mujer, y no por ser mi madre, de intuición acentuada. Ella que escribía que "hay que tener cuidado de educar la sensibilidad, los sentidos como cauce del alma". La terrible experiencia de extraviar el pensamiento, cuando ella expresaba que "se entrelazan las generaciones como una cadena a través de la palabra". O verse hechas sustancia y enfermedad sus reflexiones: "Hay una línea en la que se funden espíritu y materia y que no se puede precisar, aunque nos demos cuenta de que a veces cabalgamos sobre ella. En esta línea creo que están aquellas cosas que hacen el sentir unánime a niños y viejos". Ella, que compartía con miedo y dolor sus impresiones, que estaba perdiendo la memoria, pero no la inteligencia. Con la difícil tarea de asumir su representación legal.

Y, simultáneamente, el deterioro progresivo de mi padre, con una fibrosis pulmonar idiopática, una enfermedad sin causa que cicatriza el pulmón en su interior impidiendo que fluya el oxígeno, mermando a la persona, limitando su capacidad física. Y volvemos a la escena del comienzo de la historia.

—¿Quieres quedarte con la casa?

Esa casa casi palaciega, anacrónica en el siglo XX, nacida de y para la ostentación, de un abolengo rancio todavía mantenido en nuestra España. Eso sí, preciosa en sus materiales, en su espacio, en su luz. Pero un tercer piso sin ascensor. Y unos familiares en el primero y segundo que no permitían la instalación de un montacargas ni de un asiento mecanizado, porque estropeaban la estética de la mansión. A lo que se añadió que la posibilidad de venta de la casa fuera traducida por allegados como que "mi padre quería echar de su domicilio a la tía casi centenaria", la famosa Ventura, hermanísima de Pepa, que barrió para sí en sucesivas herencias, a la que mi padre atendía a horas y a deshoras. El comentario fue puesto en circulación por la sobrina que se agenció el legado de la susodicha. Cerrar esa casa fue un dolor lancinante. No por el apego al hogar, a la casa donde te has criado, sino por las connotaciones dolorosas de enfermedad, declive y maledicencia.

Mis padres se trasladaron cerca de sus hijas, de sus nietos. Mi padre, consciente de su proceso, celebró una gran fiesta a lo leonino: verano, orquesta, cena, baile, nosotros, todos sus amigos, la panda de derechas, la panda de izquierdas, hermanos y muchos sobrinos. Los últimos tuvieron a bien regalarle un gran sillón rojo, cómodo, automático, reclinable, que utilizó hasta el final de sus días. Sobrevivió poco más de un año a ese jolgorio en el que lo recuerdo bailando sin apenas moverse y sonriendo, sonriendo sin cesar, rodeado de todo lo suyo y los suyos.

Ese último año y pico fue de verdadera pesadilla. Con un dolor torácico inexplicable que resultó ser una angina de pecho sin obstrucción de las arterias, por la propia falta de oxígeno. El infarto que le sobrevino me hizo recorrer, volar, los 35 km de distancia entre mi trabajo y su casa en menos de 25 minutos. No sé cómo no me multaron o quitaron el carné. La mujer contratada en casa no se apercibió de la circunstancia y mi madre, en su proceso, no fue capaz de ponerla sobre aviso. Como pudo en el dolor y la fatiga, él llamó al 112 y a mí, que llegamos casi simultáneos. A partir de ese momento, el deterioro se hizo muy evidente, con vida cama sillón, cada vez más cama, más postración.

Aun así, las Navidades transcurrieron en la esperanza y alegría. Fuimos capaces, fue capaz, de mantener ese odiado espíritu navideño que se hace tan patente donde hay niños, muchos niños, nietos, como era nuestro caso. Los regalos circularon, como es lo habitual en esas fechas, y muchos para él, que los recibía gustoso y deleitándose en cada uno de ellos, viviendo de verdad el minuto. Desde un set de aceites de masaje a un álbum de fotografías, pasando por la grabación de lo que era la Navidad en Madrid con las primeras famosas luces del alcalde Gallardón, sin referencia real a la Navidad, y las miles de palabras colgadas por las calles. Todos los días hubo rato para aperitivos, con su chatillo de vino blanco en copa de cristal tallado y la *chance* para leerle el periódico, sin fuerza suficiente para sujetarlo por sí mismo. No hubo nieto que no pasara por allá. El principal, el pequeño Rodrigo de menos de dos años que le trepaba todas las mañanas, se acurrucaba en su regazo y lo besaba. El pobre sufrió una depresión cuando faltó el abuelo.

Los días empezaron a acortarse y las noches a hacerse muy largas. Puedo estar orgullosa de todos mis hermanos-as, pareja y cuñados-as que repartieron sus tiempos y sus vigilias para la compañía y el cuidado. Pero la situación se iba tornando crítica. Hablábamos de la muerte con la naturalidad de quien habla de la comida de mediodía. Su natural religioso, aunque no en exceso, le confiaba en una trascendencia no definida. Recibió la unción de los enfermos, no como una solución extrema a una vida mal llevada, sino como un alivio más al espíritu que completaba los cuidados y el aseo de su cuerpo. Un bálsamo a esa angustia de un final tan largo y diferido.

"Sí —comentaba—, me lo dijo el neumólogo, que si sobrevivía al año las iba a pasar canutas. Eso es lo que me está pasando. No sé por qué no se termina antes. Podía haberme quedado en el infarto". Un hombre tan fuerte que se tornaba tan delicado. El jabón normal le irritaba la piel, no soportaba el peso de una manta en ese invierno tan frío porque le impedía respirar, cualquier arruga de una sábana era capaz de originarle una úlcera, una palabra altisonante le simulaba una tormenta. El padre Francisco y unos tíos especialmente creyentes le acompañaban en esa preparación, no tanto a la muerte, sino al miedo a ese final poco definido que se palpaba cada vez más cercano.

En esos días pasaron por casa personajes insignes de su vida. Josema, camarada de la juventud, matrimonio amigo que se divorció en momentos en que pocos lo hacían, y que hizo un viaje largo y entrañable desde Levante para darle el último abrazo. Lo recuerdo tan atractivo como me había parecido en mi niñez, delgado, atlético, moreno, de intensa y grata mirada azul. Angelines, que vino viuda desde Extremadura para besar a Ricardo y a su íntima amiga Mary Lola. Ella y su marido, Enrique, conocieron a mis padres en un viaje en Vespa por Galicia. Mis padres, de viaje de novios, ellos, modernos de los sesenta, Angelines con su eterna larga melena siempre ondulante al viento. Año y medio antes, en verano, celebraron el mismo recorrido en honor de ese primer encuentro. Mi padre se trasladó con su bombona de oxígeno y la ropa de mi madre con manual de instrucciones, pues ella ya no sabía conjuntarse sola. Enrique, con un problema cardiaco importante, que se agravó y no salió tras dicha peregrinación. Con todo, tuvieron el humor y el gracejo de bromear que el primero que estuviera en el más allá volviera a este mundo para contarle al otro cómo era y si merecía la pena el paso. Y otros muchos.

Contado así casi que parece fácil…, me parece fácil…, y el recuerdo de mis hijos pequeños entonces, de unos diez, es que el abuelo murió feliz. Pero las circunstancias eran muy duras. La asfixia hacía estragos. Llegó un momento en el que no toleraba ni la cama, todo le dolía, todo le molestaba. Hacía bromas sobre su extinción próxima por consunción, a ritmo de más de un kilo por semana. Todo piel y huesos. Marché a dos viajes de trabajo en menos de un mes y cuando regresé de Barcelona, para el acto de suscripción del acuerdo de España con la Caixa y la Fundación Bill Gates para la vacunación infantil, me dijo:

—María José, tenemos que encontrar una solución ética, no puedo más, me asfixio. Qué bien que estés aquí.

En esos días estábamos empleados al máximo en todos los usos de la Medicina. Una batalla tras otra…, higiene en el baño…, la vergüenza de ser aseado… Las escaramuzas para el empleo de lavativas para la limpieza del vientre, ese *alien* de masa ingente que la falta de fuerzas impedía su salida y fomentaba su sofocación. El uso pautado de morfina para aliviar la disnea, las medidas de cambios posturales para impedir que se ulcerara, que sus propios huesos se le clavaran en esa piel raída. El oxígeno a todas horas como quien bebe agua. En su afán de independencia se había levantado y caído, con la necesidad de sutura en la cabeza, precisamente en uno de los días que me ausenté.

Por entonces y para colmo de males, no había servicio de paliativos a domicilio para enfermos terminales que no lo fueran de cáncer y el titular médico de familia estaba de baja, siendo sustituido por un suplente…, en pañales todavía, recién salido de la residencia. De lleno me vi implicada…, más implicada en las decisiones finales…, esas dolorosas que no corresponde tomar. No corresponden por el hecho de ser hija, por el hecho de no tener la distancia terapéutica porque estás muy cerca, demasiado cerca…, quemándote. Muy cerca de su juramento hipocrático, de ese *primum non nocere* (primero, no hacer daño); de ese "a nadie daré veneno, y si alguno me propone semejante cosa, no tomaré en consideración la iniciativa de una tal sugestión". De su sentir religioso y de transcendencia. De…, simplemente…, de ser mi padre…

Y con el tumulto del Dr. Montes, y el entonces consejero de sanidad, Lamela (que resultó un sinvergüenza político más), todo el día en la televisión y en la prensa, por el enjuiciamiento a un profesional por aliviar los últimos instantes de vida de numerosos pacientes en un entorno poco claro en el dolor y la legalidad, con una clara insuficiencia de cuidados paliativos…, la muerte digna, la polémica servida a todas horas por tertulianos sin conocimiento de causa… Las noticias y nuestro chato de vino en cristal del bueno y la plática sobre la muerte, con, sin dolor… Su punto de vista firme sobre la eutanasia y sobre el encarnizamiento terapéutico…, como médicos, aliviar la muerte, acompañarla hasta el desvelo. Sin provocar el fallecimiento. Y sin provocar una vida obstinada con medios inapropiados para retrasar la extinción inminente…, ese equilibrio que la propia vida da…

Ser, como profesionales, agentes apropiados para la persona, para nuestro paciente que nos tiene ahí y confía en nosotros, para tener semblanza de esperanza hasta sabiendo que nos llega el último momento, la muerte. Esperanza que va a existir y apoyo, alivio, comprensión, amor hasta el último instante. Confianza de que se va a cerrar los ojos y quizá la mente, el entendimiento y nada va a transcurrir de forma diferente al testimonio vital esencial. Lecciones y legado de padre a hija y expresión de su deseo y de su moral. El camino por donde quería que le llevara. Yo, lo que sentía es que la muerte duele por la ausencia, aunque se alivie, se acompañe… Duele porque desgarra ver partir para siempre a un ser querido. Quizá como médica debería decir, porque es doloroso ver partir a un ser humano, que lo es, cualquier hombre o mujer. Pero en este caso particular, sentía, pensaba, y me dolía en primera persona y procuraba no manifestarlo, ser serena y estar contenta. Fui más fuerte de lo que he sido y seré en toda mi vida.

—No te preocupes. Te llevo. Te duermo y hasta que aguantes —fui capaz de decir y ejecutar.

Nadie sabe lo que es la presión y la duda hasta que no se pasa por ello. Un hermano lo hubiera asfixiado pues sentía inhumana esa espera interminable hasta que el corazón dejara de latir. Y no porque fuera mala persona o un salvaje, es el sentir de cada uno en su modo de ser, de expresar la cuestión que todo ser humano se hace: ¿para qué este dolor?, ¿tiene un sentido este sufrimiento e incluso la vida? Si Dios existe, los dichosos que tienen fe y les tempera, ¿cómo lo permite? Otra hermana, en su carácter de eterna cuidadora, siempre pendiente del bienestar ajeno, preocupada porque no orinaba o no comía. Lo terrenal, lo irrelevante. Otro, sin parar de llorar… Otro, rezando y otro maldiciendo, preguntándose el porqué de que no pudieran disfrutar de una vejez feliz, juntos, como habían pasado la vida.

Yo, preocupada por la dosis, el punto justo, dormido, no matar, llevarle por la senda que él me había marcado, mitigarle el sufrimiento…, la angustia de su ansia por respirar cuando la medicación tocaba a su fin me marcaba el camino correcto… Se asfixiaba de forma salvaje, aún dormido, aún con oxígeno. Ahí me sentía segura de estar en el punto adecuado de dosis, de equilibrio entre la vida y la muerte hasta que llegara el tan temido paro cardiaco, al cual no tenía ningún miedo. Lo único a lo que temía en ese momento, estando sedado, sin poderse comunicar ni una vez más conmigo, era a defraudarle en su testamento vital. Al resto, simplemente, contestaba que yo ni ponía ni quitaba, que confortar es lo que era, que lo que tuviera que ser... Se durmió eternamente una madrugada al tiempo que yo descansaba con mi madre. Mi mejor amigo, Javier, vino a firmar su certificado de defunción.

Todavía me tocó participárselo a mi madre, para entonces una niña ausente de todo lo que había sido la enfermedad. Ella, pequeña, arrebujada en la cama en posición fetal, tapada y en pijama abotonado de flores y cuello *Claudine*. La toqué, la besé.

—Mamá, Ricardo, papá se ha ido.

Ella lloró.

DIGA TREINTA Y TRES

Mauro no estaba tan curado
como para olvidarse del todo.

Julio Cortázar

—¡¡¡¡Jajajajaja!!!! Doctora —conteniendo la risa—.

¡No me haga usted reír! —la mujer de sesenta años, exfumadora reciente a causa de una cardiopatía isquémica, no puede inspirar adecuadamente para ser auscultada por su médica de cabecera—. Jajajajaja..., diga treinta y tres..., jajajajaja..., ¿va, en serio? Me recuerda a todos los chistes de médicos...

—A ver, Victoria, coja aire profundamente..., si no puede decir treinta y tres, diga carretera —la bata blanca, que no ha tenido tiempo ni de ponérsela por la avalancha de personas en tiempos de gripe, insiste pertinaz en realizar una audición correcta de los ruidos respiratorios, para dilucidar la patología que sacude a la paciente, aparte del carcajeo.

DIGA TREINTA Y TRES

Victoria padece EPOC, esas siglas que significan Enfermedad Pulmonar Obstructiva Crónica, que ni más ni menos supone la destrucción progresiva del pulmón, con dificultad tanto para almacenar el aire dentro como para expulsarlo. Esto lleva a la asfixia progresiva de la persona que la padece, a infecciones respiratorias, como bronquitis y neumonías, y a la tos como compañera del día y de la noche. Su principal causa es el tabaco. Y como este enemigo no se limita a favorecer un proceso, es adyuvante de infartos al corazón, o a la angina de pecho, su versión más *light*. Y a cánceres varios, el de pulmón para más inri.

—Jajaja... —sigue el jolgorio en la consulta—. ¿Se sabe este? Llega un señor a un consultorio y cuando el médico lo estaba chequeando con el estetoscopio, como usted a mí, el médico le dice: "Señor, diga 33". Y el señor le contesta: "No puedo". "¿Por qué?", pregunta el médico. Y va y le dice: "Es que, doctor, yo solo puedo contar hasta 29". ¡Jajajaja!

—No, no me lo sabía —responde y sonríe en la algarabía—. Pero si no puedo auscultarla bien, lo mismo me toca pedirle una placa. A ver, tranquilícese y respire hondo..., vamos..., luego me cuenta otro chascarrillo.

El treinta y tres (33), que en letras también puede escribirse en una sola palabra, treintaitrés, según la última y vigente *Ortografía de la lengua española* de la RAE y la Asale (2010), es el número natural que sigue al treinta y dos y precede al treinta y cuatro. Wikipedia.

Es el número atómico del arsénico (As) en la tabla periódica. La exposición prolongada al arsénico a través del consumo de agua y alimentos contaminados puede causar cáncer y lesiones cutáneas. También se ha asociado a problemas de desarrollo, enfermedades cardiovasculares, neurotoxicidad y diabetes. Las personas que fuman también pueden estar expuestas al arsénico inorgánico que contiene el tabaco natural. OMS (Organización Mundial de la Salud). Y está en el título de la hilarante película *Arsénico por compasión* (1944, en vez de 33), de Frank Capra.

Y ahora en serio... ¿Por qué los médicos dicen "diga 33"? Simplemente les sirve para evaluar la transmisión a la pared torácica de las vibraciones vocales que se originan en la garganta durante la emisión de la voz, para ello le piden al paciente que pronuncie palabras que contengan consonantes fuertes, como treinta y tres (aunque también sirven otras como carretera o ferrocarril), y se compara la transmisión percibida en cada lado del tórax. Y pueden ocurrir 3 cosas:

— Las vibraciones son normales: posiblemente no hay enfermedad, todo está *okey*.

— Las vibraciones están aumentadas: existe líquido en el interior de los alveolos pulmonares, *oséase*, algo hay ahí, puede que una neumonía.

— Las vibraciones están disminuidas: hay una obstrucción bronquial, hay tejido pulmonar destruido, o cuando hay líquido o aire entre el pulmón y la pared torácica (ambas cosas son indicio de alguna enfermedad, como pleuritis y neumotórax respectivamente). http://www.medicinajoven.com/2011/05/por-que-los-medicos-dicen-diga-33.html

Y ese "Diga 33" se ha perdido entre fonendos inteligentes que interpretan o la pérdida de la costumbre de explorar a los pacientes. Los tiempos siempre cambian…

Noguer Molins L, Balcells A. Exploración clínica práctica, 23. 21ª ed. Barcelona: Editorial científico-médica; 1981; 339-54, libro que me acompaña desde 1983.

DIAGNÓSTICO PRECOZ
O EL COLUMPIO HINDÚ

En la incertidumbre encontraremos la libertad
para crear cualquier cosa que deseemos.

Deepak Chopra

—Tengo un agujero en la cabeza que te puedo enseñar por el que se me fugan las ideas. Tiene que ver con el libro que te presté y con la creación de personajes creíbles y cosas sorprendentes que atraigan o perduren. ¿Dirías que crear (escribir, hacer pelis, diseñar moda, componer...) es revivir almas desaparecidas? —el joven sin perla, con un piercing en la oreja izquierda, abre la puerta de la consulta que sabe vacía, hablando atropelladamente.

Su delgadez extrema llama la atención, con el vaquero raído, la camisa a cuadros por fuera, la chupa gastada en la mano.

—Doctora, ¿me dedicas unos minutos? Sé que andas muy ocupada... En estos momentos no puedo enfermar, pero tengo la impresión de que me pasa algo, no estoy bien. Necesito el *Shakti* en su plena potencia, esa inteligencia creativa con poder y belleza. Entrego en dos semanas mi obra cumbre. Sudo mucho, como si tuviera fiebre, pero no la tengo.

—Hola, Hugo, un minuto —levantando la mirada sobre las gafas de cerca que enfocan el *Harrison*, una de las biblias de la Medicina—. Ahora me cuentas.

El perfil de la galena es similar al de otras muchas galenas que han desembarcado en el sistema nacional de salud en los últimos veinte años, hasta convertirse en la fuerza bruta de la Medicina de este y otros países. Más del ochenta por ciento de las sanitarias son mujeres sensibles, entregadas a la profesión aun a costa de su vida privada, entre guardias y turnos de trabajo. Vocacionales, ávidas de ciencia, literatura, viajes y sueños, mujeres con los pies en la tierra, oídos en el corazón y las manos en los cuerpos.

—Me decías que notas que tienes fiebre y estás cansado, como con astenia primaveral —resume Pilar Cervera, interina temporal del centro de salud—. ¿Náuseas, vómitos, diarrea, manchas en la piel? ¿Algún otro síntoma? ¿Sangrado de las encías o de algún lado? ¿Algún viaje al extranjero? ¿Alguna relación de riesgo?

—Ahora que lo dices, lo último no, que yo sepa, pero estuve en la India hará unos cuatro meses —afirma Hugo—. ¿Puede tener algo que ver? Pensé que, tras tanto tiempo, ese riesgo era agua pasada.

—Pregunto para que no se nos escape ninguna posibilidad. Te exploro, te pido una analítica y nos vemos en unos días. Cuéntame de ese viaje... A la India, o se quiere volver o se la odia para siempre. ¿Tú?

DIAGNÓSTICO PRECOZ
O EL COLUMPIO HINDÚ

—A mí personalmente —prosigue hablando la doctora mientras explora, palpa los ganglios del cuello, reclina al paciente, toca, sin encontrar, el hígado y el bazo—, me impactó el Taj Mahal, ese monumento funerario maravilloso construido para Mumtaz Mahal, la primera joven de la que se enamoró el emperador en el mercado del palacio, su primer amor. Esa sensación de ser capaz de atravesar el velo de los sueños para amanecer ante tu vista con el fulgor de la nieve. Es absolutamente perfecto. Recuerdo una fotografía en un libro de niña y querer volar allí. ¡Pensar que no existiría ahora si en aquellos tiempos hubiera existido el litio, la medicina que se usa ahora para estos trastornos! Yo estoy segura de que el emperador Shah Jahan tenía un trastorno bipolar, tanto que sus hijos terminaron encerrándole por sus locuras constructoras.

Y me fascinaron los templos de Khajuraho, esos templos del amor, como en nuestra etapa medieval, las historias contadas en piedra. El *Kamasutra* y sus posiciones; la escena del atasco de elefantes, con ese choque en cadena de los animales por el frenazo de uno de ellos, con la incrustación de la cabeza de uno de ellos en la trasera (o trasero) del que le precede... Sucesos reales de esa época. Y las escenas extraordinarias de las mujeres acicalándose, leyendo, peleándose por el marido..., una lectura tallada. Es más, me ha inspirado una leyenda..., sobre sexo y medicina, sobre problemas humanos a los que la mirada inocente del mundo les encuentra solución. Se titula *En el columpio hindú*.

Rati se sentó en el columpio del jardín de su padre. Se encontraba sumida en amargas reflexiones que zarandeaban sus hombros al contener el llanto. El atardecer fue cayendo en diversas tonalidades hasta adquirir ese malva que indica que el sol había desaparecido hasta el amanecer. Así estaba, sin compañía. Sin saber todavía lo sola que le tocaría estar en el futuro. Sin saber, por los diferentes avatares que la vida iba a traerle, lo que su historia supondría para la humanidad. Sola, sin poder pedir consejo a la persona que más apreciaba, ese padre que con sus ausencias reiteradas día tras día, mejor dicho, noche tras noche, ese astro que contribuía a su conocimiento de la dualidad de la vida. Arrancó y frotó entre sus manos los pistilos de las flores que yacían a sus pies, azafranes florecidos que dejaron sus manos de color de sol, invisible a la noche. Esa dualidad inherente a la existencia, día-noche, amor-odio, placer-dolor.

Ella, creída —o ¿creada?— para el goce, hija del poderoso y enojado dios solar, Daksha; amiga de las aguas —Apsaras cambiantes como la marea, veleidosas y seductoras— a las que ningún hombre podía resistirse; representada como la exuberancia extrema. ¿Su goce, el goce de otros? ¿Quién diría que se convertiría en la diosa Primavera; que su marido sería Kama, que se acribilló con sus propias flechas florecidas para ser cautivado por ella, y que su ceremonia nupcial se oficiaría sobre un columpio de seda? ¿Quién diría que inspiraría el libro más leído del universo; que su amor quedaría destruido por la fuerza y el terror de un dios más poderoso, Shiva, que dejó a Kama reducido a cenizas? ¿Y quién diría que ella, tras untárselas por todo su cuerpo, suplicante, invocando su propia ternura, lograría devolverlo a la vida? Aunque según cuentan las malas lenguas, solo volvería a existir en la imaginación de las gentes, de ahí el sentido absoluto de la castidad y la virginidad en muchas culturas. O de ahí que el mayor poder de seducción radique en la mente.

Rati lloraba o había dejado de llorar, pero no sabía todo esto. Su pena procedía de la cantidad de tullidos que había visto —¿o vislumbrado?— esa mañana. Y las mañanas anteriores, todas las mañanas de su existencia, desde que recordara. Contempló la madera labrada del columpio. Sus dos columnas, cual ramas de árbol centenario. Sus bases, construidas de alguna madera marmórea para darle estabilidad. Y esas gruesas cadenas que sustentaban su ingravidez. Parecía que se balanceaba en la noche del mundo, revestida de un intenso púrpura, preludio de la oscuridad iniciada. Los perfiles repujados de las columnas apenas se distinguían con ese vestigio de luz y jugaban a encarnarse en todas esas figuras de lisiados que la obsesionaban. Kali, diosa ambivalente de poder, fecundidad, destrucción y paso del tiempo, tenía mucho que ver. No siendo hostiles, no coincidían en la concepción de la vida. ¿Por qué suponer temporal un placer eterno? ¿Por qué morir si existen otras formas de existir? ¿Por qué lucir un collar de calaveras, las calaveras de esos mutilados que transmutaban?

Paseó por el jardín evitando tropezarse. Un par de antorchas lejanas aportaban la justa luminosidad para evitar un traspié…, ese arbusto, una piedra, el gato. Le daban miedo las caídas, hacerse daño. Desprovista del manto púrpura, caminaba desnuda y su piel, que desprendía olor a primavera, sentía la tibieza nocturna. Tocó con la punta del pie el agua del estanque, sin sentir frío. Introdujo el otro pie y se recreó en la sensación de fundirse con la naturaleza, porque somos naturaleza, elementos de la madre tierra, Adya, la floración misma naciendo ahora, soterrada en el agua. Sus amigas, las Apsaras, nunca habían hecho distinciones.

Y fue recordando uno a uno los tullidos, aquellos para los que Rati, en su conversión a diosa, había aliviado sus males.

—Sí, Hugo. Así se labran las leyendas..., historias simples de la vida explicadas para la trascendencia del hombre. Sigo contándote, por si puede servirte de ayuda en tu mal. Este fue el caso de una mujer con un cáncer de mama. Ahora, como sabes, en general se detectan precozmente o se tratan de forma exitosa.

Rati se acordó de la pobre Tara. Su seno había resultado mordido por una rata desde el interior. Primero notó un engrosamiento, que no le disgustaba pues contribuía a potenciar la turgencia perdida tras gestaciones y periodos de amamantamiento. Poco después, aquello le dolía, no mucho, una molestia, destilando acto seguido, sin parar. Su marido le volvía la espalda. La consideraba vieja y podrida. Tara lloraba, pese a su aura de quietud. Rati la conoció bañándose en el río sagrado. Tara pretendía depurarse. Rati la miró y se quedó estupefacta. Ella, la que sería la diosa de la fecundidad, siempre con los pechos plenos, dispuestos a lactar; el vientre redondeado, aun sin estar embarazada, tampoco gruesa; con caderas firmes que invitaban al cachete, a imprimir huellas, demostraciones de amor; entendía muy bien el lacre de una mama destruida. Rati la tocó, sin asco, posó su mano sobre el pecho de Tara y la dejó allí. Y Tara sintió como si vistieran su defecto, como si la protegieran. Rati supo que algo pasaba, que por primera vez algo pasaba. Pasaron la tarde en el agua. La mano de Rati siempre sobre el pecho de Tara. Cuando volvieron a casa, el pecho de Tara estaba sanado, se había acrecentado y originó de inmediato el deseo de su marido. Desde entonces, él siempre posaba sus manos sobre sus senos antes de hacer el amor. Desde entonces, uno de los principales atributos de la mujer para atraer al hombre son sus pechos.

—Doctora —replica Hugo consternado—, usted habla de mujeres, pero los hombres son diferentes. ¿Cómo le diría? Más terrenales, más de resultados.

—Como comprenderás, Hugo, los mitos y leyendas no son femeninos. Es más, los héroes buscan su camino entre dificultades impensables, incluso vergonzantes. Como la historia de Aadi. Así continúa la leyenda.

Aadi, cuyo nombre significa principio, se quejaba de que la tenía corta. No es que nadie le hubiera recriminado que fuera un defecto, pero él se comparaba. Tampoco es que tuviera experiencia sexual y hubiera fallado en ocasiones. No, era una idea, comparativa, claro. Y al tocarse, al tocarse de esa manera, tampoco es que creciera mucho más. Por supuesto crecía, y se ponía dura, pero como era corta, se alargaba en proporción. Aadi sufría, pues allí, en su barrio, esos barrios donde la peluquería, la lavandería y la manicura están en la calle, todo se veía. Rati, en plena transmutación a diosa, no recordaba cómo reparó en el padecimiento del chaval. Entonces, de nuevo en el agua, puso su mano sobre su miembro y tocó con la punta de sus dedos su punta. Desde entonces, la parte más sensible de los hombres es el principio, lo primero que penetra y el máximo momento, el final, cuando se dispersa la semilla masculina, independiente de la longitud del órgano. Aadi logró un hito, un gran hito para la felicidad masculina. ¿No estás de acuerdo?

—Pues relativamente —Hugo, preocupado con su tema, no da el brazo a torcer sobre la relatividad de los problemas—. Me gusta su historia. Tienes también un agujero en la cabeza… Continúa…

Yamir. A Yamir, Rati la conoció en el jardín de su padre. Sufría por su cabello del color de la luna, envejecidos prematuramente, tras el susto recibido cuando le contaron que su hijo se había caído de lo alto de un mango. No se mató, pero el chaval nunca recuperó el habla. Su vientre se había secado, su sonrisa de medialuna se había disipado y se había vuelto rígida como una caña seca de bambú. Yamir miraba a Rati mientras se columpiaba. Su tarea diaria consistía en mudar el cojín de seda del balancín, bruñir la madera policromada, evitando rastro de polvo e insectos, y atender a la semidiosa. Rati tocó la entrepierna de Yamir y puso allí humedad de primavera. Desde entonces, los rayos de luna son tan seductores que hombres y mujeres sucumben a su poder, especialmente en noches de plenilunio, y es por eso que son noches más fecundas.

—De las cosas que más me gustaron de la India son sus mujeres, su colorido —reafirma Hugo rememorando su estancia en ese país múltiple—. La mujer india es regia en porte, ropa y sonrisa. Su mirada, delineada con carboncillo protector desde la infancia, no cuestiona su trascendencia en la sociedad. Son maravillosas, todas bellas.

—Los hombres no se quedan atrás. A ellos los identifica su mirada pilluela, son ladronzuelos de corazones desde la cuna. Y con varones sigue la leyenda.

Adri yacía acostado sobre la roca seca del río sagrado. Era un día infernal de calor. Se sentía aplanado, aplastado, en realidad, hundido en la miseria. Su primera incursión sexual había resultado un fracaso. Lloró. Las lágrimas se evaporaron y no dejaron estela de su existencia. Creía que nadie le había visto, pero Rati fue testigo de ese lloro furtivo. Nandi le lamió la sal de la cara, el resto no evaporado, cristalizado en la piel, y le supo bien. Después lo besó en los labios y también le supo bien. A continuación, le introdujo la lengua en su boca y quiso más. Adri, para entonces supo que no iba a fracasar y marchó con Chandresh, su elegida. Y es por eso que, cuando un beso sabe bien, lleva a más cosas y es por eso que, si a la primera te quedas parado y no van bien la cosas, hay que volver a empezar.

—Precioso —la sensibilidad creativa de Hugo aprecia la infantilidad de las historias de la doctora y le retrotrae a ese país al que siempre vuelve, de viaje o en sueños—. ¿Hay más? ¿Tiene final?

Ananda no hacía honor a su nombre, felicidad. Le dolía, le dolía y le dolía. Le dolía el bajo vientre cuando saneaba su sangre menstrual. Su madre le había dicho que al casarse se le pasaría. Pero al casarse todo fue a peor. Le dolía desde la primera vez que la traspasó. ¡Qué dolor aquel! ¡Qué daño! ¡Qué sufrimiento! Le dolió el nacimiento de ese hijo que nació muerto. Dolor para dolor. Ahuyentaba a su marido de todas las formas y maneras posibles. No se lavaba lo decoroso, no usaba flores, apenas mudaba la ropa, y sus sharis procuraban ocultar su forma femenina. Ananda era infeliz, muy infeliz. Ananda rezaba a sus deidades para que todo terminara, que en el siguiente parto se terminaran sus sufrimientos para siempre. No entendía qué habría hecho en otras vidas para merecer esto. Rati, prometida con Kama, representada como mujer al final de la gestación, cual embarazo eterno, no como fertilidad sin más, sino como máxima expresión de los atributos de mujer plena. Rati, como decíamos, miró y sintió el dolor de esa mujer. Y tocó con su mano, suave, untuosa, delicada, su vello púbico, deshizo sus rizos y rozó sus labios y allí germinó un pequeño botón. Un botón minúsculo, muchas veces invisible que abre las puertas al hombre y que bien pulsado es la causa de que se pierdan las parejas por las veredas. Ananda dio a luz a un varón fuerte y a una niña delicada. Y supo disfrutar de los preliminares y se le tornó la noche dormida volando en pájaro alado de estrella, pero no logró evitar los dolores de alumbramiento..., eso quedó en el haber humano.

—A pesar de todo, hay hombres y mujeres que no tienen remedio. Su alma es dura, imposible o difícil de tallar, no se entregan, no conocen el amor, su magia expresada en la carne. Como Naray —la voz de la doctora se tensa en este final.

Naray tenía tullida el alma. No era capaz de querer ni quería procrear. ¿Para qué? Su única intención era la de copular, cuantas más veces, mejor. Copulaba sin sentir, ni fingir, ni pensar. Copulaba sin parar y porque su bajo vientre lo demandaba. Según eyaculaba, se levantaba y abandonaba a la mujer allí, tirada como fuera. Ni una mirada, ni un hasta luego, ni un "me ha gustado". Estaba poseído por Kali. Rati hubiera podido hacer cualquier cosa porque dicen que ningún hombre es capaz de resistirse a sus encantos. Y lo suyo hubiera sido dejarle sufrir, así, con las ganas, pletórico él, candente, ansioso, babeante. ¿O esa sed eterna de fornicación errante era su pena, su castigo? Y no le faltaron ganas. Pero ¿para qué? Rati se consideraba colmada con el amor que le profesaba Kama. Y Kama escribió en su libro, que traspasa fronteras y generaciones, que después de hacer el amor a una mujer no se la puede dejar tirada como a una bestia. Pese a la recomendación de Kama, muchos hombres dejan desmoronadas a muchas mujeres, a otras desgarradas, a muchas desarmadas, a algunas preñadas y a las más, simplemente, las dejan. Porque no quieren leer ni el Kamasutra ni en los ojos de la mujer.

—Es triste, doctora, que esto ocurra, es como si se cayera el pedazo de belleza que me había regalado en los retazos anteriores —Hugo pone un mohín gracioso, con su cabeza ladeada—. Sigue, no creo que hayas terminado aquí.

Rati se columpió de nuevo, el cojín de seda era carmín. No lloraba, había pasado mucho tiempo desde que advertía a los mutilados, unos con arreglo, otros sin él. Recordaba esos comienzos en que todo le sorprendía. Recordaba cabalgar sobre el loro, encontrarse aleteante en esas noches de pasión con Kama, sinestesia de sentidos. Y en los días de fogosidad, pues no había mejor momento para ellos que el que tuvieran por delante, recordaba su postura favorita, sentada a horcajadas sobre él. El carmín del cojín puesto por Yamir representaba la sangre de Chhinnasta, diosa de la sabiduría, que los había pillado así, in fraganti, y tal envidia le había causado que decidió autoinmolarse, regalar sangre de su sangre y repartirla con los sirvientes, porque la vida sin sexo, no es vida y el sexo sin sabiduría, no es placer real. Rati se quedó medio dormida, reclinada en el columpio, con la cabeza apoyada en el cojín de seda carmín que había almohadillado. Estaba agotada. Una complicación nueva llegaba… Esa sangre, ese semen, esa saliva… Y con nuevos problemas, nuevas soluciones…

—Y eso es lo que tengo que decirte, Hugo. ¿Cómo te encuentras? Han llegado tus resultados.

—Eso me está diciendo, ¿verdad, doctora? Que soy positivo…, lo sabía. No sé por qué, pero me lo estaba oliendo. Ahora es como sentir que mi sangre y mi esperma son tóxicos, como que me hubiera convertido en veneno para otros. Y ahora, ¿qué? Nadie me querrá si voy con la verdad por delante. Dime, ¿qué va a pasar conmigo? Hoy siento que tendré que fumarme una pipa sagrada…

—Mira Hugo, existen otras enfermedades que son mucho más debilitantes que el VIH en la actualidad. Si tienes miedo a morir, trata de imaginarte por qué, y haz algo al respecto. Si tienes miedo a vivir, eso también tendrá sus ramificaciones. Nosotros lo vamos a hacer. Los tratamientos actuales, con su dureza que no vamos a esconder, salvan la vida, y no solo la salvan, sino que dan calidad. Lo bueno es saberlo, como lo sabemos ahora.

—Eso es fácil de decir…, pero ahora estoy enfermo y hace quince minutos me encontraba sano. Una noticia que cambia el futuro. Ahora tendré que pensar: ¿puedo amar a esta persona? ¿Puedo viajar a este país? ¿Debo condicionar mi trabajo a la enfermedad? Ahora, la vida será un interrogante constante.

—No, Hugo —la doctora le coge la mano—, no hay suficiente de nada para no seguir adelante. Como leí en una ocasión, al enfrentarte a un problema, se puede optar por la visión "esto o aquello", o abordarlo mediante "ambas cosas". "Ambas cosas" proviene de una visión del mundo que ve la abundancia…, aprender a vivir con las contradicciones de la vida. Si abordas un problema desde la opción "esto o aquello", quedas atrapado en un lugar, y si lo encajas en el "ambas cosas" se abren puertas. Puedes decir: "Puedo tener VIH o puedo estar sano", comparado con: "Puedo tener VIH y estar sano". Tú puedes revertir este reto. Nosotros te ayudamos.

SALA NÚMERO CUATRO

El tratamiento contra la miseria
y el dolor es deber inexcusable de todo médico.

Hipócrates

—¿Su tarjeta? ¿Su pasaporte? ¿No tiene? No puede usted ser atendido si no presenta la documentación adecuada. A no ser que le facturemos la atención prestada. ¿Qué me dice? —indica la auxiliar administrativa en la recepción del centro de salud, según mandan los cánones, la administración y la gerencia.

La enfermera jefe, metida en kilos y años, con el colmillo retorcido y la experiencia como bagaje, observa casual al hombre de rasgos filipinos:

—Pase usted. ¿Alguien puede llevarlo en la silla de ruedas a la sala número cuatro?

CONTRA LA LEY, EN NUESTRO CENTRO, SÍ ATENDEMOS

SI LA SALUD ES UN DERECHO, DESOBEDECER ES UN DEBER

SALA NÚMERO CUATRO

Es de esas mañanas gélidas del febrero de Madrid. Son las once de la mañana y el sol brilla en un cielo azul con nubes propias de un tapiz de Goya. No es San Isidro y la imagen a retratar está más cercana a los esperpentos del mismo autor que a sus gozosas escenas del día del santo. La facies del hombre traído al centro de salud entre un padre y su hija es el rostro del frío como instrumento de tormento. Apenas se sujeta y está muy débil. La silla de ruedas traslada su cuerpo lacio a la sala número cuatro. El abrigo que le envuelve podría abarcar a dos hombres de su tamaño y da grima mirarlo, lleno de mugre y polvo. Tanta tiene, que se sujeta solo e incluso podría cobrar vida y salir caminando de tanta sustancia que pulula por el paño. Entre la auxiliar de clínica, en extremo habilidosa para desvestir y vestir a los incapacitados, los acompañantes y la celadora despojan de su gabán al que se aferra sin fuerza el hombre recién traído de rasgos filipinos. Se agarra a sus pertenencias con las manos petrificadas por el helor de la calle, sujetando un hatillo que debe envolver todas sus posesiones. Es imposible saber si sus ojos orientales están abiertos o cerrados. El hombre no emite sonido alguno.

—¿Este hombre cómo se llama? —cuestiona el médico visiblemente nervioso.

Le han tumbado en la camilla de la sala número cuatro, la sala de urgencias, con la medicación, el desfibrilador, el electrocardiógrafo, el oxígeno en bombonas, los aparatos de aerosoles, los algoritmos de emergencia distribuidos por las paredes y la tensión emergente en la atmósfera. El calzado, unas botas militares agujereadas, es depositado en una bolsa de basura junto al resto de sus enseres. La camisa abierta, tras desabrochar el par de botones restantes, exhibe el tórax de un hombre al que se le cuentan las costillas con mirarlas. El doctor le pellizca con afán de sacarle de su estado estuporoso. ¿Respira? Sí. ¿Late? Sí. Unas manos, que no se saben muy bien de dónde salen en ese maremágnum de personas, le desvisten, le exploran, le tocan, le cogen un brazo, como si fuera la prolongación de un dragón viviente, introduciéndole una cánula en la vena, una ventana a la medicación que pueda hacer falta. 97 % de saturación de oxígeno. Pulso, 99 latidos por minuto. Tensión arterial, baja, 100/60. Frecuencia respiratoria, 31, elevada.

—Oiga —gritándole al oído—, ¿cómo se llama? ¿Qué le ha pasado?

Mientras en la sala número cuatro los profesionales realizan su tarea a puerta cerrada, la sala de espera es un avispero de comentarios.

—Yo lo conozco —comenta el relojero de una joyería-taller del barrio—, lo veo casi todas las mañanas, cuando llego para abrir la tienda. Suele estar desperezándose en la galería de al lado, una zapatería para niños que abre más tarde que nosotros. Parece que duerme ahí. Se estira, asoma la cabeza por el quicio del portal y siempre tiene la misma cara, no sabe si sonríe o no o si duerme o está despierto, es como un muñeco guiñol que sacarán por el vano de un teatrillo, con ese abrigote que lleva. Siempre me pregunto por su vida.

—Pues no sé qué interés tiene la vida de un pobre sin casa, ni oficio ni beneficio —chista una vieja gruñona.

—Perdón, señora. Este hombre no le ha hecho a usted nada —refuta el relojero—. Nunca jamás le he visto pedir dinero y lleva una vida muy ordenada, de ahí la curiosidad. Si llego algo más tarde de las ocho y media, que es mi hora habitual de recalada, lo encuentro en la Plaza de la Prosperidad, aseándose en la fuente. Apoya su gabán en el banco, bien colocado "sienta" su hatillo junto a él, y con un paño se lava la cara y se lo pasa por todo el cuerpo con mucha discreción. Nunca le he visto hacer algo ofensivo.

—¡No me diga! —remacha la señora—. Estará en alguna mafia, vaya usted a saber.

—En mi opinión, todos estos son unos sinvergüenzas —se lamenta un varón de unos cuarenta años atildado con vaqueros y sudadera negra—. Lo que pasa es que no quieren trabajar. Cerca de mi casa, viene un rumano que actúa como "protector" de tres (o cuatro mujeres) de la misma nacionalidad, a las que pone a pedir en la puerta del Día, en la de una iglesia cercana, y en la de un banco. Cuando las coloca, se va al bar de mi colega a tomarse un café y un chupito de vodka. Regularmente, las visita y les retira los "fondos" que han recaudado las pobres.

—Pues esa situación es para denunciarla. ¿Lo has hecho? —increpa indignada una mujer joven de unos treinta y tantos con botas camperas—. A saber qué hará con las mujeres por la noche, servicio por las calles. Será su chulo. A todos estos habría que cortarles los huevos sin anestesia, que se enteren. No sé cómo puede contar la historia tan en frío y no hacer nada.

—Cada vez la situación es peor —añade una cincuentona bien arreglada con el pelo enhiesto—. Mismamente, en nuestro barrio hay gente que revisa la basura todas las tardes, sin cortarse un pelo, hasta ancianas respetables, para llevarse a casa lo que se pueda. Si tuviera que llegar a estar en la calle porque no pueda pagar la hipoteca de mi casa, lo haré con la cabeza bien alta y por supuesto no me quedaría callada. No es cuestión de limosna ni caridad, es cuestión de derechos humanos.

—Sí —contesta otro usuario con chaqueta, corbata y zapatos acharolados—, el otro día muy temprano pasé por la plaza de Cristo Rey, cerca de la Fundación Jiménez Díaz, para una prueba que me mandaron hacer allí y no vea cómo estaba el patio. Todo lleno de rumanos con sus colchones, una verdadera masa. Por lo visto, hasta los porteros de las casas salieron a manguerazos para disuadirles de estar por ahí. ¡En qué se ha convertido este pobre país!

—Y el ayuntamiento tirando el dinero que no tenemos —protesta una señora muy parlanchina que no ha dejado de meter baza mientras hablaba el resto—. Han puesto esas marquesinas absurdas, al menos las he visto por la calle Serrano, que dicen que son para que los indigentes no puedan dormir en los bancos, mientras se espera al autobús. Tienen un separador en medio que lo que hace es quitar sitio para que se siente más gente. A mí me da que únicamente las han puesto en los barrios elitistas, siempre protegiendo a los mismos.

—No se queje usted, señora —le interpela el de los zapatos brillantes—, ninguno de nosotros vivimos en una mala zona, si no, no estaría usted aquí. España es todos los españoles y el Gobierno tiene que protegernos de todos estos mal nacidos.

—Desfavorecidos, habrá querido decir —salta la muchacha de las botas puestas.

Se abre la puerta de la sala número cuatro. Se produce un silencio de expectación en el vestíbulo, como si a una función se atendiese. Salen la enfermera jefe y la auxiliar de clínica parloteando entre ellas. El tono es bajo, no se entiende lo que dicen. El doctor permanece dentro. No se sabe qué ocurre.

La auxiliar de clínica regresa del almacén situado en otra planta con una manta blanca y azul, algo raída. La sala número cuatro abre su puerta sin dejar de producir intriga. La administrativa, cargada con un fajo de papeles, entra también sin llamar. Se oye que desde la centralita solicitan una ambulancia. Se escucha lo que parece una discusión dentro de la cuatro. La voz del doctor se escucha autoritaria. Un teléfono solicita un servicio de recepción y la silla de ruedas es traída al interior de la sala de urgencias inmediatamente. La secretaria taconea a su salida. No hay ojo ajeno a cada hecho, ni silencio en las miradas.

Sale el doctor con el ceño fruncido, las manos en los bolsillos de la bata, mirando al suelo. En la bata pende una chapa malva con "Sí atiendo" como misiva. (Más de uno se pregunta que cómo demonios no va a atender un médico, entra en sus tareas y obligaciones). Todo el mundo asoma la cabeza. El hombre de rasgos filipinos asoma por la puerta envuelto en una manta, sentado en la silla de ruedas, con un brazo ligado a un suero. Pepe, el del bar de enfrente, entra y le trae un café humeante. La gente calla.

—¿Pero es que no lo conocéis? —pregunta Pepe a la audiencia, *resalao* como es él—. ¿De verdad que no lo conocéis?

Unos miran al techo y se hacen los despistados, otros sonríen, otros "Pepe, cuéntanos"…

—Si a este, a este, todos lo habéis visto. Yo, hoy, lo voy a acompañar al hospital, que me lo ha pedido mi médico. Me voy a acompañarle que le miren bien. Os saco de la intriga. Este hombre es…, ¡el último de Filipinas! En serio, es el bisnieto de uno de los 54 soldados españoles que resistieron en el fuerte filipino de Baler contra más de 400 norteamericanos, tras haber finalizado la guerra, sin que ellos se hubieran enterado de la noticia. Estos soldados fueron un símbolo de la lucha por unos ideales imposibles de conseguir a finales del XIX…, y aquí está y seguimos en la misma lucha contra el opresor… Se supone que vino a España buscando sus raíces y la fortuna de su viejo, que lo tuvo con una muchacha de allá. Ese es, el que un día puede ser él, otro día tú y otro, yo. Así que me voy en la ambulancia a correr mundo, que esto tiene su punto…, filipino.

Pepe levanta su gorro de lana en ademán de despedirse, guiña un ojo, como un actor de cine, y sale por las puertas automáticas llevándose al hombre, sin parar de parlotear con el chófer de la ambulancia urgente no medicalizada, que acaba de aparcar en el hueco reservado a la puerta del centro de salud con tal fin. Pepe deposita unas palabras en las orejas alzadas del hombre envuelto. Él esboza una sonrisa y abre francamente los ojos.

CONTRA LA LEY EN NUESTRO CENTRO, SÍ ATENDEMOS

Desobedecemos el Real Decreto Ley (RDL) 16/2012 para obedecer el Art. 25 de la Declaración Universal de Derechos Humanos y el Art. 43 de la Constitución Española, que establecen como derecho fundamental la protección de la salud.

Herramientas para desobedecer colectivamente la exclusión sanitaria

www.yosisanidaduniversal.net

Esta frase y su letra pequeña están escritas en un folio colgado con celo en la parte interna de la ventanilla, de cara a la secretaría que trabaja atendiendo al público. Muchos profesionales portan en su bata de trabajo el emblema morado, marca del movimiento Sanidad Universal desobediencia civil frente a la reforma sanitaria recogida en el Real Decreto-Ley 16/2012, que supone la exclusión de cientos de miles de personas del derecho a recibir atención sanitaria. La Asociación de Vecinos del barrio defiende la Sanidad pública y universal. Los Grupos de Acompañamiento son la propuesta de Yo Sí Sanidad Universal para que cualquier persona pueda desobedecer el RDL 16/2012. Estos grupos acompañan a los que lo necesitan a los centros sanitarios para intentar garantizar la asistencia, informar a los profesionales y servir de enlace entre diferentes niveles de atención y entre usuari@s y profesionales.

SARA

Ninguna droga hay tan poderosa como la esperanza,
y que la más mínima huella de pesimismo en el rostro o en las
palabras de un doctor puede costar la vida a su enfermo.

Axel Munthe

—**Motivo de consulta:** Disnea.

—**Antecedentes personales:** No fumadora, no bebedora. No alergias. No intervenciones quirúrgicas. Enfermedades propias de la infancia.

—**Antecedentes ginecológicos:** 6 gestaciones; 3 abortos; 3 hijos vivos.

—**Enfermedad actual:** Mujer de cuarenta y ocho años que acude a consulta por presentar un cuadro de disnea progresiva de un mes de evolución tras regresar de su país (Ecuador). No refiere dolor torácico, tos, expectoración ni fiebre. No pérdida de peso, aunque refiere astenia y anorexia en este periodo. La disnea se ha intensificado, pasando de ser de grandes esfuerzos a pequeños (refiere que podía subir una cuesta sin fatigarse y ahora apenas puede caminar cien metros sin experimentar esa sensación). No llanto, pero interrogando a la paciente declara la existencia de tristeza.

—**Exploración física:** Tensión arterial 120/60. Frecuencia cardiaca 80 latidos por minuto. Temperatura 36,2°. Saturación de oxígeno 93. Normocoloreada, bien nutrida e hidratada. Higiene poco adecuada. Cabeza y cuello: No ingurgitación yugular, carótidas simétricas; no bocio, no adenopatías. Tórax: Posibles adenopatías supraclaviculares. Auscultación cardiaca: Rítmica a noventa y cinco latidos por minuto, no soplos ni extratonos. Auscultación pulmonar: Disminución global del murmullo vesicular. Abdomen: No masas ni megalias. Hernia umbilical. Cicatriz de laparotomía media. Extremidades: Eccemas en ambas palmas de las manos. No edemas ni varices. Pulsos periféricos positivos.

—**Pruebas complementarias:** Se solicita electrocardiograma, radiografía de tórax y analítica general.

—**Diagnóstico diferencial:** Ansiedad, asma, tuberculosis, neumonía, otros.

SARA

Sara despertó en la oscuridad llena de sinsabores. El pelo oscuro, corto y ralo le resbalaba en mechones sobre una frente curtida por el trabajo. Sudaba copiosamente. Las palmas de las manos se le habían pegado al regazo. Sentada en ese taburete durante doce largas horas, cubría en vigilia las noches de esa mujer que agonizaba. Una noche tras otra. Era su primer trabajo. Apenas aterrizó recién llegada de Quito, hipotecó su primer jornal en ese puesto que le garantizaba la subsistencia en este nuevo país, la España venidera que le habían prometido. Empezaría el pago del empleo, del pasaje y de esa cama caliente que le esperaba en ese piso no ventilado donde cada día utilizaba una diferente.

Sara respiró hondo. Cogió aire en un afán de calmar ese corazón agitado. Notaba la muerte rondando. Contaba el tiempo en sus palpitaciones, una de sus medidas. Si lentas, las cosas iban bien. Si rápidas, la amenaza iba a convertirse en realidad.

Todo había ido rápido y se consideraba afortunada. La vuelta de Rosa a Ecuador tras cinco años de trabajo la había decidido. Rosa había desembarcado refinada, con aires de gran señora y, siendo siempre una muchacha linda, había adquirido un aire mundano y una seguridad que le provocaba una envidia extrema. Llegó y se instaló en esa casita que se había comprado. Su madre le había guardado toda la plata enviada y de una vez se hizo con la propiedad. Rosa seguía pensando en el hombre que le había hecho al crío y la había abandonado. Siempre historias semejantes. Soñaba con su vuelta y se había guardado para él en España. Se miraba bien guapa con esa trenza peinada para irles a visitar, con su piel bien clara de mestiza india. Sí, ella le prestó el dinero para el pasaje y le facilitó direcciones para que se ubicara a la llegada. Lo que Rosa no le había contado es que todo se pagaba. Se pagaba si hablabas mal o si no hablabas. Pagabas por una entrevista de trabajo, aunque no te lo dieran; pagabas el préstamo del pasaje con unas cuentas de intereses que le resultaba difícil entender. Pagabas el primer sueldo si te conseguían el empleo... Pagabas... Nada salía "de gratis"...

A la segunda entrevista, tras una primera en la que la rechazaron a saber las causas, Sara fue contratada. Para velar las noches de una mujer moribunda. De momento solo un tiempto, el reemplazo de la habitual que se había marchado por un problema familiar, o era lo que había contado. Los rumores en el piso en el que dormitaba durante el día indicaban que la fija tenía miedo a la muerte y que pretendía volver nada más muriera la señora. Esa entrevista la pasó bien. Su intermediaria, esa mulata dominicana, hizo toda la negociación. Sara apenas abrió la boca, lo imprescindible para asentir. Las dos hijas de la mujer enferma tenían prisa en resolver el asunto. Se citaron en la casa de una ellas pues no tenían la intención de quedarse sin dormir una sola noche. Aceptó todas las condiciones. Noches de lunes a domingos. Ningún día libre porque libraba cada uno. Medias pagas si cumplía seis meses, no había parte proporcional si renunciaba antes. Vacaciones, se vería, según el estado de la doliente. Sara transigió. Era un trabajo. El mecanismo de su corazón marcaba el mismo ritmo. Sin señal de peligro. Empezaría de inmediato. Esa misma noche. ¿Sus cosas? Apenas una bolsa con las pertenencias. La dominicana estuvo hábil. Le consiguió el abono mensual para desplazarse del piso a la casa y de la casa al piso y la acompañó para mostrarle el camino. A Sara todo ese tráfico y tanta máquina le producía pavor, su carillón interno se aceleraba, aprendería a ir y volver caminando y eso que se ahorraba. Ella callaba. Todo el tiempo.

En la casa donde trabajaba, como siempre le había pasado, Sara era un mueble u objeto más. Su aspecto tosco, su aseo poco cuidadoso, su pelo corto, negro, ralo, su piel oscura, cetrina, su boca cerrada, labios finos apretados, la nariz chata de orificios amplios al mundo, la mirada dirigida al suelo, ojos de oveja, las manos recias, dedos gruesos, uñas grisáceas, el cuerpo, saco informe con batas de color no definido que ocultaban el busto abundante y caído, las piernas, dos extremos sustentados en zapatillas eternamente negras. Sara, desapercibida, cumplía con la estancia nocturna. Jamás acariciaba a la desahuciada y la tocaba lo imprescindible: en el aseo diario que no entendía que estuviera impuesto o si las necesidades obligaban. No le producía ningún reparo. Daban igual las heces de bestias o personas, todos animales.

No se sabía en qué tiempo vivía Sara. Su favorito era el de la duermevela. Sara podía estar dormitando durante el día y la noche, con un sueño ligero pero atento a los aconteceres de la casa o presentar por la noche un sueño fatigoso e interrumpido. En esas noches volvía a las pesadillas que no lo fueron. Las palizas, el abandono, la crianza, el trabajo inquebrantable, el campo. Por eso le gustaba esta ocupación, no había noches para ella.

Para Sara, el tiempo, el tiempo tal cual lo entendemos todos, no existía. O no transcurría. O no lo disfrutaba. O no lo sufría. O no lo esperaba. O no pasaba. Sí, el tiempo objetivo, el mensurable, el de los relojes, era de un interés relativo. Se apañaba, digamos. Para convivir con el resto. Para poder trabajar, ganarse la manutención y saber cuándo salir. Y regresar. Ni siquiera entendía muy bien todas las medidas. Las quince treinta y dos. Las dieciocho treinta. Los horarios de los trenes tenía que apuntarlos a su manera. Y en letra grande para leerlo. Su vista no era la mejor. Este tiempo carecía de interés.

El otro, el subjetivo, en el que cada persona crea sus paisajes, viaja por las ilusiones y anida en ideas; ese en el cual se disfruta del mundo y de las querencias, ese tiempo era muy breve. No había aprendido a volar. De niña le cortaron las alas. Pero el duermevela era perfecto. En cualquier lugar, ocasión y momento podía practicarlo. Ahuyentaba las emociones, se aislaba de las palizas y gozaba del descanso.

Sara apenas supo de ese tiempo llamado infancia. Si se exploraran sus recuerdos, no existiría un tiempo de arrullo ni de cuentos ni de besos ni de risas. Nacida de madre y padre supervivientes, no a ninguna guerra sino a la propia vida, el tiempo lo había marcado la necesidad. Levantaba poco más de un palmo del suelo, cuando era sacada del camastro al albor del día para llevar a los animales al pasto. Un bostezo era sinónimo de bofetada, un grito, de tunda, y el llanto, de improperios. Aprendió el ritmo del silencio pasara lo que pasara. Era como un parapeto ante la adversidad. Los hermanos que fueron viniendo no gozaron de mejor suerte. Alguno no llegó a grande. Los varones pasaban menos hambre. Las hembras…, corrían con el tiempo…, con las historias que contaban en el pueblo…, sacadas del tiempo de los mayores, de los mayores que se fueron dejando restos, raza, lengua, tradiciones. ¿Sacrificios? ¿Los de antaño? ¿Los de ahora?

Apenas tuvo la regla, ese reloj rojo mensual que contrastaba con la luna blanca de su volcán, el Tungurahua, en Ecuador, ese país tan lejano que dejó huyendo de momentos angustiosos, fue forzada por su padre a romper el bien preciado que les decía ese cura que subía por la parroquia de vez en cuando. En presencia de su madre la primera vez. Las siguientes, en presencia del silencio que todo lo ocultaba. Su mutismo la hacía proclive a que esto ocurriera una noche y la siguiente que había luna…, o la que no la había. Quiso Dios que el astro la protegiera de procrear hijos contra natura. Al poco, pasó por allí uno que dijo ser comerciante y se la llevó, no por su belleza o gracejo, sino por haberla observado acarrear sacos y jalarles a los animales sin una protesta. Los padres amañaron los papeles para quitársela de en medio. Y la siguiente hija entraba en el celo…

La llevaron a los suburbios de Quito, al Carcelén Bajo, desde donde veía las faldas de la montaña donde se había criado y envejecido. El tiempo de la inocencia quedaba atrás. Ahora, a los gritos e insultos, se sumaban las palizas de ese hombre que tomaba y bebía noche tras noche y que le hacía una barriga tras otra. Tres las perdió de poco. Medía entonces el tiempo por la presencia o no de sangrado en sus bragas. Después, por el volumen de su vientre. A continuación, por la leche en sus senos. En ese tiempo fue cuando la duermevela adquirió protagonismo en su vida. Los mejores momentos, acunando a un bebito enganchado a la teta, hora tras hora, de noche o de día, sintiendo esa pequeña comezón de la succión cercana al placer, con los ojos entrecerrados, sintiendo el sol, o la caída constante de la lluvia, o las tormentas, o el delicado temblor de la tierra y siempre el calor de la criatura pegada a su vientre, ronroneando, en un bamboleo constante, acunándose mutuamente. Hasta que llegaba la bestia. Su cuerpo adquirió tintes violáceos constantes que ningún remedio conseguía aclarar. La niña, a gatas, huía despavorida a esconderse tras la lumbre; el chico, hombrecito de su madre, mostraba los dientes como los perros gruñen. La chica hundía el rostro en el pecho o berreaba hasta que se le cortaba o cortaban la respiración. Hasta que el verraco no volvió más y el hambre se hizo más extrema.

Sara caminaba o se paraba, en duermevela constante, con los tres chicos en brazos o agarrados a su falda. Sara lavaba ropa para otros y la suya estaba siempre mugrienta. Sara fregaba suelos de otros y no tenía suelo, un pedazo de tierra donde recostar a los chavales que crecían flacos, con el pelo negro y grasiento, las uñas rotas y la nariz llena de mocos resecos. Para Sara, el tiempo en este tiempo no existía, era una constante.

Hasta que el tiempo mismo dijo basta. El tiempo estalló. El Tungurahua bramó escupiendo lodos ardientes. El cielo se puso negro. Era *quebrantoso*, tenía la lágrima fuerte y le quemaban los ojos. Decían que las rocas candentes saltaban al firmamento y caían sobre los que tenían malos pensamientos. Ese año alguno murió aplastado cerca de su lugar natal. Sara evitaba las malas ideas que se le venían a la cabeza, esas que de momento la embotaban, esas que deseaban con contundencia que las piedras aplastaran ciertas cabezas, como a ella le habían aplastado los cuerpos… Huía de esas cavilaciones, fuera a ser que el magma la arrastrara, aun pillándole a un par de horas de la zona crítica…, las cenizas se hacían sentir por la capital y respirar raspaba, recordando que era un acto voluntario. Para Sara, respirar era vivir y respirar era morir. La cadencia de las toses de sus hijos convertía las noches en suplicio para todos. Se iría. Y se fue. Tardó todavía, tardó para poder leer algo más. Tardó para que le prestaran. Tardó para que sus hijos se crecieran.

La España prometida era una España rancia para los venidos de la América. El hermanamiento de la lengua se distanciaba con las cadencias inmediatas del lenguaje y el usted severo para impedir que un tú invadiera intimidades. El usted español, más que un respeto, era una barrera. Sara lo aprendió pronto. Y allí estaba Sara. En ese piso bien acondicionado donde no se pasaba ni frío ni calor. En ese piso bien acondicionado donde no existía olor alguno, más que el puntual de heces bien recogidas en un pañal gigante de usar y tirar de la enferma a custodiar. En ese piso bien acondicionado donde comer no era un placer, viandas que no eran del gusto de Sara. En ese piso bien acondicionado donde el aire estaba prisionero. En ese piso bien acondicionado donde el tiempo no corría.

Sara tardó en enterarse del nombre de su benefactora, pues no necesitaba el nombre para nada. Su benefactora porque, gracias a su agonía, Sara tenía una nómina. La mujer siempre recostada de uno u otro lado dormitaba constantemente bajo los efectos de potentes narcóticos que le aplicaban unos médicos que acudían al piso bien acondicionado dos o tres veces por semana, total para que se muriese. La mujer, sin embargo, no reposaba. Inquieta, profería gritos que ni se escuchaban estando muy cerca. La garra de su mano se aferraba a la barra puesta en la cama para evitar una caída. La constante medicación no terminaba de hacerle perder el sentido y en ocasiones se entendían palabras sueltas. Sara sabía que esa alma no estaba en paz. Sara sabía que la muerte en ese estado no podía llegar. Sara, por eso, no la consolaba, la muerte llega a cada uno cuando es la hora y la hora de esa mujer llegaría cuando fuera, con o sin Sara en duermevela. La mujer farfullaba alguna cosa..., no quiero terminar..., no hay después..., sí, algo se le entendía y podía vérsela sudar copiosamente con los ojos puntiformes mirando a un vacío que debía ser la revelación para ella. Sara se limitaba a entreabrir sus ojos semicerrados. Cuando era interrogada por los familiares de la paciente sobre su estado, la respuesta era invariable: la señora está bien. Sara también estaba bien.

Una noche de turbulencias, el tiempo estalló de nuevo. En este caso, el volcán era la propia mujer. Reventó por todas las partes imaginables por donde una persona pueda reventar. Vomitó, ventoseó, cagó, orinó, esputó y otra vez vuelta a empezar. Vómito, ventoseó, cagó, orinó, esputó y otra vez vuelta a empezar. Vomitó, ventoseó, cagó, orinó, esputó y otra vez vuelta a empezar... Sara tosió. Y tuvo miedo. La muerte rondaba. La mujer en su postrimería gritó "no". Gritó "no". Gritó "no". Sara la tocaba con sus manos intentando contener el vertedero en el que se había convertido ese cuerpo. Le puso la mano en la boca y sintió una inhalación que aspiraba su palma y el vómito que la calaba. El pañal dejó de ser un dique para convertirse en torrente de heces y orín que desbordaba los límites establecidos por la cama. Sara se estaba volviendo loca. Estaba peleando a muerte con la muerte y lo sabía. Sara sabía que llevaba las de perder y no por la señora. Por ella misma. Sara sintió en su mano la última exhalación..., y creyó u oyó otro no..., ese no desesperado del que sabe y no quiere admitir que no hay más vida detrás de la cortina de la muerte.

Sara limpió. Sara quitó toda la porquería. Limpió el piso. Retiró los pañales. Aireó la habitación. Quitó la ropa sucia de la cama. Cambió la vestidura de la señora. La aseó como la habían instruido. Sara midió el tiempo por la ausencia de estertores. Se había llevado a la otra. Todo quedó en calma. El desboque, la noche, la respiración, la atmósfera, el tiempo. Sara tosió. Sara avisó a la familia que todo había terminado. Sara recibió una carta de recomendación.

A partir de entonces, Sara medía el tiempo en diferentes medidas que equivalían a lo que la gente llama semanas o meses o días. El tiempo corto era el de las toses de cada día; todos los días tosía; todos los días miraba si había o no sangre en la palma de su mano; todos los días pensaba que tenía que ir a un médico, pero eso complicaba su labor e intuía que no era una partida que pudiera ganar. Tenía seguridad social. En ese último trabajo le habían tramitado todos los papeles. Era la primera vez que estaba legal en su vida.

El otro tiempo, digamos el de los meses, era la duración de una ocupación. La contrataban más o menos para lo mismo. Una anciana en sus últimas; un abuelo que ha perdido la cabeza... Los varones le gustaban menos, le producía repugnancia asear sus partes íntimas... Otra mujer que se muere... Sara seguía siempre su duermevela como táctica..., y el silencio. En su silencio estaba su prudencia y su temeridad.

El tiempo más importante, el que parecía una eternidad, el tiempo en el que constantemente pensaba en la duermevela era el tiempo en el que de nuevo se encontrara con sus hijos. Mandaba dinero todos los meses. Hablaba con ellos semanalmente en el locutorio. Les parecía sentirlos agarrados a su pecho, o a su falda o a su mano. Y llegó el día en que arribaron.

Sara se lavó el pelo corto, negro y ralo, pero no mugriento. Sara se calzó unas botas negras relucientes y un saco azul. Su varoncito primero. Sara miró a su hijo sin reconocerle. Ante ella, un hombre delgado y enjuto, no muy alto, de tez morena y el pelo negro y ralo como el de ella, que le tendía un abrazo: Madre. Sara sintió que el tiempo y su corazón se detenían en ese instante, como si pudieran congelarse los santiamenes de felicidad. Y derretirlos después..., acero ardiente que calentara ese interior helado del que la tos no dejaba de brotar. "Madre, te ves bien".

Sara desconocía que, fuera de la duermevela, podría existir un tiempo donde el bienestar existiera y no fuera un sueño. Ni en tiempos inmemoriales, ni en su infancia había conocido esta experiencia..., alegría..., nunca la había entendido. Sara no sabía medir ese tiempo. El corazón se le aceleraba sin sentir miedo. Las lágrimas le brotaban y no eran de dolor ni pena. Un esbozo de sonrisa parecía pintarse en su cara; una mueca, la falta de ellas en su vida.

Sus hijas, unas buenas mozas, una de ellas ciertamente rellena, desembarcaron unos meses más tarde. La cháchara, desconocida para Sara, y el besuqueo invadieron su vida. Las medidas del tiempo para Sara cambiaron. Digamos que no había tiempo o que este volaba. Adecuar un alojamiento para sus hijos: hipotecó dos jornales de mes para arrendar un *apartamiento* donde acomodarles. Su chico la ayudó. Ella, la señora, era la que daba la cara. Cuando se paraba en esas situaciones importantes junto al serio mozo sentía que el tiempo se estiraba, se hacía elástico y envolvente, como que la arropara. Ella daba la cara, era titular y firmaba con su Sara infantil en trazo bien aprendido. Mujer legal y legalizada.

Sara logró empadronar a sus hijos y con ello dotarles de seguridad social, la atención sanitaria, así, sin trabajo, en esta España rica donde educación y sanidad eran prioritarias y un derecho para cualquiera, agradecida estaba, en tiempos en los que todavía se podía. Sara buscó empleo para las mozas. Ellas no querían noches, la especialidad de su madre, pero niños y adultos en edad de merecer no se les daban mal. Eran criaturas dulces, lentas, parsimoniosas, pero no haraganas, envolventes para el juego, poco dotadas para trabajos pesados de carga. En este tiempo sin tiempo, Sara practicaba la duermevela exclusivamente en las noches de trabajo. No regalaba ni una horita, deseaba escabullirse con la máxima rapidez que le consentían sus pulmones para aprestar el desayuno de sus palomos o aviarles el almuerzo, que lo llevaran. Sara, en este tiempo, frecuentó la felicidad, inédita para ella hasta ahora.

Sara sintió un día que el tiempo se desdoblaba, como se desdobla el tronco de un árbol en dos ramas o como de un camino parten dos al unísono o como de una madre surgen dos criaturas de una vez o como… Dos carrillones en su interior con velocidad encontrada hacían que su rueda se detuviera. El tiempo de dicha avanzaba firme. El hijo la idolatraba. Ese "madre, buenas noches". Ese "madre, alegría de estar contigo". Esos besos en la frente depositados con azoramiento. Las muchachas, en la línea de las muchachas, a una la rondaba un tunante; a la otra, un mozo de buen ver con intenciones lícitas. El tiempo se escurría… Sara conjeturaba que convertirse en abuela supondría el apogeo del gozo, criaturas cálidas a su regazo, a su falda, a su mano, al bamboleo justo de la vida…

El otro carillón trabajaba para detenerla. El segundo piso de la casa en la que trabajaba se le hacía de dificultad angustiosa. Mover a ese anciano consumido para asearle, un trabajo ímprobo. El ademán para levantarlo y trasladarlo de la cama a la silla de ruedas, un esfuerzo tan sin igual que adujo que el doctor había recomendado reposo en cama con medidas posturales. La dualidad del tiempo que la enclaustraba en sí misma, en los silencios de antaño. Sara no quería preocupar, no quería molestar, no quería perder su remuneración, no quería reconocer que nuevamente se aproximaba un duelo con la muerte. Los tiempos se repetían.

Sara sentía que le faltaba tiempo al tiempo. Por primera vez en su vida sentía que el tiempo se le iba, ese tiempo de bienestar advertido de forma tardía. Un tiempo comenzó a comerse a otro, a devorarlo como las viejas deidades, engullendo la felicidad y postrando a Sara que no se dejaba abatir. Continuaba con su diario, la caminata torpe y nocturna en ese invierno en el que ningún abrigo le sacaba el frío de los huesos. La marcha diaria matutina de regreso al hogar, alegrándose de que los hijos hubieran marchado para recostarse en la cama con su compañera cotidiana y atosigante, esa tos infame que hacía que su pecho quisiera estallar sin que nada saliera de allí. Sara sentía si lo que tenía dentro pudiera expulsarlo por la boca, la nariz, si pudieran…, pincharla, extraerle esa especie de demonio que había anidado en el centro de su torso, achicándolo, encogiéndolo. Si esa maldita tos que cortaba el aliento y la vida pudiera tener la suficiente fuerza, expulsar el mal…, se curaría. Sara hizo traerse remedios de su país que le entregaron sin la presencia de sus hijos. Cocimientos de hierbas milagrosas regeneradoras de espíritus, el ajo machacado y exprimido, cocido en leche para suavizar la garganta y el resuello. Sara desfallecía. El volcán…, los pensamientos ruines arrastraban las rocas sobre su cráneo, como le contaron que ocurría.

Esa mañana, en la asincronía de los tiempos, sin que se acelerara su carillón interno, sin que tuviera la más mínima percepción de peligro, Sara cayó sobre el anciano. Literalmente, al intentar voltearlo como cualquier otro día, como cualquier otra noche o mañana, cuando Sara iniciaba el ritual de su aseo en la cama, tras destaparle, tras retirarle la camiseta, tras procurar que el viejo no emitiera quejidos, tras lavarle la cara con agua templada y jabón para limpiarle los restos de la papilla de desayuno que le había dado, tras fregarle las manos con una esponja empapada en agua y haber recortado sus uñas cuidadosamente, al despegar los picos del pañal ensuciado esa noche e intentar manipularle, Sara se desplomó. Su cabeza de pelo ralo, corto, negro y empapado en sudor quedó recostada sobre el vientre del demenciado, que profirió un grito inaudible de queja, y su cuerpo quedó apoyado en la palangana que empapó las piernas de Sara…, regresión a la primera infancia.

Sara fue ingresada en el hospital. Figuraba en el cupo del Dr. Trujillo, que la desconocía. Ninguna anotación en su historia clínica de atención primaria. Los tiempos de Sara cambiaron. Las medidas de los tiempos se hicieron diferentes. Retornaron los lapsos de tiempos de silencio en las pláticas con sus hijos, se deslizaban hasta convertirse en un conversar de miradas desvaídas, desviadas del dolor y la fatiga. Sara comenzó a medir su vida en estos dos parámetros: ausencia o no de dolor; presencia de fatiga y presencia de fatiga, la constante que persistía.

El dolor se metió en la carne de Sara como si a ella le perteneciera, como la piel, como una uña, como si el día no pudiera existir sin esa sensación de que el alma se iba a arrancar. Como si la noche no existiera, a no ser por algún remedio milagroso, que el sueño reposara la postración. El dolor irrumpía de maneras insólitas…, apalabraba el corazón, recorría sus nalgas entumeciéndolas, ulcerándolas…, se aposentaba en su centro bloqueando la bocanada…, reteniendo el aire dentro, muy dentro…, impidiendo liberar el vientre, atascando la vida…, picando sus venas…, hasta que llegó ese momento que Sara sabía que llegaría, el tiempo en el que el volcán estallara como tantas veces había presenciado, el tiempo del desahucio…, su cuerpo, acariciado por sus hijos en esa caricia compasiva que nunca aprendió a otorgar, estalló en duelo a dinamita con el espectro ceniciento. Cansina la muerte llevó a Sara al descanso de la vida, al tiempo sin tiempo, a la duermevela eterna.

RECLAMO UN BIOMBO

Un biombo de Coromandel es una pieza de arte extraordinaria.
Representa un trabajo minucioso, paciencia infinita
y espíritu de perfección.

Coco Chanel

—¿Alguien puede cerrar esa ventana? ¡Entra demasiado aire! Hoy se ha levantado un viento que amenaza con llevarse todos los papeles... ¡No os lo decía! ¡Se ha abierto la puerta automática y con la corriente esto parece ahora un reguero de palomas! Como siempre, me levantaré yo, que nadie tiene fuerza en las manos para hacerlo.

La jefa de las administrativas, con su mal conformar, se erige en abanderada de la ventana abierta y, como si el resto del personal estuviera rascándose la barriga, agarra el pomo, empuja con fuerza emitiendo un sonoro sonido de cierre y atranca la ventana, manifestando el mal humor que la caracteriza en cada una de las acciones que acomete.

El viento ulula y el otoño entra en el ambulatorio llevándose los rescoldos del verano.

RECLAMO UN BIOMBO

Biombo (**屏風**), del japonés Byōbu —Byō "protección" + bu "viento"—. A mí me gustan los biombos. Mucho. ¡Esas pantallas son mágicas, unen y separan a la vez! Especialmente los japoneses, como ese expuesto en la Fundación Mapfre, una barcaza repleta de navegantes de torso desnudo bogando en una noche estrellada, mar y noche todo uno. O ese panel que tiene mi amiga Carmen en su casa, rectángulos lacados en negro con el translúcido de la pantalla, separando el espacio común de su zona de ensueños, repleta de libros de viajes, rutas al pasado en fotografías de moda y recetas de cocina de lugares variopintos.

—¡Niña! —exclama un abuelo gruñón dirigiéndose a la no tan joven doctora, que le dirige a la zona de exploración de la consulta, detrás del biombo—. ¿Te crees que me voy a desvestir aquí delante de una cualquiera como tú, una chavalita recién estrenada para que me toques mis partes o me metas el dedo por detrás? Pues no. Antes tienes que pasar por encima de mi cadáver. Además, no me he quejado de nada de eso. Lo único es que me levanto a orinar quince veces cada noche y que no hay quien duerma. Hazme el favor y llama a un doctor como Dios manda, que venga a ver qué es lo que me pasa.

—Mauricio —la no tan joven doctora le responde armada de paciencia y con un dedil untado de vaselina para realizar su cometido de explorar la parte más impúdica de don Mauricio—. Mauricio, por favor, póngase bocabajo con el trasero en pompa y relájese. Es cuestión de menos de un minuto. No se apure que los doctores y doctoras estudiamos para esto. Así puedo decidir si tengo que mandarle al especialista urgentemente o ponerle una medicación sin más.

—Le he dicho que no y que no.

La mano no embutida en el guante arrastra al paciente hacia la camilla, resguardada tras el biombo, y le propulsa suavemente a tumbarse.

—No sea cabezota, Mauricio, me conoce desde hace años. Le he explorado en numerosas ocasiones ¿Y ahora me pone pegas? Con lo incómodo que usted está, vamos a intentar resolverle su problema…, si las mujeres vamos también a ginecólogos hombres y también nos da vergüenza… —y a la par que habla va ejecutando la colocación del paciente, le hace respirar hondo, le explora…—. ¿A que no ha sido para tanto? ¿Verdad?

—Doctora, si no la conociera desde hace tanto, no me hubiera dejado. Si puede usted ser mi nieta y esto es como si le violaran a uno...

El biombo es un objeto imprescindible en las consultas médicas, es el guardián de las intimidades. Lo venden como parte del mobiliario habitual, como producto para separar salas o dividir gabinetes. Los biombos de las consultas son espantosos. No puedo explicarme que no exista un objeto más sublime que aparte el miedo de los pacientes. En ocasiones, en vez de biombo, existen cortinillas divisorias que normalmente están descorridas..., se pierde su cometido, el enfermo descubre sus miserias al que merodee por allí o abra la puerta impetuosamente.

—Manuel —aclara la residente de cuarto año de especialidad en Medicina Familiar y Comunitaria—. Pase usted detrás, descúbrase de cintura para arriba y túmbese, que vamos a explorarle.

Obedientemente, el señor Fernández se quita la camisa y se sienta sobre la camilla, sin más. Los médicos, al otro lado del biombo, como si este cortara las ondas hertzianas, disparan una cantidad de palabras hidrosolubles que se deshacen en la mente del paciente como burbujas.

—Su caquexia es evidente. Podría decirse que este síndrome corresponde casi exclusivamente a un tipo de patología, la tumoral. Pero siempre es necesario realizar un diagnóstico diferencial. Por ejemplo, un hipertiroidismo. O si es un paciente con EPOC, podría encontrarse en la etapa consuntiva... Incluso, una depresión grave, aunque no suele llevar a estos extremos. Estad atentos en la exploración a señales de alarma. ¿Se le palpa alguna masa? ¿Tiene alguna órganomegalia? Si se encontrara hepatomegalia, habría que medir las traviesas de dedo y palpad la consistencia. ¿Es rugosa? ¿Irregular? ¿Dolorosa? ¿Hay matidez? ¿Soplos abdominales? No os dejéis nada. Lo que no se piensa, no se diagnostica.

Y como si toda la conversación no hubiera existido, las tres batas recalan sobre Fernández manoseando toda su fisonomía sin apenas darle una explicación.

El principal fin de un biombo es crear un espacio de intimidad y recogimiento para que el paciente, en absoluta libertad y con el debido respeto, pueda mostrar su desnudo a la bata que se le aproxima sin miedos ni vergüenzas, dejando el falso pudor de ambos para otras ocasiones.

—Rosa —indica la residente de Matrona que está rotando por la consulta de Atención Primaria—, puede quitarse los pantalones y las braguitas detrás del biombo y taparse con la sabanilla que tiene colgada sobre él. Así podemos evaluarla ahora.

Rosa, que no se apaña, se quita los zapatos para poderse retirar los pantalones, cayéndosele un calcetín y quedando descalza sobre el suelo gélido de la consulta, sin saber dónde colocar sus prendas íntimas y descubriendo, desagradablemente, que la mencionada sabanilla no está, no existe o no la encuentra, por lo que queda mirando de cara a la pared esperando desesperada que la sitúen en la mesa de exploraciones, para atinar en lo más recóndito de su cuerpo buscando ese cáncer de cuello de útero que ninguna mujer sospecha que le van a diagnosticar cuando le realizan la citología, también llamada Papanicolaou, en honor al patólogo que inventó la tinción adecuada para descubrir células malignas y detener a tiempo el mal invasor. Rosa sube las piernas al aparato de tortura que es la silla de exploraciones de la matrona (o del ginecólogo), pega un respingo y lanza un grito entrecortado cuando le introducen el brutal instrumento llamado espéculo que le desgarra las carnes. Ella…, nunca había mantenido relaciones sexuales completas. Un ave rara.

(Nota: En este caso y para quien no lo sepa, dicha exploración no debería haberse realizado, pero callemos).

Algún tipo de barrera entre pacientes y profesionales sanitarios es conveniente. Esto puede ser muy discutible y discutido porque al paciente lo que más le gusta es percibir la cercanía del médico, sentirlo de su familia tras tanto trato y tantas confidencias. Sin embargo, la experiencia, madre de la ciencia, marca que el distanciamiento terapéutico es la frontera justa…, permite la nitidez para el diagnóstico y el tratamiento y no sobrepasarse en preocupaciones, en pruebas innecesarias que una visión no objetiva puede elaborar apoyada en el sufrimiento por la duda de confundirse precisamente en el ser amado.

La barrera funciona también en sentido inverso. En protegerse de ciertos aires y proteger de varios vientos, el justo punto de avance…

—Anoche fue terrible…, ni os lo podéis imaginar. Una historia total —comenta la residente pequeña, recién iniciada en la formación de su especialidad—. ¡Menuda guardia! No sé a quién se le ocurrió, pero estaba escribiendo en el ordenador el evolutivo de uno de los pacientes que estaba a punto de marcharse y me traen a uno nuevo diciéndome que me ocupe de vigilarlo. ¡Menudo panorama! Me colocan en la cama libre junto a mi ordenador a un individuo completamente borracho. ¿Adivináis cómo iba? ¡Con una faldita rosa! Y no precisamente larga y no precisamente con calzoncillos…, y sin dejar de tocarse. Por más que lo intenté, no lo trasladaron. ¡Y no había nada para evitar la horrenda visión!

—Pues ni te imaginas lo que me ocurrió a mí —le contrarresta Maribel, la joven enfermera suplente—. Fui a extraer sangre a un paciente en su casa. Estaba imposibilitado y no podía acudir al centro. Mi sorpresa: me preguntó que si venía a hacerle "un favor" y aderezó su pregunta con un movimiento insinuante. Tal cual llegué, cogí la puerta y me marché sin más. Es posible que el hombre esté *pá allá*, pero a mí no me pillan dos veces en la misma. ¡Que lo lleven al hospital!

Las urgencias de cualquier centro u hospital se han convertido, como los bancos, en salas corridas con separaciones ficticias. Todo el mundo está al corriente de las cuentas corrientes del otro y de los padecimientos, alergias y necesidades de cuñas, entubamientos, vías y medicaciones. También de la percepción de gravedad de tu compañero de fatigas del "box" adyacente y de los comentarios inoportunos de familiares.

—Doctor, doctor —la mujer de Benedicto Rituáldez interroga angustiada sobre la situación de su marido—. ¿Cree que es grave?

—Perdone, señora, no soy doctor, soy el celador. Los doctores son los que tienen el pijama verde o el blanco con la raya blanca. Yo, ¿ve?, llevo la raya amarilla.

—Disculpe. ¿Y qué médico lleva a mi esposo?

—Lo desconozco. Pregunte a la enfermera que ve allí con los zuecos rosas. Ella podrá informarle.

La esposa de Benedicto Rituáldez se dirige a la sanitaria de zuecos rosas, pijama blanco y raya azul.

—Perdone, ¿sabe quién es el médico de mi marido?

—¿Y quién es su marido, señora? —la profesional con una cánula en la mano se dirige presurosa a la camilla del box 6.

—Benedicto Rituáldez. ¿Le atiende usted?

—Yo, señora, llevo muchos pacientes. ¿En qué box está?

—Pues mire, lo desconozco. Me han dicho que podía pasar aquí para estar con él y no lo veo.

—¿No lo ve? ¿Qué raro? —la enfermera sin dejar de caminar presurosa y la mujer de Benedicto Rituáldez pisándole los talones.

Y en la fracción de un segundo, cambia la opinión del mundo. A la voz de un doctor inclinado sobre un paciente en la tarea de auscultarle, se moviliza toda la planta. Acaba de entrar en shock hipovolémico. Entró con la sospecha de sangrado digestivo alto, aunque no había vomitado desde el día anterior, y súbitamente perdía el conocimiento. Benedicto Rituáldez es movilizado para salvarle la vida y su mujer queda perdida en el laberinto de urgencias, compartiendo con pacientes, enfermera y celador el inminente peligro de su ser querido al que no había llegado a localizar.

Hay fronteras finas entre la vida y la muerte, como el fino panel de papel de un biombo japonés. En la línea en que se funden espíritu y materia están aquellas cosas que hacen el sentir unánime a niños y viejos, como escribía mi madre. Otra es la de vivir muriendo por sentir el alma en primera jerarquía sobre el cuerpo. Esa lucha para la supervivencia del espíritu mata a ambos. Intentar separar el alma del cuerpo es, como en la melodía, separar el sonido del tiempo. En el vivir se descansa durmiendo…, descansa el alma y el cuerpo. Al morir, también descansan ambos.

—Hoy he ido a la pediatra porque Rodrigo no come y creo que ha parado de crecer en estos dos meses. Me tiene preocupada. Claro, le he contado lo que yo sospechaba. Antes de morir el abuelo, lo llevaba cada mañana a su casa para que la asistenta se ocupara de él. Mi padre decía que el bebote de dos años era su primera alegría un día tras otro. ¡Qué listos son los niños! Con sus dos años, sin armar ningún jaleo, correteaba con sus piernecitas hasta la habitación del enfermo y trepaba como un monito por las sábanas almidonadas que le hacían resbalarse. Allí le tocaba, como una caricia, los ojos, la nariz, los labios y le plantaba dos besos. Se acurrucaba en su regazo como un gatillo por lo menos media hora para marcharse a jugar cuando lo consideraba oportuno. Creo que está un poco deprimido, echa mucho de menos a su abuelo.

Cierto grado de pudor y de repugnancia está ahí en la naturaleza humana como mecanismos de defensa, Freud lo decía. Existen mamparas naturales para protegerse de las bestias.

—Doctora, ¿qué le parece que mi nietecita de ocho años se meta en la bañera desnudita con la pareja de mi hija, él también desnudo? Ellos…, son muy especiales…, alternativos, dicen. Pero a mí, a mí no me gusta. Dicen que es un puro acto de higiene. Pero ¿no piensa que romper ese pudor natural de las crías de esa edad no puede ser un facilitador futuro para abusos? ¿Hacer que pierda la vergüenza frente a extraños? Mi hija está que trina conmigo por decirle estas cosas. Pero ¿no tengo razón?

Los biombos de Coromandel representan escenas de la vida imperial de la dinastía Ming. Como en la consulta, se representan escenas diarias sin perder la dimensión espiritual. *Son los más fieles testigos de las inmundicias del cuerpo humano y confidentes de secretos inexpugnables ¡guardianes del gran colorido del alma humana!*

—¡No se desnude aquí, Josefina! —exclama la enfermera encargada de inyectarle su tratamiento—. Pase al otro lado del biombo, que cualquiera abre la puerta sin llamar y se encuentra con usted como Dios la trajo al mundo.

—¡Para lo que tienen que ver! Soy una vieja gruñona que no intereso a nadie. ¿Cree sinceramente que a alguien puede escandalizarle mi hermoso pandero? Vamos, pinche.

Reclamo un biombo, panel de humildad, homenaje y tributo al enfermo del día a día. Y sabanilla para cubrir a los pacientes, que con tanto recorte de limpieza se eliminan los símbolos de respeto. ¿No querrán que pasemos consulta desnudos…, en bata?

¿VISTE, MARÍA?
NO ES LO QUE ERA...

Ignorante de tantas cosas, sé que ignoro una más...,
esta revelación de un laberinto que nunca será mío.

Jorge Luis Borges

—¿Te vas ahora de vacaciones, en noviembre? —pregunta sorprendida la enfermera.

—Sí, a la primavera argentina, diez días a conocer mi Buenos Aires querido. ¿Cómo lo ves? ¡Me muero de ganas! A la vuelta, te cuento. ¡Cuídame bien el cupo!

¿VISTE, MARÍA?
NO ES LO QUE ERA...

—¿Viste, María? La ciudad no es lo que era... —tañen las palabras, ciñendo Buenos Aires al dietario parlante del remix, ese taxi medio privado. Las ruedas rebanan las aceras de la ciudad y Bernie, el tachero de lujo, taxista quejoso, judío apócrifo, imagen de *lord*, vierte en diarrea verbal las efemérides pasadas y presentes de la ciudad. Su delgadez y altura de nórdico se prolongan en esa nariz aguileña que olfatea novedades. No me percato, y en el rodaje entro a formar parte de la crónica diaria.

—¿Viste, pibe? Ella escuchó todo esto... Rata Blanca, Tambiónica, Calamaro... —le lanza al amigo que nos ha presentado y el que ha encargado que me trate de lujo.

—Mi hermana, ella sí que sabe, se compró la casa. Sí, siempre me apoya. Mi hermana, ella trabaja en ese hospital, ¡mirá!, toda la fachada y por dentro en remodelación. No te lo enseño, no puedo aparcar. El carro, como las piernas, es parte de mí mismo. Se averió. Estuve dos semanas sin poder trabajar. Cuando uno compra un carro, no le renta lo que invierte. Menos mal que mi hermana me dio la plata. Como estar enfermo. Como me pasó el año pasado. Pedí un remedio en la farmacia para la tos y perdí el apetito. No tenía fuerzas. Pensé que me moría. Menos mal que mi hermana me paga la obra social y fui al médico, un principio de neumonía. Me perdí todo, la visita al teatro, la radio, los conciertos. Me invitó Mario Pergolini para escuchar a Giardino en el Vorterix, que presentaba disco. ¿Lo conocés? Grosso, un maestro el flaco y me lo perdí porque estaba enfermo. ¡Cómo toca la viola ese pibe! Terrible. Mirá, María. Otra vez ¿lo ves? Esa fachada es la del hospital de urología. No esa, la del edificio de al lado, el del reclamo con la mujer desnuda. Claro, es que las empresas quieren las grandes fachadas para sus reclamos, le da muy mal aspecto al hospital.

Bernie circula cauteloso, vigilante de la integridad de su vehículo.

—... No tengo plata, me comen las deudas y si uno no trabaja, no puede pagarlas. Tengo bloqueada la tarjeta... Ese asunto del boliche de mi hermana..., con eso de que es anestesista lo puso a mi nombre, tú sabes, por si le reclaman que no le cayeran los seguros encima. Ella quiso hacerle un regalo a su marido y le compró el negocio. Yo trabajé ahí más de un año, pero no sé de eso. Por eso me paga. Claro, tiene todo embargado. Mi cuñado no se ocupa y los que vinieron después no afrontaron lo que se debía. Antes podía pagar con la tarjeta, ahora, imposible. Ni siquiera puedo llenar la nevera, ni siquiera en cuotas. Tengo nevera con refrigerador. Al principio, cuando me separé, tenía una pequeña, simple. Lo que pasó es que mi cuñado, que es un inútil, compró para el bar aparatos de aire acondicionado, que no le valían y ni le devolvían lo pagado, me llamaron y así tengo la nevera. Pero no puedo llenarla, está todo tan caro. Te dejo en la vereda de la izquierda. Cuando termines, me haces una perdida y acudo a por vos. Dame los diez o quince minutos. Mi jefe sabe que tengo un compromiso esta semana. ¡Atenta! Tenemos Banco Galicia por todo BA.

Me lleva de un lado a otro de esa ciudad interminable, atestada de gente y culturas, que deseaba visitar desde la adolescencia. Un salto al otro lado del Atlántico y percibo en la ciudad la amenidad, con su inconstancia e inestabilidad que le dan la fuerza. Aires de París, Barcelona, Londres y Madrid. Europa en América del Sur y la chispa de los supervivientes.

—¿Viste, María? Esas son las hamburguesas que puedo tomar, las del cartel grande. Vienen bien envasadas y no me sientan mal, que no puedo comer gluten. Aunque a veces lo hago. No me importa. La comida sin gluten es muy cara. Cuando quiero y me apetece, compro unos *penne rigate* o un gran trozo de pizza… Sé que me van a caer mal, pero me los como. No hay nada como lo hecho con harina de trigo. Hoy creo que voy a cenar pollo. Lo compro hecho y me dura para dos días. Me sienta bien.

—Mirá, mirá, otra vez. En la esquina donde había una gasolinera ahora hay una torre, la mayoría para centros comerciales. Ahora hay muchas menos gasolineras en la ciudad. Buenos Aires no es lo que era. ¿Y no sabés por qué hacen cola en esa gasolinera? Si pertenecés a esa mutua, algo así como en España el Automóvil Club, y repostas en esta gasolinera, te hacen descuento. Es una pena que no pueda ponerle al auto el gas correcto, pero no llega la plata y a veces hay que hacerlo. Las gasolineras desaparecen en esta ciudad. Un día hay una, al día siguiente construyen una torre en su lugar.

Atravesamos Palermo Hollywood, donde resido en el *loft* del hotel Atempo por unos días, una fantasía hecha realidad —se llama así porque aquí se establecieron los primeros productores y la radio, así creció la zona, con un montón de boliches para bailar—. El Palermo Soho es más residencial. Y lleno —con la elle muy arrastrada— de restaurantes, los que vienen con mucha, mucha plata. ¡Ah! Y no dejes de ir al Mercado de las Pulgas. Entra y visita a un amigo mío, que es cliente también, le llevo donde me dice, cada semana, y se gasta un montón…, vuelve lleno de cachivaches, desde botones a televisores. Se llama Tony Valiente, que te deje probarte uno de esos sombreros que hace, como cascos lunáticos. Todo un personaje. Siempre dice: "Abrimos cuando llegamos y cerramos cuando nos vamos". Su tienda no tiene orden ni concierto, pero vende sus cuadros y sombreros por todo el mundo. Y si le caés bien, te regalará su cuaderno, *El libro de moda con sabor a...*, *menta*, como un resumen de todo lo que él ha hecho. ¡Hasta salió entrevistado por Lalo Mir en el canal 7, en Buenos Aires es arte! Seguro que te gustará. Baja que ahora te ayudo con la paellera. ¿Cómo que te viniste en el avión con ella? Parecería que traías un ovni en la maleta. ¿Y no te tocó revisar...? Como le toca a unos sí y otros no... Te dejo allá, donde tus amigos, en el restaurante japonés. ¿Y se la prepararás tú? Tanto que me gustaría probarla. El arroz solo, que el pescado y todos esos frutos del mar no me gustan. Aquí hay tantos restaurantes buenos, ese es nuevo y es de lo mejor que existe. De la familia Costa, ¿no? Ellos siempre tienen muy buenos negocios. Entonces, ¿lo han cerrado para vos y vuestro amigo? ¡Qué suerte! Disfrutá mucho. Me das un toque al terminar que vengo para llevarlos a dormir.

Otras noches transcurren tranquilas junto al hotel en la Cervecería Nacional, Arévalo 1588, con gran variedad de cervezas producidas en distintas zonas de Argentina, de diferentes tipos, colores y sabores. Escasos en ese lugar tan pequeño, lo más rico es la santa bondiola, como un matambre, esa carne enrollada clásica de allá, que hacen los martes a la noche y hay que llegar a tiempo para pillarla..., o encargar El dueño, Leandro, un *gentleman* argentino de raíces rockeras, nos hace los honores y concelebramos el cumpleaños de su madre, embutida de estética para conservar una juventud atascada. Hay poco sitio para sentarse, pero la gente se queda departiendo a pasar la tarde junto a la vereda.

—María, ¿esta canción te gusta? No digas que la escucho, yo tengo un gusto muy amplio. Mirá, todos mis discos. Algunos los he comprado, otros regalados. Qué bueno es tener el estéreo, ahora puedo escucharlos todos. Seis meses sin estéreo, sin escuchar la radio. No sabía que Marcelo tenga programa propio en la Rock&Pop. Ahora puedo escuchar FM. Llevaba esa radio vieja con AM, pero se pierden muchas cosas. He comprado el aparato más barato con este extra. También tiene mando. No sé por qué le sale esta luz, hay cosas que no entiendo bien. Hoy es como en los viejos tiempos.

Bernie circula exultante, llevándome de pasajera especial de acá para allá transportándome por la historia y el presente de BA —la Casa Rosada es la casa del Gobierno, por esa puerta entran y salen los coches de los ministros—. Y ese es el Cabildo cortado, le sacaron un pedazo de aquí y otro de allá, de un lado y de otro al hacer la Avenida, para no cortarle el ancho. Ahí se firmó nuestra independencia de España. Y esa es la casa de Macri: Bolívar 1, es el intendente de la ciudad. Ha hecho mucho bien por ella. Yo le voto. ¡Ah! Y la calle Florida y

Lavalle, como un hormiguero humano, todos caminando. Nada que ver cuando vino tu amigo la primera vez. Ahora está toda arreglada, se circula mejor.

Seguimos rodantes, sin descanso, en la incipiente primavera bonaerense —aquí vi *La Cubana*, vine con mi mamá. Me consiguieron las entradas, un gran regalo—. Y ese es el cine Gaumón en la plaza del Congreso. Ahí, precisamente, empezaron a proyectar las películas en Cinemascope. La nostalgia tiñe cada palabra y ruedo por la historia, imaginándome a este hombre de cabello cano y delgado como un alfiler y alto como un espectro, acudir a las citas de las novedades y varietés de la ciudad —este es el edificio Roxy, con la Radio City, allí creo que tocó Gilby Clark de Guns N' Roses, era un lugar de *shows* ahora cerrado y lo están rehabilitando. Y alguien de la banda salió en el programa de radio *Tiempos Violentos* de la FM Rock&Pop (95.9). Me gusta escucharlo todo y algunas cosas las grabo. Ya te paso alguna cinta.

—Mirá, María, la confitería el Molino, mirá, las aspas arriba: cerrada. ¡Veinte años abandonada, una lástima! Era un sitio de lujo, el edificio precioso. Paro que lo mires bien. Muchos de estos negocios los cierran. La ciudad no es lo que era. Te voy a mostrar uno más adelante, la Violetera. Este cerró también, pero lo reflotaron. Algunos los reflotan, otros, los convierten en centros comerciales. A saber lo que vale un café ahí dentro. Ni pensarlo, seguro que no puedo pagarlo. ¿Lo ves? Aquí no se respeta nada la belleza de las construcciones. ¡Mirá, ese espanto de juguetería con esas luces y colores! No hay ninguna ley. No se respeta el patrimonio de la edificación. Y aquí, el Abasto Gardel, reflotado como otros. Ha obligado a muchas obras a todos los vecinos. Y..., ¿la ves? La estatua de Gardel, es famosa, pero a mí no me gusta.

—¿Lo ves, María? Allá estaba un negocio de pinturería y ahora, una tienda de ropa. Todo cambió, no lo reconozco. ¡Mirá! Ese de la esquina es el negocio de mi tío, el que os dije. Ya no lo tiene, lo perdió, ahora tiene el taxi, el que era mío. Y no para de quejarse. ¿Ves? Allá, la tienda donde compré el traje para mi boda. Este es mi pantalón, el saco anda por casa. Acá, la escuela a la que fui, este es mi barrio. No, esta calle no, comienza Avellaneda. Mirá, en esta otra se han instalado todos los negocios. ¿Ves? Ese cerrado y ese en alquiler. Abren uno, cierran otro. A otros les va bien. Soy el único judío pobre. Menos mal que mi hermana me ayuda. En esta calle hay judíos y coreanos. Los coreanos son pocos, pero con muy buenos negocios.

—Esta noche se viene otra tormenta de vuelta. Espero que el auto no se inunde, que ya me pasó. Por eso estuve sin estéreo seis meses. No voy a aparcar el auto en cualquier parte. Acá es peligroso porque puede partirse la rama de un árbol y caérsele encima. En esa esquina abandonada compré este auto. Nada es lo que era. ¡Ah! Y esa es una farmacia del Dr. Ahorro, de capital 75% mexicano. Hay gente que consume de esos medicamentos porque son más baratos. Yo no, no me fío, tomo de los caros que me los paga mi hermana. Vamos ahora por la Avenida Rivadavia, dicen que la más larga del mundo.

Avanzando por la 9 de Julio, Berni me deposita junto al Congreso y, en Rivadavia con Callao, se encuentra el Tortoni. Me dejo seducir por la brillantez de ese café teatro decimonónico revestido de madera, al que es imposible acceder por las colas de japoneses que tienen concertada su entrada. Me sumerjo en la ruta borgiana de ese mapa especial sugerido. Aquí tomaba café y departía con sus congéneres. En Maipú 994, toco al timbre de su piso a la espera de que su voz pausada me salga al habla. El circuito sigue por la Plaza San Martín. La librería La Ciudad (Galería del Este), que frecuentaba por las mañanas está cerrada, allí donde reanudó su diálogo con Ernesto Sábato después de años en silencio. Me quedo y fotografío pegada al cristal, queriendo verme desde el otro lado. Los tigres del zoológico me quedo sin visitarlos, pero Bernie me sitúa en el animalario en nuestras múltiples ruedas por la ciudad.

—¡Ah! Te voy a mostrar una confitería reflotada, la de los Angelitos. A saber lo que cuesta un té ahí. No se puede entrar, te dejas el sueldo. Ahora Calamaro, para oír algo nacional. Dicen que escucho mucho trucho…, pero no me importa. Calamaro me vuelve loco, aunque no soy fanático ni compraría otro disco.

—¿Lo ves, María? En la Boca, las entradas están a dos alturas, la calle y la entrada a la casa, porque el río inunda y es lo que pasa. ¡Mirá! La Bombonera, aquí juegan. La gente no quiere irse. Construyen la nueva cancha de fútbol en un espacio más amplio y la gente no quiere moverse. Hay mucho negocio que mueve mucha plata alrededor. El Barsa es como el Boca, conocido en todo el mundo. Ahora han prohibido que los de la afición contraria, como dicen ustedes, acudan a los partidos para evitar las peleas. Ni siquiera se pueden llevar remeras identificadoras de clubes de fútbol. Esto le quita tensión al juego. No se mezclan los del fondo Norte con los del fondo Sur. Mañana domingo no podríamos venir a que veas este barrio, hay partido. Yo no venía desde hace mucho, porque no circulo por aquí. Estas cuatro calles son muy turísticas, mucho color, mucha tienda y tango, el resto es lo que es, pobreza. De todas maneras, ha cambiado mucho, han arreglado el puente. Macri, el alcalde, ha hecho mucho por la ciudad. Hay que aprender, la cultura debería prevalecer frente al vandalismo y haber fraternidad entre los hinchas. No es así. Mira como suena: "Tengo abierto el minibar y cerrado el corazón", casi lo que me pasa a mí, pero yo no bebo. Con esta profesión, no se puede y me sienta mal. Te voy a llevar que veas el Hospital Favaloro, que te interesa, está en Ríos con Belgrado, diez o doce cuadras desde aquí. A ver el tráfico. Allí ha estado ingresada nuestra presidenta, Cristina Fernández, que está un poco de los nervios. Es un hospital muy conocido por sus investigaciones sobre el corazón.

—¡Mirá, mirá! ¡El mejor hotel de BA! ¡Four Seasons! ¡Allí estuvieron los Rolling Stones! ¡Los vi! Es más, los perseguimos en carro por toda la ciudad en el 2006, que iban en el micro de Chevallier y nosotros rodábamos detrás bajo la lluvia. Se asomaron a ese único balcón, ese gigante en mitad de la fachada, el de las rosas. ¡Escuchá! Suenan las Pelotas. Me gusta esta banda. Los Rolling estuvieron tres veces en BA. Y estos fueron sus teloneros en el 95 en el Estadio River Plate, que seguro que habrás visto desde el avión. ¿Los conoces? Seguro que te suena su *Capitán América*. Y ¿lo ves? La pobreza, la calle 31 que sale en todos los reportajes de la Argentina. Allá siguen su propia ley. Mirá, pibe —dirigiéndose a mi amigo—, ahí vinimos con vos, donde se hizo la exposición *Yo amo el rock*. ¿Te recuerdas?

Bernie me busca (que no recoge...) para trasladarme a otro destino..., el mejor destino, su discurso.

—Hoy, María, día del Folklore, en la mismita plaza, delante de la Casa Rosada—. Uyyy, tendrás que verla de noche, de día no dice nada, con tantas luces que le dan alegría. Sí, te digo, lo vi yo con mis ojos. Salió de un Toyota flamante, en mitad de ese jolgorio, todo lleno de gente, un tipo para vender gaseosas, y bien caras las vendía. Te voy a llevar por ahí, para que lo veas mientras esté tranquilo el tránsito. Y anoche, en esta misma plaza, orgullo gay o no sé qué. Jamás antes algo así. Eso tíos por todas partes, como tías gigantes, meando en cualquier esquina. No me meto ahí ni aunque me harten de comida. Menuda marranada. Un tipo en cada columna del Cabildo, ese edificio blanco enfrente de la Casa Rosada, el cortado por los dos lados para que pasaran las calles. Y ensuciando la casa de Macri, con todo lo que él ha hecho y hace por la ciudad.

—Date una vuelta ahora, que voy a aparcar. Los domingos es complicado hacerlo. ¿Cómo quedó la foto de Mafalda? ¿Te la tiré bien? ¡Suerte que pude parar el coche frente a la casa de Quino en la calle Chile! Mafalda, esa niña curiosa e irónica, nos hacía sonreír cuando eso era una amenaza y reír abiertamente, un peligro para los que hablaban demasiado. Quedamos en la esquina donde bailan tango. No te confundas, donde está la pareja de mayores bailando. La mujer tiene unas piernas que son un sueño a pesar de la edad. Me han encargado que te cuide y no te timen. San Telmo tiene muchas cosas en su mercado y muchos enredadores. Es el barrio más chico de BA, pero el más conocido. Hemos quedado en la Iglesia de Belén, que van a realizar unas fotografías. Te interesa, que tiene una placa sobre algo de la fiebre amarilla, que aquí murió mucha gente, no ahora, hace mucho más de cien años. Ahora que tenemos papa argentino, las iglesias se han puesto de moda, aunque sea para retratar grupos de rock. De allá, nos vamos a comer un asado. ¡Lo mejor de aquí! Y con una ensalada de apio. ¿Te gusta? A muchos gallegos no les gusta, dicen que sabe muy fuerte. Recordame que te lleve a ver la iglesia donde celebraba el papa Francisco. También pasamos por su casa en Flores, cuando era Bergoglio, y así lo has visto todo.

—No, María, aunque te lo hayan encargado, no lo compres. El *Página 12* es una basura, es un diario oficialista que miente y miente. Mirá, te paro, que veas: estos dos tipos del banco, ¿los viste bien? Son Olmedo y Portales, dos cómicos de la televisión, que buenas las estatuas. Y ese otro, enfrente del Pasta Flora, es el Gordo Porcell, otro cómico. Ahora dejo el auto que cenemos algo. Luego te dejo en el hotel. Sí, voy a comer pizza, no importa que me siente mal. ¿Tú solo una empanada? Aquí Guerring, en Corrientes con Uruguay son de las mejores de todo BA. ¿O prefieres ir al Palacio de la Papa frita?

—Vos esperás aquí un minuto. Salgo al baño. Mirá las fotos que traje. Mi hija cuando la recogimos. Linda, ¿no? Me casé cuando vivía con mi mamá. Ella vivía en un departamento que pagó mi hermana. Yo no he dicho nada de la herencia, claro que lo compró ella. Nunca he vivido solo hasta ahora. Antes con mi mamá, luego, con mi mujer. Siempre con una mujer, es ahora cuando ando solo. Nos divorciamos porque decía que no me implicaba con mi hija. Que si no la hacía caso, que no colaboraba. No importa, puedo ir a verla cuando quiera. Y eso hago. La busco al colegio cuando me parece. Y a ella le gusta, porque la devuelvo en carro a la casa. Antes comía muchas veces con ellas, ahora no, para mantener distancias, pero podría ir o pedírselo.

Antes tuve un hijo, un varón. Nació y murió a los tres meses. Sus problemas de corazón eran muy graves, parecía que no se le podía intervenir, algo de las válvulas y como una deformidad. Tenía Down. Nadie lo esperábamos. Fue una mala suerte, es que tengo muy mala fortuna. Estábamos destrozados. Nos casamos tarde, pero ella no era tan mayor, llegando a los treinta y dos, pero se quedó muy afectada. No quiso probar más, no, y decidimos adoptar. No fue complicado. Me dieron plata para comprarle un regalo, ese amigo que tú conoces, y se lo di todo a mi mujer. Un buen pico. Ella compró un saco precioso y una pollera para la chica. Mirá, esta foto es saliendo del colegio. Va a un colegio superior, judío, es complicado entrar, pero es muy lista. Es una chica que llegará muy lejos, como mi hermana. Esperemos que la dejen... Buenos Aires no es lo que era y a saber cómo va...

LA BALANZA

Los médicos trabajan para conservarnos la salud y los cocineros, para destruirla, pero estos últimos están más seguros de lograr su intento.

Denis Diderot

—Pase, pase. ¡Feliz Año! Mmmm..., creo que no se ha comportado estas Navidades. Súbase. Venga, no sea perezosa... Le asusta, ¿verdad? Le da miedo... No debe haber hecho las cosas como le aconsejamos... No hace falta que me diga más..., no es un buen momento para nadie... En fin, veamos.

La paciente se descalza parsimoniosa. Su voluminoso abdomen apenas le permite inclinarse sobre sus piernas para despojarse de su calzado, por lo que opta por desprenderse de los zapatos empujando cada uno con el otro pie. Camina hacia el instrumento de tortura con paso corto, balanceándose brevemente hacia los lados.

Apoya primero un pie para escalar el artilugio que se encuentra de espaldas a la pared. Ella queda de cara a la escala amenazante, como castigada. Exactamente. Estos chismes que, siendo sinceros, son imprescindibles en la vida, te persiguen y siguen en la vida. Un peso, una balanza digital, una báscula que oscila derivando hacia arriba el gramo (de más).

LA BALANZA

—De verdad le digo que no entiendo por qué me ha pasado esto. No puede entender que pese ahora dos kilos más que antes de Navidades, cuando había perdido 300 gramos en el último control. Creo que esta báscula está en mal estado, deberían regularla. En la de mi casa peso casi dos kilos menos. Le prometo que no he me saltado nada de nada la dieta que me puso. La lechuga es mi mejor amiga, me sale por las orejas.

Por no decir las espinacas, que las tomo crudas en ensalada, cocida o rehogada…, rehogada con menos de una cucharada de aceite, que es lo que dice la dieta que puedo tomar en todo el día. Tengo complejo de caracol. ¡Y esos filetes de 100 gramos, que no dan más que para olerlos! ¿Y quiere que me ahogue? Agua por aquí, agua por allá. Parezco un pavo todo el día con el gaznate en danza.

Lo único que de verdad he comido ha sido medio polvorón. Eso sí, de los buenos, porque comiéndome solo medio no iba a ser cualquiera. De los de Estepa, de manteca y almendra. Finos, finísimos y exquisitos. ¿Los ha probado? Le recomiendo, si tiene oportunidad, los de San Pancracio. Con diferencia, los mejores.

Claro que también en la Nochebuena tomé cordero. ¡Una paletillita de lechal que se deshacía en la boca como mantequilla! ¡¡Qué cosa más rica!! Porque alguna vez hay que pecar. ¡Lo hubiera hecho más! Una segunda no me hubiera sobrado, tan pequeñas y discretas. Mi hermana compra lo mejor de lo mejor y el cordero de Ávila, de nuestro pueblo, criado al aire puro, sabe a gloria. ¿Le gusta el cordero? ¿Tienen nevera aquí? Por traerle, digo.

Champán también bebimos. Pretendía tomar una copa, pero mi sobrina trajo uno francés y no pude resistir la tentación. ¿Cómo se iba a quedar la botella abierta y perdiéndose esas burbujas maravillosas? Brindamos por todo, especialmente le pedimos salud al nuevo año. ¿Usted lo pasó bien?

¡Ah! ¡Y me tocó la sorpresa del roscón! Lo malo es que me toco pagar el siguiente. Le prometo que tomé uno, quizá dos trozos tan pequeños como mi meñique, pero tuve suerte. ¡Era un roscón de esos que, cuando abres el papel que los envuelve, huelen a azahar que parece que estás en un campo de naranjas! Y caté el que hizo mi hermana, pero siendo sincera, le salió fatal porque no le subió, se le quedó duro y *burruñoso*, la pobre. Pone mucha voluntad, pero la repostería no es lo suyo. Lo contrario que a mí, que hago unos bizcochos que te mueres. Le traeré uno que lo pruebe.

Lo peor de estos días ha sido el frío. ¡Qué frío! No he podio moverme de casa, me dolían todos los huesos. Ni la aspirina, ni la leche con miel, ni las friegas con alcohol de romero me sacaban el frío del cuerpo. Es que las casas antiguas tienen eso, que se les mete el helor dentro y tienen que pasar muchos días para sacárselo y como apenas vamos, el verano y estas fiestas, pues nada, que todo el día sentados charlando a la chimenea o a las faldas de la camilla.

No me regañe. Con lo poco que he saboreado, no debería haber aumentado así. Será que retengo líquidos, porque lo de la sal, claro, todo tiene sal. Si no, estos manjares no saben a nada.

—Si es que ya se lo tengo dicho —la enfermera menea la cabeza medio en reprimenda—, que usted no come, pero come. Y moverse, que nada, que fija al sillón. Si lo dice el proverbio español: Poca cama, poco plato y mucha suela de zapato.

LA NIÑA QUE PLANTABA CARAMELOS
(UNA HISTORIA DE DESAMOR)

Ámame cuando menos lo merezca,

ya que es cuando más lo necesito.

Proverbio chino

—¿Me manda al psicólogo, por favor? No paro de llorar todo el día, me cuesta conciliar el sueño, me despierto todos los días a la madrugada. No puedo más.

LA NIÑA QUE PLANTABA CARAMELOS
(UNA HISTORIA DE DESAMOR)

Abrió mucho los ojos que espejeaban en el cristal con reflejo de muñeca. Las pestañas, intensamente rizadas y negras fruto de la permanente en la conocida *estéticienne*, titilaban ante la cercanía del pincel que pretendía recorrer el párpado de un trazo. Un ojo primero, otro después. La pupila redonda con brillo de fiesta tarareaba canciones con destellos verde oliva, chispas doradas y afirmaciones marrones. Las cejas se enarcaban en interrogante sobre el aspecto final. Faltaba aterciopelar los párpados con la suave cremosidad de la sombra de Lancôme. El rubor de las mejillas era escaso. Sí, sobraba ese pelo de la ceja que distorsionaba la gracia del perfil. La distancia le devolvió su aspecto en conjunto. El espejo, jacuzzi al fondo, cercanía de mármol, atmósfera de perfume cuidadosamente repartido. La melena, larga, debajo de los hombros, con escasas canas a pesar de los cuarenta y cuatro, atestiguaba tintes cobrizos recaptados de la infancia.

Julia sonrió con complacencia. El perfilador contoneó las curvas del labio, el superior, el inferior, grueso y carnal. La barra de labios color tierra contorneó por el interior su untuosa consistencia. El depósito de brillo en el centro marcó el final.

Se dejó caer en la cama como estaba, maquillada y en ropa interior color *champagne*. Cerró los ojos, no queriéndose enredar por el sopor que la invadía. Quería colapsar el presente. La duermevela fue la puerta de imágenes del pasado.

Era Nochebuena y estaba sola. Eso era presente. Cenaría con cava.

Era Nochebuena y estaba sola. Rodeada de padres, abuelos y niños. Fue pasado.

Érase una vez hace mil años. ¿Mil años? Un millón de años. Cuando el hombre nació, cuando no se sabe cómo, surgió el animal que recogió una flor y se la entregó a su compañera dando a luz al Arte, creando una nueva dimensión. Antílopes galopando al son de tantanes. Frío gélido, gélido que hizo buscar pedernales. Pedernales, lascas de piedra que, frotando, frotando chispeaban dando movimiento a las pinturas, a las pinturas de la edad de piedra. Edad de piedra, con caramelos altivos, diamantes cercenados con sabor a fuego. En la primigenia especie todo era simple, sin desvelos, natural, lucha por la supervivencia. ¿Quién distinguiría un caramelo de un pedernal? ¿Os habéis detenido a contemplar el pedernal? Caminad despacio a la vera del río. Despacio, que la mirada apenas avance un pie. Así, sin prisa.

Agáchate, mira. ¿A que brilla? Tómala en tus manos. Contémplala. Es una pequeña lasca, desprendida de la madre piedra. Mírala, es un pequeño tesoro, piedra de luna. La de allí tiene aristas, cristaliza con paciencia. Es un tesoro, diamante de sílice.

Hace mil años, cuando la llamaban niña, o chica, o nena su abuela. Cuando todo empezó. Sí, porque hay cuentos y hay historias que no saben cómo empiezan, ni dónde terminan, ni si terminan. Algunas se inician desde el principio; otras, aunque parezca mentira, por el final y, algunas, como esta, confluyen en el medio. Las hay planas, muy planas, como todas las que terminan con moraleja. Otras tan lineales que apenas se las ve, pero son las más normales: forman una soga fuerte que escribe la historia de la humanidad. Las leyendas, que comportan una percepción esférica de la situación, son las más complejas. Conllevan incongruencias, experiencias equívocas y antonomasias. Y no tienen principio ni fin, siempre dan vueltas, como algunos caramelos que son tan redondos y lisos que a menudo te atragantas con ellos. Tienden a irse por el otro lado. Y asfixiar. Además, las hay cósmicas, pero no son de este mundo y no vamos a ellas. Irrumpiríamos en misticismos y en caramelos con sabor a incienso, a humus de Marte y a polvo de estrellas, que no sabemos a qué sabe.

Esas Navidades conoció el sabor de los caramelos fríos como los témpanos de hielo. La decisión de sus padres la había pillado de improviso. Era inesperada. Hubiera preferido no recibir tantos regalos. No quería la bicicleta. Ni la casa de muñecas para compartir con sus hermanas, aunque, realmente, ella era muy mayor para ese juguete. Ni los lazos de colores para el pelo. Ni le hubiera importado no recibir los dos cuentos de conejos de aburrida apariencia. Ese caramelo, ese témpano era imposible de engullir. Intentaría derretirlo poco a poco. Calentándolo con delicadeza en la boca, hasta que no existiera. No sería verdad. ¿Podría ser posible no despertarse un domingo y meterse en la cama entre papá y mamá? No pasearían juntos. No le reñirían más por su irremediable manía de escarbar en el suelo de los parquecillos cerca de casa. No le dirían más que la iban a mandar a la finca de una tía suya para que conociera un poco la naturaleza, cómo crecen las lechugas y se distingue un conejo macho de uno hembra, y que dejara de plantar caramelos por toda la ciudad.

Se acordó de su primera maceta, comprada en un pueblecito de veraneo de costa andaluza. Curiosamente era añil. De ese añil que se ve en Andalucía para exorcizar el calor y que, junto al blanco predominante, produce ceguera en los que no toman los caramelos adecuados (esos ácidos, superácidos de limón, para que lo sepáis, que no os pase). ¿Vendría de ahí su obsesión por ese color? Esa maceta fue plantada y replantada. La tierra puesta y repuesta diez o quince veces. Nadie entendía lo que hacía.

Y plantaba caramelos. Al principio, todos los días; después, todas las semanas; más tarde, todos los meses. Se convirtió en un ritual de primavera. Pero nunca crecían. Había probado todas las maneras posibles. Los de fresa con papel y sin papel. Los de menta, por fuertes, envueltos en papel de aluminio; los de limón, un poco chupados, para que perdurara la acidez. Los de naranja, no le gustaban. Los de mandarina, tampoco. Café con leche, sus favoritos, de la Viuda de Solano, de toda la vida. Chupados, mascados, con y sin el papel medio dorado; casi planos, cuando los dejas pegados al paladar, bien aplastados para que dure más el sabor; hechos una bola. Pero nunca germinaba la raíz.

El riego, por supuesto, era importante. El diario fastidiaba, se deshacían demasiado pronto. El semanal, poco productivo. Inventó un sistema gota a gota con pajitas que su hermana destruyó. No consiguió averiguar si el método era efectivo.

¿Y el abono? Azúcar, aparentaba ser lo preferible. Pero proliferaban las hormigas. Muchas, cada vez más. El azúcar y los caramelos se consumían atrapados en granos de arroz negro.

La harina no era un buen fertilizante. Se formaba un asqueroso engrudo que se apelmazaba en la maceta impidiendo el crecimiento de la planta.

La sal pareció, contra toda sospecha, ser lo mejor. Pero la planta de los caramelos desistía asomar.

Se le ocurrió una idea fantástica. ¿Por qué no abonar con pasta de dientes? Sería genial. La planta produciría caramelos que no darían lugar a caries. ¡La salvación de todos los niños del mundo! Lo iba a intentar. ¿Qué pasta sería la mejor? Con sabor a menta, demasiado intensa. Con sabor a fresa, una pavesa. ¿Sin sabor? Muy sosa. Con flúor. A dúo. Con flúor. Esa era la solución. Crecerían muchísimos caramelos, todos, los mejores, con sabor variado. Faltaba saber la concentración exacta.

"La princesa está triste. ¿Qué tendrá la princesa?
Los suspiros se escapan de su boca de fresa,
Que ha perdido la risa, que ha perdido el color.

…

¡Ay la pobre princesa de la boca de rosa!
Quiere ser golondrina, quiere ser mariposa.

…

Pobrecita princesa de los ojos azules.
Está presa en sus oros, está presa en sus tules.
En la jaula de oro del palacio real"[1].

---

1. *De prosas profanas.* Rubén Darío

Desde chiquitita, su poema favorito. Su madre lo leía, ella, a la temprana edad de tres años, lo recitaba. Lo creía. Su propio cuento. ¿No llegaría el príncipe vencedor de la muerte, como versaba el hada madrina?

A sus espaldas, un matrimonio fracasado, dos hijos, dos novios y..., para qué seguir. El resto de los hombres de su vida no eran importantes. Cohetes artificiales de corta duración.

Repetía la historia. La de sus padres, la suya propia, el dolor infligido. ¿No era capaz de soslayar esos vacíos que la roían? Tantas parejas que llegan a la vejez y caminan juntos de la mano. Habrían pasado por muchos desamores. ¿Qué inminente sensación de libertad la empujaba a saltar a un precipicio arrastrando a un montón de víctimas en su caída? ¿Qué caramelos pensaba encontrar? ¿El sentimiento de un desconocido atronado por meses sin ruido del mar, por ecos de pasos que no escucha al caminar? Tanto tiempo no aplacado…

Como son las cosas. Sola en el propio debate. Siempre es así en la vida. En el nacimiento, en la muerte. En toda decisión. Porque hasta no decidir es decisión.

La almohada estaba empapada en lágrimas, en mocos, en saliva y la cama de semen, de flujo vaginal y de relaciones agotadas. Lloraba tras haber subido a las más altas cumbres del placer. Un amor, ¿amor? Lento, tranquilo, cuidadoso, perenne. Trepidó la espalda, el vientre, la boca. Se agitaron las manos en diestros, conocidos y eficaces abrazos. Ondularon tras rítmicas, bellas caricias, devotas, sin pudor. Las piernas, entrelazadas, apretaban, corroboraban miles de valses bailados juntos.

La esquina de la cama era el perfecto refugio…, para el llanto. Un llanto sin consuelo. *"Puedo escribir los versos más tristes esta noche* —escribió Neruda—, *es tan corto el amor, y es tan largo el olvido"*[2]. Lloraba aterida, con lágrimas tan silenciosas que nadie notaba que eran una lluvia torrencial. Porque si fuera lluvia, sería torrencial. Si viento, huracán. Si animal, leona. Como el juego de la niñez. Nunca más sería delfín, ni golondrina, ni ardilla. Ni Luna, ni estrella. A lo mejor sombra. Iba tan deprisa que arrasaba. El amor que moría, el amor que nacía. Dentro de sí predominaba la confusión. ¿Cómo besar? Y pensar cómo sabrían otros besos. ¿Cómo oler, acercarse a su cuello pensando en un olor desconocido? ¿Y cómo, cómo vibrar, tan fácil para ella y hablar con un desconocido de…, de universos por descubrir?

Estaba tan triste, tan triste que sería niebla. Y le encantaría esfumarse y volver a tiempos felices. Los previos, llenos de recato, todavía inocentes, almibarados

---

2. *Veinte poemas de amor y una canción desesperada.* Pablo Neruda

de risas y las vidas que florecían. O más cerca, cuando parecía que los caramelos brotaban, antes de que su propia lluvia torrencial los disolviera. Y el huracán ahuyentara promesas que solo imaginó. Y la leona mordiera para defender su territorio, su deber, su lucha. Sin saber si no se acercaban por miedo a ella misma, porque no gustaba, porque al fin y al cabo las leonas son fieras y, al fin y al cabo, a nadie le gusta vivir al lado de las fieras. Son peligrosas.

La esquina de la cama era un buen refugio. A su lado dormían en paz. ¿Con la dicha de los justos? Traidora, sin pena. Torrencial, destructora.

En el hotel con jacuzzi al fondo perdía la noción del tiempo. Para los niños, el mañana se llama hoy y el peor delito es abandonarlos, olvidar la fuente de la vida. Ella podría esperar, aunque sentía asfixiarse en la espera. Pero esa misma mañana había comprado el primer sujetador para su hija. Tipo Calvin Klein, una de las numerosas imitaciones. Habían vuelto a hablar sobre la regla. Cómo poner y pegar una compresa. La permanente sensación de humedad. La frecuencia de los cambios. Lo incómodo de la situación. Las precauciones a tomar. A su hija no le gustaba plantar caramelos, pero sí comer helados a la luz de las estrellas. Su hijo viajaba por los números y los astros. ¿Tenía arena de Urano? ¿Le saldría un lunar azul? Le chiflaban los libros de magos.

Las dos mujeres contemplaron al mismo hombre mientras bajaba las escaleras. Mirada segura al frente, caminar ágil, sonrisa incipiente de saludo. La mujer de ojos azules con camisa negra semitransparente lo miraba con ansia y orgullo. Desvió la mirada con recato para que no se notara. Al aproximarse, le dio dos besos más cercanos de lo que correspondía a su relación, en tentativa de intimar. Le invitó a su próxima fiesta, quince días después. Para ella, sería un absoluto placer contar con su presencia.

La mujer de los ojos marrones con destellos verde oliva, la del pelo cobrizo, no se levantó a saludar porque había venido con él. En su chaqueta no había caramelos para ella, ni escondidos detrás de la corbata. Se los habían comido todos y olvidado replantarlos. Captó el deseo de la mujer sentada a su vera. Y no sintió celos. Le dejaría volar. Algo se desgarraba dentro de sí. Sin pena ni gloria. Indiferencia.

Jugaría al veo-veo. ¿Lo recordáis? —Veo, veo. —¿Qué veis? —contesta el siguiente. —Una cosita —responde el implicado. —¿Y qué cosita es? —insisten los curiosos. —Empieza por la... Una ristra de pistas para llegar al fondo de la cuestión.

Con la A: Amor, que se desgasta con el tiempo, muchas veces a pesar de todos los intentos.

Con la E: Encanto, el que hay que utilizar día a día y se machaca en la rutina.

Con la I: Indulgencia, nos sale la palabra perdón. Allá en lo hondo se acantonan los sinsabores que surgen de los pesares.

Con la O: Omisión, los detalles, la maduración que nos falta para caminar en sendas que se reencuentran día a día.

Con la U: Huida, con h muda, la salida más fácil. ¿O la más acertada?

Se sentía mar nocturno, aparentemente calmado, ofreciendo una apariencia tranquila, con las corrientes ronroneando por dentro, con la fuerza de las mareas, que a las mañanas han arrasado, incluso sin quererlo.

Se le ocurrió que sería beneficioso convertirse en camaleón y adaptarse a las circunstancias. Camaleón azul cerca del mar o apoyándose en el cielo. O camaleón fucsia, apoyado sobre la rama fucsia de sus sueños. ¿Se quebraría? Verde no era mal color, de tranquilidad. Pistacho: ¡guay! A los camaleones de color pistacho les encantan los caramelos de pistacho, que todavía no están inventados, pero que son exquisitos. Tienen un aire moruno porque los mezclan con miel y con hierbabuena. Como los camaleones no tienen dientes como nosotros, no tienen problemas de caries. Los camaleones color pistacho comen tantos caramelos como quieren. Son muy bonitos. Algunas mamás los utilizan de broches en sus chaquetas. No saben que son animales de verdad. A los papás no les gustan estos broches, porque a veces les muerden. Cuando se acercan demasiado a la mamá.

La mujer de los ojos azules entabló conversación con el hombre del caminar ágil. La mujer del pelo cobrizo cambió de mesa. Con la excusa de saludar a unos conocidos.

En el fondo era una estupidez que le regalara el oído. Las palabras eran caramelos melosos soltados al azar, recogidos con el ánimo del que toma chocolate en periodo de carencia. No había intención. Existía fragilidad. Y como los caramelos otorgan placer, las palabras otorgan licencias que deparan en amores ilícitos, en insultos escalofriantes o en pasión instantánea. Habría que taparse los oídos, o ponerse tapones o hacerse la sorda. O irse lejos. Dejar de ser vulnerable.

Los caramelos de soledad saben a nada. ¿A qué sabe la nada? ¿Habéis soñado alguna vez que mordíais una manzana verde brillante, jugosa, fresca, nutritiva, apetecible y os habéis despertado en ese preciso instante, al hincar el diente, con el sueño incompleto? ¿Con el sabor a nada? Y en ese segundo se os ha olvidado lo que pasaba, en qué pensabais, cuál era el sueño y por qué esa sensación extraña de frustración. Y, aparentemente, no ha pasado nada, pero queda un mal regusto para todo el día, el del caramelo con sabor a nada.

Esos días son malos días. Muy peligrosos. Es posible cualquier cosa. Saltar precipicios impensables, enamorarse de un desconocido (pero uno siempre se enamora de un desconocido), escribir versos tristes, pensar que se puede amar hasta el infinito. Marcharse.

Sí, incluso marcharse como las brujas. Dejando allí la presencia física y marcharse por la estela.

Las brujas, las brujas de verdad, por si no lo sabéis, pueden reconocerse fácilmente. Muy fácilmente, más fácilmente de lo que todo el mundo se piensa. Claro que ellas utilizan trucos para disimularlo.

Nunca comen caramelos de pistacho delante de la gente. Nunca se convierten en camaleones fucsia cuando piensan que las observan. No prenden fuego con los pedernales en dos chasquidos: no quieren que las vean bailar al son de los tantanes. Porque las brujas son un poco primitivas y se envuelven en la vida hasta el fondo, hasta danzar con los bisontes. No cuentan sus verdaderas historias, las esféricas y las cósmicas, aparentan seguir las lineales de todo el mundo. Las brujas, las verdaderas, cuando quieren llorar, cuando de verdad, de verdad, están muy tristes, infinitamente tristes, pican kilos y kilos de cebolla, para que nadie note por qué lloran. En esos días a todo el mundo le pican los ojos y se piensa que es por aquello que llaman alergia, pero esta es la verdadera razón.

Las brujas, muy en verdad, son fáciles de distinguir: tienen un lunar azul en la frente. Julia, escuchad este susurro, información confidencial, es una bruja, de las de verdad.

Julia pensó en marcharse. Como bruja, con un ir y venir inapreciable. Ahorraría para su casa añil. Firme, decidida. Estudiaría el libro heredado que reposaba en la biblioteca de la casa común, escrito en verso.

Marchó. En primer lugar, al hotel del jacuzzi al fondo. Con cualquier excusa. Para pensar. Para estar un tiempo en duermevela. Para meditar la mejor manera de plantar caramelos y conseguir que crecieran. Para evitar un juego falso de amor. Para averiguar si siendo humana, o siendo bruja, o siendo camaleón pistacho, o fucsia, o azul, podía amar.

Cenó sola con cava. Se arregló preciosa, en este caso para sí misma. Tiñó de dorado su lunar azul. Escondió una mariposa rosa en la espalda, donde los caramelos de beso saben mejor. Se vistió de fantasía. Como era primavera, aunque pareciera Navidad, plantó un caramelo muy especial en la maceta del hotel del jacuzzi al fondo. El caramelo de los sueños. ¿Que a qué sabe? Sabe parecido a los algodones de fresa que venden en las ferias de los pueblos. No tan empalagoso, ni con ese final que se pega a los dientes en finas hebras perdidas en la boca, que son las falsas imaginaciones.

Porque los caramelos de los sueños tienen poderes mágicos. El problema es encontrarlos. Consiguen que la varita mágica de la realidad interior pueda a la varita mágica de la realidad exterior, que es la que habitualmente gana.

¿Dónde se encuentran? Buscando, buscando, en el fondo del mar. Pero no de cualquier mar. ¿Dónde están las llaves? Buceando, buceando. ¿Dónde?

Miró de frente y la vio. La casa de sus sueños. Pequeña, recogida, añil. Dos ventanas mediterráneas y macetas en el alféizar. Subió el tramo de escaleras que la elevaban hasta la puerta. Un pequeño aldabón de puño invitaba a hacer real la presencia. ¿Una locura? Sí, locura añil. El aldabón golpeó con voluntad propia. Toc, toc. Nadie. Toc, toc, nadie. Toc, toc, toc: más intensamente. Nadie. Toc, toc. Una vieja negra abrió la puerta. ¿O una negra vieja? Predominaba el añil. ¿La casa está en venta? No sé. Tendría que preguntar. ¿Verla? Sí, mujer, pase, pase. Es pequeña pero acogedora. ¿Calefacción? No, pero no es problema. ¿Cocina? De las de gas de toda la vida. Añil, añil. Veía los centros de flores que podía poner, las esquinas para las velas, las estanterías para los libros, una mesa camilla para la tertulia. Otra para escribir. Una gran cama para dormir, sola. Se imaginó la frescura de las sábanas en pleno verano y cerró los ojos concentrándose en el deseo que contemplaba como realidad.

La vieja negra vieja o la negra vieja no tenía prisa. Le sorprendía la mujer del pelo cobrizo que se columpiaba en sandalias japonesas.

Un pequeño patio culminaba la cocina, con lavadora, de esos antiguos con artesa, para restregar pasados, lavar presentes y sacar futuros almidonados. Con sitio para un jazmín. Con sitio para plantas de caramelos.

Se sentó en la playa. Era de noche, casi de noche, cuando el resplandor rojizo del atardecer apenas deja vislumbrar los defectos, cuando la caída de la noche nos porta melancolía y la íntima soledad de recuerdos, y cuando los sueños vuelan tan alto que parece que pueden hacerse realidad. Sentada en la playa abrazaba sus rodillas. Las palabras para Julia[3] retumbaban en sus oídos con el aire nuevo de la libertad, de rumbo cambiado. "Tu destino está en los demás/tu futuro es tu propia vida/tu dignidad es la de todos".

Los cantos de la orilla habían perdido los límites, eran masa amorfa, todo en uno. "Otros esperan que resistas/que les ayude tu alegría/tu canción entre sus canciones".

---

3. *Palabras para Julia.* José A. Goytisolo

La planta de caramelos de la casa añil parecía querer brotar. Esa misma mañana, un pequeñísimo brote había apuntado hacia al exterior. Por la tarde había desaparecido. Probablemente por vergüenza. "Nunca te entregues ni te apartes/ junto al camino, nunca digas/no puedo más y aquí me quedo".

Los sueños se volvían guijarros, asequibles, tan asequibles que se podían asir y lanzarlos. Lejos, con uno, dos, tres brincos en el mar amainado. El desconocido sin rostro nunca llegaría, pero "la vida es bella, tú verás/cómo a pesar de los pesares/tendrás amor, tendrás amigos".

"Por lo demás, no hay elección/y este mundo tal como es/será todo tu patrimonio". Sintió que la abrazaban por detrás, con mimo, con sorpresa. Un inusitado sentir. Sabía que alguna vez, de nuevo, le tocaría amar. Crecerían los caramelos.

LA PULSERA

Si quieres poder soportar la vida,
debes estar dispuesto a aceptar la muerte.

Sigmund Freud

—¡¡¡¡¡¡¡¡¡AAAAAaaaaaaaaaaaaaaaaaaaaaaaaaaaaaaaaaaaaaaaaaaa
hhhhhhhhhhhhhhhhhhhhhhhhhhhhhhhhhhhhhhhhhaaaaaaaaaaaaaaaaaa
aaaaaaaahhhhhhhhhhhhhhh!!!

Ese grito acuciante y desorbitado de una madre en la sala de espera
del centro de salud me hizo partícipe de la noticia.

LA PULSERA

Querido Pedro:

Han transcurrido seis meses, seis largos meses, seis meses de infierno para una madre desesperada, más de ciento ochenta días, más de veinticinco semanas... Me pediste que te enviara novedades, científicas en su mayoría como corresponde a un estudiante de medicina, y solo has recibido el silencio de una maestra que oculta la derrota de su mano y la aflicción como persona. El dolor atenaza el bolígrafo y las teclas del ordenador... ¿Cómo explicarte en cuatro líneas que hemos fracasado como profesionales? ¿Hemos fracasado nosotros, ha fracasado la vida? ¿El mismo devenir ha traído esta muerte temprana? ¿Conoces el motivo de mi misiva? Hoy..., recibo a su padre, se muestra agradecido. Le trasciende al rostro una bondad que desconocía en él hasta ahora.

—¿Cómo está?

—Bien, doctora, vengo por mis medicinas.

—¿Y Liber? —le interrogo.

—Mal, doctora, ella no cambia, sigue en su dolor.

¿Reconoces, Pedro, por qué te escribo? Salva ha fallecido. Ha perdido la vida o la vida le ha perdido a él. Se la quitó. O voló hacia una nueva. Se despidió en un breve mensaje por Facebook de su gran amor, tres palabras, las tres últimas tres palabras de su vida: Vuelo hacia ti. Quedó reflejada su última voluntad..., escucho ahora el tintineo sacro, supersticioso de Led Zeppelin en *Whole Lotta Love* certificando su estado de muerte... "Yo no estoy bien..., quiero muchísimo amor..., has aprendido, he aprendido... todos los buenos tiempos..., el dulce camino interior, lo necesitas..., voy a darte mi amor..., quiero muchísimo amor...". Las cenizas acompañan todavía a su madre, que las custodia en un dormitorio intacto. Me cuenta cuando viene, menuda, de pelo corto, y no deja de venir, que se levanta una y otra vez en ese estado mental de la madrugada, confuso, y se desliza sin zapatillas a esa alcoba donde los objetos cobran vida propia, narrando la semblanza del ausente..., excepto el ordenador, requisado por la policía, en el que la historia, la última historia, está impresa con esos dedos nunca más trémulos que decidieron su futuro.

Soy yo la que se estremece al escribirte, pero no puedo posponerlo más. Entro en el trance del duelo al ritmo de *Stairway to Heaven* que me lleva a afirmar que no hay otra vida ni más materia. "Hay un zumbido en tu cabeza y no se irá, porque no sabes que el gaitero te está llamando para que te unas a él". Nada ni nadie es real y Salva se materializa en la madrugada, baja por la escalera del cielo de Zeppelin, y se transmigra a esa descalzadora donde solía sentarse a fumar algún que otro canuto y mucho cigarro liado. La madre mete los dedos en las quemaduras de la tapicería queriendo apresar el rostro de su hijo que se le desfigura... "Hay una sensación que tengo cuando miro hacia el oeste y mi espíritu está gritando porque quiere marcharse. En mis pensamientos he visto anillos de humo a través de los árboles, y las voces de los que permanecen mirando". Veo esos anillos del fumar quedo en la noche. El dolor atenaza la piel, el vientre materno, comprimido, padece; la mente embotada de sufrimiento anula la lucidez para reconocer la ausencia. Salva sigue presente. "Y mientras nosotros seguimos bajando por el camino, nuestras sombras son más grandes que nuestras almas, camina una dama a la que todos conocemos, que brilla con luz blanca y quiere mostrar cómo todavía todo se convierte en oro, y si escuchas muy atento, la melodía vendrá al fin a ti, cuando todos sean uno y uno sean todos... Ser una piedra y no rodar. Y está comprando una escalera al cielo".

Hablemos de él, de Salva, es una asignatura pendiente. Acordamos escribir juntos un testimonio que ayudara a otras personas en su estado, materializar su lucha en palabras. Contarles las dificultades de la enfermedad; del sida que ahora no mata pero jode la vida; de las drogas que llevan a una cuesta sin fin, siempre hacia abajo, de lo casi imposible que es apartarlas para siempre... Pero a veces es posible regresar a la vida como ese *Coming Back to Life* de Pink Floyd, "... perdido en el pensamiento y perdido en el tiempo mientras las semillas de la vida y las semillas del cambio eran plantadas fuera y la lluvia caía lenta y oscura...". Le recordarás, pequeño, enjuto. La barba, según el día y el ánimo, rasurada o desesperada de días. La muleta, como si le sobrara, la paseaba, necesitándola, sin usarla. La sonrisa, siempre al entrar en la consulta, incluso en su íntima consternación, avergonzándose de su situación actual, de su dependencia. Nunca, sin embargo, he conocido a nadie con su fiereza de voluntad. Digamos que él abatió el mundo de la droga, combatió en una guerra de galaxias que dominó. Le mataron la combinación de su salud deteriorada y la crisis económica que cercena este país. El maldito dinero. Los malditos bancos y seguros en busca de su rédito.

Recuerdo ese día que vino a la consulta tras dos meses ingresado en el hospital. Venía desesperado. Era el principio del fin. Miré el rostro demacrado del hombre, la delgadez extrema del que está próximo a la muerte; el color cetrino de su piel, envenenada de drogas y fármacos, de la vida. Consulté en sus ojos que me devolvieron interrogantes. Sus padres salieron de la consulta, quedándose a solas conmigo. Su complexión no correspondía a un hombre de cuarenta y ocho años. El cuerpo, flexible en otro momento, permanecía magro y se le dibujaba el contorno de los músculos, que no se habían perdido en los dos meses de ingreso hospitalario, a pesar de la consunción durante ese periodo. Su rostro seguía siendo el de un adolescente petrificado, ahora hierático y tallado, cubista. Al hablar, "doctora…", la voz me golpeó por débil y temblorosa… el contraste del timbre de un hombre fuerte ante la adversidad, que había superado dificultades múltiples, me llegaba ahora como si fuera un hilo quebradizo, una cuerda floja de la que dependiera una biografía. Este hombre, anónimo a lo largo de estos años, me había mostrado el espectro de las miserias y debilidades humanas hasta extremos insospechados.

—Tengo una lucha muy grande. A veces me vence, a veces venzo yo —decía en su contienda.

La dependencia de las drogas, heroína y cocaína, la ley del más débil; la ambivalencia del sexo y los sexos…, la larga travesía del sida —sin sida—, ser seropositivo, la constante amenaza de la carga viral y el recuento de los cedecuatro, esas células ignotas, defensoras de la sangre, que caen en picado si el virus las liquida, sin cuya existencia morimos invadidos por múltiples gérmenes inocuos en condiciones normales. Él hubiera querido quedarse unos días más en el hospital, allí resguardado, ajeno a las drogas, recuperándose de esas fiebres de origen desconocido que nos obligaron a ingresarle. Se sintió expulsado a su domicilio cuando le cursaron el alta hospitalaria.

La atención que le presté anterior al ingreso se había desarrollado en su casa. Liber, su madre, preocupada y atormentada, tocó prudente la puerta del templo sagrado que es la consulta…

—Doctora, está muy mal, le he escondido toda la droga y como no se puede mover, no consume…, pero está fatal, venga a verle, por favor, se lo pido…Suda y tiene mucha fiebre, no es como otras veces…, venga…

Encontré a Salva en la cama, preso de la agitación propia del síndrome de abstinencia y con muy mal estado general, desnutrido, deshidratado, febril. Le cogí ambas manos, ese contacto atávico que une personas, una corriente eléctrica que comunica, y le miré a los ojos que se desviaban en todas direcciones.

—Salva, escúchame, tienes que ir al hospital, no puedo darte nada aquí en casa.

Salva se resistía a marcharse, que a todos los drogatas los trataban muy mal y que no les hacían ni puto caso.

—Salva, por tu bien —insistí apretando sus manos con firmeza—, mírame. Salva, por tu madre, ella es la razón de ir.

Salva se revolvía en la cama, maloliente por el sudor afiebrado, seguía resistiéndose, se aferraba a las sábanas. Liber, de Libertad, su madre, miraba abatida desde el quicio de la puerta de la habitación. Su nombre real, María Paz, nombre obligado en tiempos de posguerra, donde no existía el albedrío de llamar a los hijos con nombres no cristianos. Me insistía.

—Doctora, convénzale, así no se puede quedar aquí..., no puedo atenderle.

Pedro, no puedes imaginar lo duro que es vivir momentos así, en la carrera no nos preparan, ni os preparamos para esto. Salva se giró en la cama y se quedó mirando a la pared, dándonos la espalda. De esta suerte, los minutos que fueran, infernales.

—Salva, no es la primera vez que pasas por esto. Salva, si has podido una vez y durante tantos años, sabes que puedes. Salva, te he visto superar situaciones muy complicadas y siempre has salido airoso. Salva, tú puedes, sabes que tú puedes. Salva, estamos todos aquí para ayudarte. Salva, no te decimos que sea fácil.

Su madre y yo mano a mano. Mucho tiempo. Una sola frase, una vez Liber, otra yo. Silencios eternos intercalados, retándole en la somnolencia. Despertándole de ese estupor alternante con la franca irritación.

—Madre, dámela, es mía, no tienes ningún derecho a escondérmela.

Nos encontrábamos ante un muro, alto, inabordable. Retumbaban en mi cabeza sones de una vivencia paralela en mi juventud. *The Wall*. Pink Floyd 1981. Como estaba, de lado y dándome la espalda, con la mirada de Liber clavándose en la escena, posé la mano en su costado. Pedro, no te imaginas, me dio un escalofrío sentir el relieve de sus costillas y lo ardiente de su torso empapado. Me miró. Sentí que habíamos tocado fondo y emergíamos, le llegábamos, su madre, yo, nuestro deseo de que mejorara.

—Salva, no va a ser fácil..., toma —me quité un pendiente azul de cristal que llevaba, entregándoselo—. Agárralo como un talismán. Conoces de sobra cómo funciona..., apriétalo fuerte como si fueras a destrozarlo cuando no puedas más, vence el deseo, vence ese maldito humor que te convierte en violento..., apriétalo y acuérdate de tu madre, de la vez que te prometiste que ibas a volver a trabajar, cuando te quedaste inválido tras la caída desde lo alto del follaje, cuando te hincaste las costillas en el pulmón. Y la vez que saliste de la cárcel, que dejaste la heroína y te dieron esa subvención para crear tu empresa de jardinería. De todos los jardines que has rehabilitado. ¿Y por qué no? De que eres mi paciente favorito. Agarra el pendiente como si en ello te fuera la vida, aprésalo, destrózalo entre tus dedos. Voy a llamar a la ambulancia para trasladarte. No importa que te llamen drogata, vas a ponerte bien... Sabes que puedes.

Dos meses habían transcurrido y allí venía, por su propio pie con la muleta, exasperado y desalentado. El médico suplente le había dado de alta precozmente, no en la fecha acordada por su médico. Y así lo conociste, cuando como estudiante rotabas conmigo en la consulta. Recordarás su discurso.

—No sé por qué no me quedé en el accidente de coche, hubiera sido mucho mejor. Ese agujero que me quedó en el cerebro. Va para tres años y desde entonces todo han sido desgracias. Empecé con esto de que no puedo caminar y no puedo caminar, por mucho que me esfuerce. Mire, doctora.

Viste cómo con esfuerzo se ponía de pie, soltaba la muleta e intentaba deambular, un pie detrás de otro, la marcha en tándem.

—No ve, no puedo, me caigo. Los chicos en la plaza de la Prospe me ven y se ríen. El otro día le pegué a uno con la cachaba y vino la pasma…, de nuevo. Bastante tuve con ese año en la cárcel por los supuestos maltratos a mi pareja…, me dejó seco, robó, traicionó y yo pagué todas las culpas. Mejor no hablar que me caliento y me liaría a puñetazos con quien fuera.

Recordarás que te miré y le miré. Reconozco que, en parte, tenía razón. El traumatismo craneoencefálico le produjo un vacío en el cerebro que le trastocó toda la conducta y la marcha, y sobre todo la incompetencia progresiva que le abocaba a la dependencia, cada vez más, para las actividades de la vida diaria. Ese fenómeno de ex vacuo cerebral…, no sabíamos si era el virus VIH que progresaba a sida, no sabíamos qué era esa incapacidad progresiva diagnosticada como un cuadro de parkinsonismo, esos temblores, esa marcha atípica, esa rigidez…, la incapacidad absoluta para el trabajo. Pero la culpa real de todo la tuvo el accidente de tráfico ocurrido en la carretera de Toledo en una noche de lluvia. Ni la rehabilitación, ni el neurólogo, ni el fisioterapeuta, ni él con su gimnasio habían logrado remediar la degeneración que se amplificaba en su cerebro y le impedía desarrollar su vida habitual. Y la posterior concatenación de circunstancias. Cederle su parte de la empresa al socio por una cuantía que no pudo abonar posteriormente por la crisis. ¿Quién quiere arreglar un jardín particular, si lo que tienes es que dar de comer a tu familia? ¿Qué jardines hay que abonar, recortar, podar, plantar si lo que no hay son casas con jardín, ni grandes ni pequeños, porque se las quedan los bancos al no poderse pagar las hipotecas? ¿Cómo se cierra una pequeña empresa que nació de la esperanza, de una rehabilitación extrema? Una empresa de dos socios que llegó a crecer tanto que contrataban empleados, incluso gente en la misma situación, para darles la oportunidad de reinserción laboral.

Pasaron los días, los años. Los acontecimientos se superponían en el listado de enfermedades del ordenador. Salva, no un número, no un cliente, no un usuario, coleccionaba episodios de padecimientos que yo creaba en su historial clínico. Toda una vida. Quince años juntos. Salva huyó de nuevo al mundo que proporcionan las sustancias de abuso y regresaba ese día, tras dos meses de ingreso hospitalario, a decirme que se avergonzaba.

—Cuando se me cayeron los dientes, lo vi todo negro..., muy negro, lo peor que me podía ocurrir en el mundo. Y sin dinero para arreglármelos, porque el seguro de vida no me paga lo contratado. No me paga porque dice que no les dije que era VIH positivo. Me lo lleva ahora una abogada. ¿No es inconstitucional decirle a un seguro de vida que eres seropositivo cuando es un secreto profesional, cuando estas personas viven con los tratamientos actuales lo mismo que la mayoría de las personas? ¿Qué moral hay detrás de estas personas y estos contratos?

¿Cómo argumentarle? ¿Cómo decirle que tenía razón y encontrar argumentos para la esperanza?

—Doctora, yo no quiero que me den una invalidez. Yo quiero trabajar. Quiero pagar la hipoteca de mi casa. Me gustaría que la viera. Es una casa pequeña en Cartagena, con un huerto. Todos los días trabajo en él. Haga lo que sea, un buen informe, como la otra vez, que no me den una invalidez. Me voy a recuperar y podré hacer todas las tareas.

Autónomo como era, acordamos con la Inspección posponer el tema de la invalidez, un plazo más en la vida de Salvador, si se recuperaba. No solo no se recuperaba, sino que la enfermedad degenerativa cerebral por el traumatismo de la cabeza avanzaba. A su vez, con su dificultad, la empresa de dos socios autónomos de jardinería no podía hacer frente al poco trabajo y a los gastos y Salvador acordó recibir una cantidad a cambio de su parte de la empresa. Con esto y la prestación por enfermedad, podría afrontar la deuda. La crisis avanzaba, la incapacidad también y la desesperación hacía mella. Lo que fueron dos canutos pasa a ser marihuana a todas horas, heroína fumada a destajo y alguna fiesta de cocaína.

—¿Sabe? Necesitaría hurtarle tiempo al tiempo. Ahí estamos, me da vergüenza ir a recoger la metadona cada mañana. Eso me dice el psicólogo, lo mismo que usted, que me dé tiempo, que he estado muy enfermo estos dos meses. Pero no puedo soportarlo. Yo lo había conseguido, era libre de la droga. Conozco esto, la otra vez lo superé sin más, ahora no puedo. Y no le encuentro sentido a la vida. Uno no es solo quien es, sino la mirada del que te ve..., escribirlo en el papel, como me recomiendan, es ver mi propia miseria, la podredumbre que soy, en quién me convertí y ahora me he convertido...

Hoy me encuentro un poco mejor, salgo a la calle con el perrito. Me hace compañía. Me da miedo que me tire, así que me acompaña mi madre muchas mañanas. Voy a ir con mi padre unos días a Cartagena, deme las medicinas para llevarme. Allí seguro que mejoro más rápido, me sientan bien esos aires. Tengo revisión en unos días en el hospital y luego vengo a verla y le cuento. En esa página de Facebook que he abierto, podría escribir cosas que le ayuden a otros, conozco bien este infierno. Y mensajes de ayuda. Miré que frase tan linda que compartí: "No hay que derrumbar nuestros sueños, hay que derrumbar las barreras que nos impiden cumplirlos". Pero es muy difícil, a ver si un día le traigo las páginas escritas, son asuntos vergonzantes. Empecé a consumir a las puertas del colegio. Muchos lo hacíamos, muchos han muerto, como mi hermano. Nos la regalaban. Luego robábamos para pagarla. Y cometíamos otros delitos que no puedo decirle. Además, en casa no era fácil, no sabían instruirnos, esos disparates de la educación antigua. No se lo voy a contar porque no quiero hablar mal de mis padres, pero usted se lo puede suponer, era la época de la letra con sangre entra.

Floyd restalla en la lírica de *El Muro*: "Madre, ¿crees que van a tratar de romperme las pelotas? Madre, ¿debería construir un muro? Madre, ¿me pondrás en la línea de fuego?". Esos ochenta estuvieron plagados de madres en la calle que defendían su pan y a sus chavales, que caían como chinches en las garras de la heroína inyectada y lo que conllevaba, el sida. Pedro, murió un amigo mío en esa tesitura. Y trato y traté en la consulta a pacientes que se morían recién diagnosticados, gente muy joven, verdaderamente joven. Un dolor. Ese virus saltó de mis libros y laboratorio a convertirse en nada en la plaga apocalíptica del siglo XX. Ahora seguimos en esa estela. Con la droga que no se abandona, con el virus VIH con el que se convive, se sujeta. Nuestro paciente, una víctima más.

Transcurren otros dos meses sin sentirse…, en mi vida. En la tuya, Pedro. Transcurren marcando huella en Salvador. Y en la de su hermano Costan que se perdió un año después. Pedro, en esos días estabas conmigo como espectador, como estudiante de la vida y la Medicina.

—Mi socio ha dejado de pagarme. No puedo afrontar la hipoteca. No encuentro ningún sentido a estar aquí. Todo me duele como un delirio. Estoy pensando en suicidarme. Me suicido por desánimo, por desazón. Siento que tengo un ataque de vejez o de muerte. Doctora, tiene que extirparme esta ansiedad como se operan las apendicitis o los resfriados. No puedo pensar que voy a perder mi casa por no poder pagarla. He podido con todo, esto me supera. Entiéndalo, es lo único que tengo. Y mi perro.

Lo recuerdas, ¿no? Salva nos mira, a ti y a mí, que estamos al otro lado de la mesa, al otro lado de la vida, en el lado de la ilusión…

—Si se te va la ilusión, mejor que te entierren.

Nos inquiere, nos lanza un SOS. Es viernes. Un largo fin de semana. Pueden pasar muchas cosas en tres días. Puede nacer una vida, puede perderse otra. Son momentos críticos. Mantengo la mirada serena…, o eso creo, sonrío. Notas, Pedro, la tensión como un cuchillo, lo definitivo de los gestos. Le miro y lleva colgado mi pendiente al cuello, como un amuleto, deslustrado, con piedras perdidas, como si hubiera ganado relevancia en el desgaste de la protección. Se da cuenta y sonríe con complicidad. Salva, con su perfil alternativo, sus tatuajes, sus eternas pulseras, coge su brazalete de Egipto y me lo entrega.

—No puedo aceptártela, Salva. No puedo, es preciosa. La compraste para tu madre en ese viaje que era el sueño de tu vida. Era el viaje que querías hacer desde la infancia, ver las pirámides, ver a Tutankamón. Sentir la arena del desierto que acarició la piel de Nefertiti. Ese viaje para el que ahorraste, para el que te recuperaste de esa caída brutal del árbol mientras estabas podándolo y que te llevó directo a quirófano, para salvarte el pulmón. No puedo coger esta pulsera.

—Que sí, que usted me regaló su pendiente. Tómela.

Observo las siluetas egipcias talladas en el metal, la plata recortada con siluetas hieráticas.

—Que sí, doctora, que si no lo hace, me hace un feo.

Me la tiende con mano temblorosa, traza una sonrisa simultánea con ojos impregnados de seriedad y tristeza.

—Es de tu madre —insisto—, la trajiste para ella.

La pulsera rueda entre mis dedos, como ahora, mientras te escribo. Tú la viste, sentiste esas figuras mágicas en tus yemas. Ellas me inspiraron, me trajeron la fuerza del más allá, la calidez del desierto, la confianza en el más allá.

—Salva, me la quedo con una condición: quiero verte el lunes para devolvértela. Quiero que sea de ida y vuelta.

Salva me mira con sus ojos irónicos, llenos de vida, pícaros. Su mirada de siempre, de chico malo. Transige. Esa vez transigió, Pedro. Se llevó su volante de derivación a urgencias…, transigió con la vida, conmigo. Se llevó todo el protocolo encima, la medicación, la cita, el papeleo para ir al especialista, mi amuleto. Y yo, su sonrisa, su pulsera, ese brazalete comprado para su madre, el viaje como sueño, y la promesa de vernos el lunes a las 10.15, la hora del desayuno para poderle dedicar más allá de los seis minutos reglamentarios.

Ese lunes, Pedro, acudió puntual. Esa primera hora de la mañana estaba encogida, deseando que llegara nuestra entrevista. Llegó tranquilo, apacible, con la fuerza del amor. "No necesito brazos que me rodeen, no necesito drogas para calmarme, he visto lo que hay escrito en el muro, no penséis que necesito nada…". Esos días, en los que pudo estar próximo a su musa, se le vio calmado. Porque estaba enamorado. Platónicamente enamorado, años enamorado de una estrella que le inspiraba para escribir, para soñar y muy, muy ocasionalmente para amarse, si es que alguna vez ocurrió…, un amor bello y prohibido. "Mi alma busca tu cuerpo, dale un espacio vacío en tus espacios vacíos" y con este lema llenaron millones de horas atravesando el tiempo y la distancia durante años, procurándose compañía y añorándose día a día. Llamadas, escritos, las redes sociales, los espacios virtuales compartidos, la trama astral daban alas a su vida. Y el sosiego parecía haber anidado en su alma. Pero no era más que una trampa. "No, no creas que voy a necesitar nada en absoluto… Después de todo, todos vosotros no erais más que ladrillos en el muro". Sus palabras en la consulta, desoladoras, la idea recurrente de la muerte no le abandonaba. El muro de la canción de Pink Floyd se iba cerrando, etapa a etapa de la vida, limitación a limitación.

—El descanso es lo que me lleva a pensar en la muerte. No puedo más. A la mañana deseo ir a pescar, coger mi caña y el aparejo. Echo de menos el mar. No poder hacer el amor libremente es una barrera que se me levanta insoportable. No existe la levedad del ser.

Me sorprendían sus palabras, lenguaje y sabiduría. Se tornó delicado, consciente, tan suave que daba miedo.

—A nada le encuentro sentido más que a aquello que tiene un sentido real, todas esas cosas que importan. Mi madre. Mi chica. La salud. Mi perro. Mi padre, muy enfermo ahora, como sabe, y yo dando guerra en vez de ayudar. Usted, doctora. Sin embargo, estoy día tras día dándole vueltas sobre cómo llegar al suicidio de la forma más rápida y menos dolorosa. Día tras día.

No voy a contarte nada sobre el tratamiento, sobre las llamadas telefónicas a psiquiatría, sobre la derivación preferente y urgente, ¿para qué? Estoy viendo su cuerpo estampado contra el suelo de esa calle que he recorrido mil veces en estos años de profesión; esa acera de calor asfixiante en julio, en enero con lluvia o nieve; en primavera disfrutando de los brotes floridos de sus prunos, fotografiándolos. Huyó de esta realidad, viajó.

Tacho y tacho las palabras que me gustaría decir, el dolor llevado y el que ha dejado. La guillotina de la hipoteca le cercenó la vida. La presión de su seguro de vida, la ratería del cambista que tanto nos roba. Un último día que conozco por boca del padre. Cita fría en el banco, exposición de las cifras sobre la mesa, nueva y última súplica… Las deudas no entienden de espera, los números sobre la mesa. Esa última mañana le pusieron la horca al cuello con la presión hipotecaria. Vivir sin vivir no tenía sentido y se precipitó al mar. En España, ahora, mueren nueve personas al día por suicidio. La Organización Mundial de la Salud expone que la crisis ha aumentado el número de suicidios en España y el Gobierno del Reino de España no cree que haya relación entre uno y otro hecho. La brutal crisis económica y el paro descomunal de nuestro país arruinan y matan.

El dolor no se mitiga con las palabras y me cuestiono los grandes interrogantes de la vida y nuestra profesión… La libertad del paciente para vivir, morir, la confidencialidad, la esperanza…, palabra tan importante…, esperanza. Mientras, las lágrimas me fluyen, mansamente, recordando las broncas en la consulta; las risas, muchas, con sus piropos; el cariño y amor de su madre; la pena, siempre oculta, cuando veía el deterioro. Pero sobre todo el orgullo. El suyo de superarse tantas y tantas veces. El mío, por lo que me tocó ayudarle. Y créeme, lloro.

A pesar de ese final dramático elegido, su vida estuvo llena de sentido, de vitalidad, de disfrute y de superación. Aprende de personas así. No lo olvides, estudia en los libros, aprende de las personas.

Un fuerte abrazo, Pedro.

PD: Guardo y llevo la pulsera. Su madre no ha consentido que se la devuelva.

SALUD: 140 CARACTERES

No puede el médico curar bien
sin tener presente al enfermo.

Séneca

No pienso hacer dieta, ¿para qué padecer? La vida te restringe bastante, no quiero adelgazar. Si me tengo que morir, me quiero morir harta.

☐ Reply ☐ Retweet ☐ Retweeted ☐ Favorite ☐ Favorited ☐ More

@marialagorda. Es mejor hacer cambios graduales en tus hábitos alimentarios que intentar una dieta de choque. ¡¡Suerte!!

☐ Reply ☐ Retweet ☐ Retweeted ☐ Favorite ☐ Favorited ☐ More

VIBRACIONES

Es preciso sacudir enérgicamente el bosque de las neuronas cerebrales adormecidas; es menester hacerlas vibrar con la emoción de lo nuevo e infundirles nobles y elevadas inquietudes.

Santiago Ramón y Cajal

—Anastasio Jiménez Ruiz, pase. Buenos días.

—Buenos días, doctor.

—¿Qué le trae por aquí? ¿Un problema nuevo? ¿No se ha resuelto la bronquitis por la que estuvo hace diez días?

—Sí, más o menos lo mismo…, como no dejo de…

El tono cimbreante de un móvil entrecorta la conversación. Anastasio Jiménez Ruiz se despoja del abrigo y toma asiento enfrente del doctor y la joven médica residente que le acompaña.

VIBRACIONES

La joven residente, rubia, de pelo corto rizado y ojos asustadizos, saca el terminal del bolsillo de su bata, lanza una breve mirada a la pantalla y apaga el teléfono, devolviéndolo al lugar recóndito del gran ropaje blanco que la envuelve en despropósito a su talle, esas batas-burka gigantes, de caballero, que el sistema nacional de salud tiene a bien proporcionar a las galenas que trabajan para él. Mientras, el doctor, alto y de volumen imperioso, repercute sus ojos en la joven que se achanta visiblemente.

—¿Me iba usted diciendo, Anastasio? —retomando la conversación.

—Lo que decía. Que como no dejo de fumar, como me manda usted, no suelto esta tos. Se nos ha echado el invierno encima y no se me quita. Toso a todas horas. Esta noche, mi mujer me ha echado de la habitación porque no la dejaba dormir.

La rubia escucha al paciente, aunque no abre la boca. Su pensamiento parece discurrir por otros derroteros.

¿Qué querrá Antonio? ¿Para qué me habrá llamado, si sabe que a estas horas estoy en consulta? Puede ser que quiera hablar de la discusión del otro día. A ver si me escribe y me cuenta.

—¿Cómo podemos ayudarle para dejar de fumar? ¿Está usted seguro de querer? —el doctor hace un gesto a Anastasio para que pase a la camilla de exploración, auscultarle los pulmones y procurar solventar la bronquitis que le aqueja—. Existen ayudas relativamente eficaces —continúa.

Coro, es el nombre de la médica de familia en formación, se levanta perezosamente. Su mano izquierda se dirige inconscientemente al bolsillo de la bata. No mira al paciente, se sitúa junto a su tutor que le extiende un depresor de lengua para que pueda echar un vistazo a la faringe. La garganta, esa cavidad por la que se llega a las profundidades del ser humano, que siempre molesta sutilmente en cualquier infección respiratoria leve, que confunde el habla, la deglución y la respiración, dando la sensación de que un bloqueo de tan pequeña parte es un bloqueo a la vida. Coro vuelve a tocar su bolsillo izquierdo, sin observar el moco cuantioso y verde que se deposita en el *cavum* de Anastasio.

He notado un temblor ligero, pero no estoy segura, quizá Antonio me haya escrito. Este paciente es un pesado. Viene y viene y total todo lo que le pasa es porque no deja de fumar. Él mismo se busca sus males. No sé cómo Javier le da tanta cancha. ¡Anda y que le zurzan! Estoy agotada de la tanda de guardias que me han metido... Viernes, domingo, martes y la consulta de hoy jueves se me hace insufrible. Y más, para aguantar tonterías. Menos mal que este fin de semana lo tengo libre.

—Mira, Coro, fíjate —reclama su atención el tutor—, la semana pasada no le pusimos antibiótico, pero creo que ahora le hace falta. Moco verde, febrícula, se encuentra peor y aunque no está peor de oxigenación, se lo vamos a prescribir... —y dirigiéndose de nuevo al paciente—. ¡Anastasio! Creo que debe plantearse muy seriamente el tema del tabaco. Déjenos ayudarle.

Anastasio sale con un fajo de recetas en la mano. A este lugar no ha llegado todavía la receta electrónica, parece que aterrizará pronto. Anda pensando en el tabaco, con lo que le gusta y lo mal que le sienta... Al atravesar el paciente el vano de la puerta, se escapa el teléfono a la mano de Coro y, en un gesto veloz y furtivo, extrae información que visiblemente la altera.

Este tío se cree que soy tonta..., me voy yo a creer esta historia que me cuenta..., ni hablar..., no pienso volver a verle. No voy a contestarle. Se va a enterar.

El tutor celebra los buenos días de Roberta Feijoo, entrada en la madurez de los cuarenta y luciendo un embarazo ostentoso (piiip), no por el volumen sino por el orgullo de ser madre a esa edad tardía. (Vibración). El motivo de la consulta es recoger el informe de maternidad..., quedan dos semanas para la tan ansiada fecha prevista de parto (piiip)..., una niña en puertas..., por fin verle la cara..., abrazarla (piiip)..., sentir su indefensión. (Vibración). El gozo es patente en la futura madre y el miedo a la incertidumbre sobre si el alumbramiento discurrirá por los cauces adecuados queda postrado en las manos del obstetra (piiip) que les atenderá en un momento tan delicado, íntimo y emocionante. (Vibración). Sí, el padre cogerá los días pertinentes de permiso para cuidarlas a las dos. No, su madre no podrá estar, está enferma la pobre y lejos. (Vibración). En cuanto puedan irán a visitarla para que conozca a la criatura. (*Gran Vals* de Tárrega, antigua melodía de Nokia).

—Disculpen, doctores, un momento que coja el móvil —se excusa la gestante—, es mi marido que está ciertamente nervioso y tiene que tenerme localizada en cada segundo. Perdón, perdón —desenvainando el teléfono del bolso y Coro de su bolsillo—. ¿Sí, cariño? Estoy con el doctor del ambulatorio, cinco minutos y te devuelvo la llamada... Sí, estoy bien, sí, no te preocupes. Hasta ahora, hasta ahora —ambas devuelven el artilugio a su lugar de origen—. Entonces, ¿esto es todo, doctor? ¿No tengo que recoger ningún otro papel? (Vibración).

—No, Roberta. Cuando pase por el pediatra, nos enseña la criatura. Que vaya muy bien todo. (Piiip) (Vibración).

Roberta Feijoo sale airosa con aire de mujer triunfadora sacando el teléfono de nuevo… Sí, cariño… Se diluye la voz en la sala de espera y el siguiente paciente entra sin ser nombrado.

—¡Doctores! ¿Qué pasa hoy que llevan tanto retraso? He venido veinte minutos antes para poder ser atendido y han pasado quince minutos de mi hora de citación, total, más de media hora aquí esperando.

(Vibración) (Vibración).

Pues no será tonta Anita. Mira que subir esa foto nuestra a Facebook. ¡A quién se le ocurre! ¡Nos deja pésimas! Cinco de la mañana, con el rimmel corrido. Qué pintas, así asustamos a cualquiera. Voy a desetiquetarme.

Ohhh…, lo que ha publicado Araceli: "Los médicos han detectado que quienes padecen el síndrome de dispersión se dispara con el uso compulsivo de la tecnología". Dicen que está basado en un estudio científico…, luego me lo leo. Esto debe pasarle a mucha gente.

Javier, el tutor, el médico responsable, cierra la puerta tras despedir al paciente acelerado e hincha sus pulmones, soltando el aire lentamente. Si las miradas fulminaran, Coro hubiera quedado reducida a un montón de chatarra, pues la tecnología no produce cenizas. La muchacha apenas capta el gesto, en su inocencia o ignorancia piensa que el suspiro contenido de su jefe es por la impaciencia del sujeto anterior. Juana María de la Torre, porque es su turno, atraviesa el dintel de la impaciencia. Su fragilidad rompe la agresividad y el despiste contenidos en el ambiente. Pelo cano y escaso, pequeña de ojos vivarachos, bastón y paso corto, tórax inclinado por el paso o peso de los años y una permanente sonrisa que debe arrastrar desde su infancia.

—Doctor, perdone que le moleste. Perdone usted también, doctora. Buenos días en primer lugar, que no he dicho nada. No quería molestarles, que vine el otro día por recetas, pero es que estoy muy molesta. Muy molesta —se reafirma en un gesto de disgusto—. No paro de orinar y tengo un escozor ahí… Me comprenden ¿verdad?

—Juana, no se disculpe, para eso estamos —argumenta el doctor—. Mire, si tiene ganas de orinar, haga un poco en un bote y nos lo trae. Le ponemos tratamiento —y dirigiéndose a su colaboradora—, Coro, acompáñala e indícale lo que tiene que hacer.

—¿Qué? —contesta la interpelada—. ¿Qué tengo que hacer, que no me he enterado bien?

Nuevamente, un suspiro retenido del maestro se sustenta como nubarrón a punto de descargar. Coro, al salir por la puerta sujetando a la anciana con el brazo derecho, dirige su mano izquierda al bolsillo izquierdo y desvía su mirada a las noticias que la pequeña pantalla extrae del resto del mundo. Si las miradas tronaran, la chica se habría vuelto sorda.

Me parece que mi tutor no tiene un buen día. Con lo afable que suele ser, hoy lo noto tenso. Pobre abuela, no se entera de nada, entre lo mayor que es, lo sorda que está, lo que se le olvida y lo coja que anda..., ni siquiera se sabe su número de teléfono, ni el de su hija. No me atrevo a pensar cómo se tomará la medicación que le hemos prescrito. Eso sí, es muy maja y no deja de sonreír.

Este idiota no deja de mandarme WhatsApp toda la mañana. A lo mejor se merece que le dé otra oportunidad. Lo pensaré esta tarde.

La mañana transcurre en permanente temblor, si no vibra el móvil, suena el teléfono, pita el pulsioxímetro, oscila el tensiómetro, se estremece el termómetro, ondula el electrocardiógrafo, palpitan los corazones, convulsiona un infante, traquetea la silla de ruedas, se agitan los espíritus y se conmociona el doctor ante tanta dispersión de su alumna frente a la adversidad que requiere de atención máxima. No había una situación óptima que permitiera una concentración exquisita para prestar la mejor atención posible, conjugando un conocimiento profundo de la enfermedad y de la personalidad de quien enferma, con la técnica más adecuada en el marco de una intimidad. Y esa mañana habían quedado todas las premisas rotas. Javier se subía por las paredes. (Vibración moderada, 5,9, escala sismológica de Richter, que puede causar daños mayores en edificaciones débiles o mal construidas. En edificaciones bien diseñadas los daños suelen ser leves).

Finaliza la consulta a trancas y barrancas. Javier se queda sentado en el lugar de los pacientes, a distancia de la mesa y el ordenador, con la espalda bien apoyada en la butaca, los brazos extendidos en los reposabrazos y las piernas ligeramente abiertas en posición de descanso con las plantas de los pies firmes sobre el suelo.

—Coro.

La residente le interroga con las cejas.

—Coro, esto no puede seguir así. Los pacientes vienen a ti a poner sus problemas sobre la mesa. Unas veces son trascendentes, otras, *peccata minuta*. Y, en otras muchas circunstancias, eres tú la que tienes que investigar si ese pequeño síntoma o ese signo son irrelevantes, o si, tirando del hilo, te lleva a un problema grave de salud como un cáncer, una idea de suicidio o una diabetes mellitus.

Coro abre sus ojos mucho, muchísimo, no entiende el fin de la perorata. Javier, sorprendido ante la inocencia e ignorancia, sonríe para sí. "Una pequeña trampa, esto es lo que esta chica necesita", reflexiona el tutor.

—Mira y verás. Ponte a este lado de la mesa, asume el papel de paciente por un momento, siéntate allí —Javier se levanta, cede su lugar a la pupila—. A ver, esto es un *roll-play*, consúltame por algo, invéntatelo, cualquier cosa.

La residente, visiblemente cortada (temblando), adopta su nuevo papel.

—Verá, doctor, estoy aquí para planificarme... (utilizando el vocabulario de las sudamericanas cuando acuden solicitando anticonceptivos).

Javier, en ese momento, apresa su móvil guardado en el bolsillo trasero de su pantalón.

—¡¿Qué me decía?! —le espeta a la actriz.

—Doctorsito —siguiendo el juego—, le decía que quiero planificarme, no quiero una nueva tripa, que la última...

La conversación se ve interrumpida porque Javier está escribiendo un *WhatsApp* urgente.

—Doctorsito, le decía que... —insiste la joven—, que no quiero que me pase como la otra vez.

Javier, levantando la mirada de la pantalla y retirándose las gafas de cerca puestas para afrontar la menudencia de las letras, la enfoca.

—Pero la otra vez te tomaste mal las píldoras, ¿no? Se te olvidaban la mitad de los días.

—No, doctor, no...

Javier, de nuevo, concentrado en el *smartphone*, leyendo los últimos tweets vinculados a la profesión y asimilando las últimas recomendaciones sobre el tratamiento de la hipercolesterinemia. Coro, mosqueándose.

—¿Pero no has dicho que vamos a hacer un *roll-play*? ¡Y no me haces ni caso! ¡Estás en el celular todo el rato!

—¡Lo ves! —la mirada del tutor es triunfante—. Es tu espejo, esa eres tú mientras estamos pasando visita. No prestas atención a los pacientes, sino constantemente a tus redes sociales, al Facebook, al WhatsApp, a las guardias y no sé qué otra cosa, el novio supongo. Lo que tú acabas de sentir es lo que sienten ellos. En lugar de atenderlos, los desatiendes —el tutor mira fijamente a esos ojos asustadizos y le espeta taxativamente—. Para que te apliques el cuento.

Coro, avergonzada, quiere desaparecer, esfumarse, diluirse en el aire.

Hoy me han dado una verdadera lección.

SOÑARME MUERTO ME COMPLACE

Las neuronas son células de formas delicadas y elegantes, las misteriosas mariposas del alma, cuyo batir de alas quién sabe si esclarecerá algún día el secreto de la vida mental.

Santiago Ramón y Cajal

—Pase, Eulalia, buenos días. ¿Cómo está usted?

—Doctor, hoy, desesperada, muy desesperada. Tiene que darme algo, algo potente de verdad, que le tumbe durante las noches. No consigo dormir nada. Es que no me deja dormir. Cuando no es la orina, es la comida. Y si no es la comida, es que se quiere escapar a dar una vuelta...

—Ya le he dicho que no tenemos nada mágico. La última vez que probamos un cambio de medicación fue usted misma la que se la retiró, porque insistía que dormía tanto de día como de noche, que lo veía muy atontado y que no comía nada.

—Doctor, es que no puedo seguir así.

—¿Y los trámites de los servicios sociales? ¿Presentó la solicitud que le indiqué?

—Lo he hecho, pero no espero nada. Con tanto recorte, lo que nos recortan es la vida. Me han dicho que como tengo el paro que de momento puedo ocuparme de cuidar a mi padre. Que van a intentar lo del centro de día.

—Bueno, entonces Eulalia, esa es una noticia positiva. No se tome todo tan a la tremenda. Aguante un poco. Vamos a ver si dándole este nuevo medicamento se encuentra más tranquilo y usted descansa algo.

—Espero que acierte, doctor, le digo que aguanto poco más y mi hermano con eso de la rotura de la pierna y la otra, con que tiene sus hijos y es una mujer ocupada, no me echan ninguna mano. Y es padre de todos.

—Tranquila, Eulalia, aquí tiene las recetas y nos irá contando. Perdón que haya tardado, pero el ordenador nos falla a menudo y este programa es extremadamente lento.

—¿Me ha mandado algo para mí?

—No, lo siento, como usted no estaba citada...

SOÑARME MUERTO
ME COMPLACE

Despierto a un día en el que no quiero vivir. ¿Dónde estoy? No hay nadie a mi lado. La almohada está fría y crujiente de sábanas, con olor a limpio. ¿Quién me hace la cama? Tengo hambre. Creo que es hora de desayunar. La cena de ayer, ¿qué fue? Me supo a poco. Me levanto. Brr, hace frío, mucho frío. Tengo hambre, tengo frío. ¿Por qué no llevo un pijama de invierno? Debe de ser invierno porque está todo muy oscuro. Está todo húmedo. No entra ni una rendija de luz. Me levanto. ¿Dónde está esa maldita luz? Claro, a la derecha, la almohada está fría. A la izquierda…, no, no está el interruptor. ¿Por qué han quitado la lámpara de noche de tía Salud? Hará mal tiempo. Este frío, el hambre y la oscuridad me matan. Nunca se sabe lo fea que es la vejez hasta que uno se instala en ella.

Tengo un hambre que me muero. Anoche no me dieron de cenar. Se lo contaré a Amalita. Estoy atontado. Esta no es la mesilla de noche de siempre. No está la lámpara. No está la mesilla. Tengo hambre. ¿Qué hora será? Espero que haya chorizo en la nevera. ¿Compré chorizo? Amalita lo habrá hecho. ¿Dónde está el puñetero interruptor? No sé por qué han quitado la lámpara de tía Salud. Me acuerdo de cuando nos la regaló. Aunque en los hogares siempre hay tristezas, y más en aquellos tiempos, fue un momento sublime. Amalia estaba maravillosa con la mantilla blanca ciñéndole el rostro, los labios gruesos apenas pintados. Me hubiera ido en ese instante dejando plantados a los comensales. No me importaba nada el convite, solo esa mujer ejemplar. Si me parece desearla. ¡Qué coño! Lo que tengo es ganas de mear. Maldita lámpara. Amalita me persigue todo el día. ¿Amalia o Amalita? Tengo tanto despiste. Y hambre. Y frío. Y ahora ganas de orinar. Y la luz no aparece. Quizá sea por este lado. ¿Dónde estará la puerta? Si lograra encender… Hoy tengo que hacer algo importante. Será mejor que me vista.

Me siento francamente extraña. Abandonaría los cincuenta. Esta edad me mata. Puede conmigo. Llevo tantas noches sin dormir que se me ha olvidado conciliar el sueño. No hay quien controle a mi padre. Amalita por allí, Amalita por allá. Insoportable. Y a mí, ¿quién me da unas vacaciones?

Hoy he olvidado el número de la tarjeta de crédito. No he podido pagar a la asistenta. Terminará yéndose. Mi padre por un lado. Mi marido, camisa arriba, camisa abajo. Los hombres no saben ser independientes. O la comida en su punto y la gestión de la casa en orden o se pierden. Y yo, con los nervios de punta y omitiendo mis propias tareas. Algo me pasa.

No recuerdo que mi madre tuviera una menopausia tan agresiva. Ahora mucho hablar de todos estos temas de los múltiples tratamientos, parches, pastillas, qué sé yo, pero no nos arreglan el cerebro. No he sido capaz de leer la novela de Martín Gaite que me regalaron. Me pierdo con tanto nombre, tanta acción, esos saltos parecidos al cine. Me vuelvo vieja.

Por fin la luz. ¿Es esa la toalla de bodas de Amalia? No veo bien. No sé por qué demonios anda tirada aquí encima. Su nombre resalta con hilos de colores bordados a mano. Sus manos. AMALIA. Recuerdo que la desplegó encima de la cama. No me sentía capaz de secarme después de lavarme con la jofaina y la palangana. Los colores del arco iris brillan en su nombre. Predomina el malva. ¿Cómo pudimos cavar aquella salita? Aquellos eran noviazgos... Vuelta arriba, vuelta abajo por la calle principal del pueblo. Las miradas por la reja, los permisos del paseo, las idas y las llegadas. Y toda esa trabajera. Pala arriba, pala abajo para construir un cuchitril en el que recluirnos. Cuando lo terminábamos, teníamos la licencia para casarnos. ¡Qué tiempos!

¿Dónde estará mi ropa? ¿Por qué estoy así? Estoy empapado. Claro, es que tanto rato... ¡Amalita...! ¡Amalita...! No hay dios que aparezca por aquí. Tengo hambre, frío y no sé ni dónde estoy.

Ya, ya voy. De nuevo esos gritos. Se habrá orinado de nuevo. Y qué manía con la toalla de la noche de bodas.

En realidad, las novelas largas están vedadas para mí desde hace años. Los nombres de los personajes se disipan, no termino de aclararme y me falta constancia para aprender. Menos mal que dejé el trabajo de secretaria de la empresa hidroeléctrica. Aquel cierre fue como un regalo. De patitas en la calle, con un fajo en el bolsillo y ninguna gana de seguir trabajando. Los ordenadores me estaban matando. Con lo fácil que era con la Olivetti automática. Tanta técnica es perjudicial.

En el fondo, la casa es un infierno. Todos entran y salen menos yo. Juan y Amalia, mi hermana y su marido, hacen su vida. Domingo al trabajo y mi padre y yo perennes en el domicilio. Se me cae encima. Madre mía, llegar a la vejez se cobra un impuesto y nos pasa factura a los convivientes. Es un gravamen que nos toca asumir.

Hoy me tomé dos valerianas que me recomendó Pili. Creo que me han sentado muy bien. Hasta los demás estaban más tranquilos. En el fondo, la medicina de herbolario funciona mejor que la de siempre. ¿Cómo se llama ese médico al que va la vecina? *Himaapata*. Es o no es. Volveré a preguntarle a Pili. Una medicina de plantas, que nunca te hacen mal. Preguntaré a ver si tienen algo para mi padre. A lo mejor hasta recupera memoria. Bueno, en realidad memoria tiene, pero de lo antiguo. Como que vive en el pasado. Si vive. Pero es que a mí no me deja. Pili dice que tiene esa enfermedad que sale tanto en la tele. ¿Qué pone en el informe del médico? Deterioro cognitivo. ¿Eso es, Alzheimer? Es que no explican nada.

¿Amalita? ¿Amalita? ¿Eres tú? Se me cayó el vaso de agua… No, no hace falta que me laves, que te he dicho que no, que no estoy sucio… ¡Coño! Que no huelo mal… No, no he cenado, así que dame ahora mismo. ¿Cómo no van a ser horas? Será la hora porque tengo hambre y sé lo que es eso… Te he dicho que no me sienta mal. ¿La hora que es? Ni la sé ni me importa… No tomo eso que me das. Tú lo que quieres es envenenarme y terminar conmigo.

Ni tres minutos a solas con mis pensamientos. Y ahora, ¿qué querrá? Apuesto a que comer por quinta vez. No se le mete en la cabeza que ya ha comido la ración del día. Lo más extraño es que no engorde un gramo. Y mírame a mí. Todo el día haciendo dieta y no hago más que ir para arriba. Ya estoy aquí, abuelo. No, no, no le toca todavía.

Todo el mundo me dice que tenga paciencia… ¿Qué es la paciencia…? Los que lo dicen no saben lo que es esto…, veinticuatro horas…, ¡veinticuatro horas que incluyen las noches! Mi hermano ni se entera y menos ahora. Dios le ha venido a ver con eso de que le han operado de la pierna y está cojo. Menuda suerte con su artrosis. Y aquí ando yo, todo el (puto) día (perdón Dios por los tacos), ni con un minuto libre. Yo también tengo que descansar. Anoche, toda la noche, la maldita noche en danza. Es que no se cansa. No duerme un minuto. Tiene el sueño la mar de trastocado. ¡Tres horas es lo que ha dormido! Y va y me dice el doctor que no hay ningún tratamiento para que duerma toda la noche. Es que no se entera de que yo también soy su paciente y que no se trata de que duerma él, sino de que duerma YO.

Sueño estar muerto y soñarme muerto me complace. Acabaríamos con tanta tontería. Hoy he desayunado con mi padre. Estaba sentado enfrente de mí, como siempre, un carajillo en la mano izquierda, el puro en la derecha. Me extrañó que no estuviera el café solo sobre la mesa, ese gran tazón que se tomaba cada día. Él me enseñó lo bueno de la vida…, vino y mujeres. No es de extrañar…, yo soy hijo del pecado. Mi madre se fue a otra ciudad, a doscientos kilómetros, que nadie lo supiera. Luego, me crie como hijo de la abuela. Esto lo saqué siendo mayor, oía mucho comentario y risas sobre mí hasta que me enteré. Porque menuda casa, con tanta mujer, la abuela como madre, la hija de la abuela, también como madre, la hermana, que todo lo opina, y para terminar la mujer y las dos hijas. Tanta mujer que todo lo saben, todo lo opinan, todo lo mandan. Para volverse loco, como me está pasando. Para volverse loco, como me lo hago, para poder hacer de cuando en cuando lo que me da la gana. Lo mejor de lo mejor, hacerse el muerto, como el susto que les metí el otro día. Me reía por dentro. Casi me pongo morado de no respirar. ¡El susto de Amalita! Lo bella que era y la bruja que parece. Menuda picarona, se cree que no me entero que ahora está con otro. Y tiene la desfachatez de decirme a mí, ¡a mí!, que es su marido. ¡Pendeja! Se mereció el susto de muerte.

Creo que me voy a cambiar de médico. No me hace ningún caso. Para nada. Varias veces le he dicho que estoy preocupada con mi memoria y que me tiene que mandar algo para ello y siempre me contesta lo mismo: "Usted descanse, tómese unas horas libres y olvídese de su padre". Como si fuera tan fácil. La madre que le parió. (Dios me perdone). Su pobre madre no tiene la culpa. Hoy es verdad que me ha hecho unas preguntas la mar de tontas. ¿Dónde estoy? ¿Cómo que dónde estoy? Pues no lo ve, si estoy en el médico es que estoy en el médico. Qué cual es el apellido de mi madre. Como si fuera tonta, pues mi segundo apellido. Y que quién gobierna. ¿Pues no dará igual quién gobierne si todos roban, lo hacen igual de mal y no nos resuelven los problemas? Claro ejemplo, mi padre. Yo, todo el día de esclava suya. Y para que ni siquiera sepa quién soy. Siempre con lo de Amalita. Pero qué (coño) de Amalita. O es mi madre, a la que puso los cuernos lo que quiso (y ella se lo consintió) o es mi hermana. Que encima no sepa mi identidad, un cero a la izquierda, eso es lo que he sido toda la vida. Nadie me da un duro por cuidarle. Eso sí, los papeles de dependencia no sé ya cuántas veces los he rellenado, los he entregado. Siempre falta un papel, o este informe de aquí o la declaración de la renta de allá. ¡No se darán cuenta de que no queremos cuidarle! ¡Para lo que nos dio él! Se lo dilapidó. Alguna cosica nos habrá dejado y la trabajadora social dice que lo vendamos o arrendemos. Entonces, ¿de qué vivimos? Si no hay trabajo. Menos para mí, sin oficio ni beneficio más que cuidar a este padre. ¡Pasados los cincuenta, no puedo ni prostituirme!

¡Ja! Hoy me he escabullido de tomarme las pastillas. Creo que quieren envenenarme de verdad. No he podido por menos que darle una bofetada a Amalita, como cuando era pequeña. Con la tontería de que mejore la memoria me da un montón de cosas. ¡Como si no me acordara de las cosas! ¡Si me acuerdo casi de cuando me trajeron al mundo! Eso sería exagerar, pero me acuerdo perfectamente del regletazo que me metió el maestro en los dedos el primer día de escuela y todo por hablar durante la oración al comienzo de la clase. Mi tiempo fue duro siempre. Me he metido las pastillas en el hueco de la boca donde no hay muelas y luego las he escupido. Me siento mucho más espabilado y con ganas de salir. Hoy no tengo ganas de soñarme muerto. Es como si estuviera más vivo que nunca.

Yo misma. No sé por qué demonios me casé, para tener que soportar a un hombre. Y ni siquiera me ha dado hijos. A lo mejor ellos me ayudarían. Tendría que haber aprendido suficiente de mi madre. Un hombre para la cama, que sale de ella tantas veces como quiere y ella ahí, aguantando. Con una barriga tras otra. Tras la quinta de alguna manera lograría contenerlo, pues a los treinta y ocho dejó de parir. Y yo, total, ¿para qué? Hacemos vidas separadas, pero dormimos juntos y poco más. ¿Estará distante porque teme que me dé el miedo a la locura? ¿Soy yo la que ladra como un perro rabioso? Es lo que pasa con estas cosas, pagan justos por pecadores.

Hoy le he dado sopas con honda al que dice que es el marido de mi mujer. ¿Cómo va a estar casada Amalita con otro si está casada conmigo? ¡Menudos sinvergüenzas los dos! En concubinato en mi propia casa y delante de mis propias narices. He agarrado el bastón y he molido a palos a ese que se llama Domingo. Me he quedado pero que muy a gusto. Luego ha tenido la desfachatez de llamar a la policía y quejarse de que este anciano débil le ha puesto un ojo morado. ¡Me hubiera gustado saltárselo! Afortunadamente la policía tiene los pies en el suelo y no se ha tragado la historia, sino que se ha percatado del contubernio que hay montado en esta casa.

¿Y cuánto puede durar esta maldita enfermedad? ¿Aparecerá cura algún día? Dicen que se hereda, ¿la tendré yo? ¿Estaré empezando con ella? ¿Qué otras sorpresas puede depararnos? ¿Existe alguien allá arriba que se apiade de nosotros? No sé cuál de los dos debería descansar... No puedo mucho más..., esta es la escalera al infierno en vida. Y yo..., soy vieja..., leí que se es viejo cuando se tiene más alegría por el pasado que por el futuro, y eso me pasa a mí..., veo el deterioro que resulta irremediable e irreversible, que se arrebata la condición de persona, haciendo que la muerte se convierta en sinónimo de alivio, de redención..., la deseo aunque me reviente desearla... La mía..., o la suya...

Y menudo debate tengo..., si no pensara, estaría hueca... Me encantaría irme de paseo, ahora, al sol que me quite la cara de aspirina. Y eso es lo que dicen que hay que tomar para el riego del cerebro, aspirina. ¿Será verdad? Y no lo tengo claro, cuanto más riego, más pienso... No me gusta..., no quiero pensar, solo vivir..., vivir..., no morir en este encierro de locos en vida. En verdad, qué cruz me ha dado el de arriba. Pesa más lo mío que la cruz, que no digan.

Hoy es estupendo. Estaba por la casa con el bastón y, para mi sorpresa, estaba la puerta de la calle abierta, así que me salí tranquilamente. Pensé que sería de noche, pero debía ser por la tarde, con un montón de gente, toda andando tan contenta. Me sumé a ese río. Muchas personas me miraban de modo extraño. Será porque parezco muerto, de tanto soñarlo. Debí caminar horas y horas. Con lo harto que estoy de estar encerrado entre cuatro paredes me dediqué a pasear, una calle tras otra, sin pensar en ningún destino, como lo que soy un viejo, y lo más interesante que puede variar tu vida en estos momentos es que te mueras. Hasta que una señora muy amable, de muy buena planta, me preguntó si estaba perdido. ¡Qué voy a estar yo perdido! ¡Pero que se creía ella! No, lo único que no me había fijado por dónde iba. Ya le dije, que en verdad los hombres no somos del género fuerte, que somos el débil. El género fuerte es el de las mujeres, siempre intensas y mandonas. Que me lo cuenten a mí, que he estado bien rodeado de ellas. Mi forma de escapar, pues no someterme a ninguna, que te creen de su propiedad. A pesar de que ciertamente fui brusco, la señora no perdió sus buenas maneras y logró llamar a Amalita, no sé de dónde sacaría el teléfono, ¿de la placa que llevo donde dice el grupo sanguíneo que soy? A saber, lo cierto es que estaba cansado, hambriento y con frío. Lo extraño es que cuando Amalita me recogió no me echó ninguna bronca y me dio un montón de besos. Podría darme alguno más. Yo creo que no me quiere, me los dio porque algo le pesaría en su conciencia.

EFE. El hombre de 80 años que estaba siendo buscado desde ayer por la tarde en el municipio ha sido localizado esta mañana en buenas condiciones, cerca de la zona donde se había perdido la pista. Concretamente, el aviso de la desaparición se dio a las 20.20 horas de este lunes, después de que, transcurridas varias horas, los familiares comprobaran que el anciano enfermo de Alzheimer no regresaba a su domicilio.

Inmediatamente, se activó el protocolo de búsqueda para intentar localizar al anciano, que, finalmente, ha sido encontrado en buen estado de salud este martes.

Los bomberos han informado a Efe de que el anciano ha sido encontrado sobre las 9.00 horas, después de que ayer los efectivos estuvieran buscándolo desde las 19.30 hasta las 2.50 horas, y tras un descanso, reanudaran la búsqueda sobre las 8.00 horas de hoy. El anciano no ha necesitado atención médica y ha sido trasladado por los bomberos hasta su alojamiento junto a su familia.

Él se ha enterrado vivo, pero yo también. No podía más. Después de la escapada y después de que casi le salta un ojo a mi marido, he tomado la decisión correcta. No tengo ni idea de cómo lo vamos a pagar, pero ahora mi padre está en una residencia. Parece que el doctor se ha dado finalmente cuenta de la gravedad del problema. Llevo tiempo y tiempo quejándome sin que me hiciera ningún caso y ha sido necesario que pasaran todos estos hechos para que me la gestionaran de forma urgente. Dicen que es temporal, de copago…, haremos lo que sea para que se quede ahí. El otro día de verdad que me asusté, Domingo sacó su fiereza y su fuerza para retener a mi padre y pensé que lo mismo podía hacerle daño de verdad, incluso matarle. Menudo escándalo delante de los vecinos, con la policía, el SAMUR, la ambulancia, todos por allí entrando y saliendo. Si a mí me pasa esto, que la vida no cuente más conmigo, prefiero suicidarme.

"Las situaciones vitales estresantes que alteran el equilibrio familiar aumentan la vulnerabilidad y actúan como desencadenantes de conductas violentas hacia la persona a la que consideran causante del deterioro de la calidad de su vida y de su aislamiento. A la par, genera en el cuidador sentimientos ambivalentes de culpabilidad y deseo de castigo, que producen ansiedad, agotamiento emocional, despersonalización y pueden conducir a la depresión.

Estas situaciones son más frecuentes cuando no es posible la comunicación afectiva con el anciano por su deterioro intelectual,

como en el caso de los pacientes con demencia.

Tampoco ha habido mucha sensibilidad por parte de los profesionales sanitarios y los recursos sociales para dar solución a un problema que crece exponencialmente con el envejecimiento de la población".

Dra. Carmen Alonso, del Grupo de Salud Mental del Programa de Actividades Preventivas y de Promoción de la Salud de la Sociedad Española de Medicina Familiar y Comunitaria.

¿ME PUEDO CONTAGIAR?

Pero el resto, ¡santo cielo! Todos enfermos. Se mueren tan rápidamente
que no me da tiempo a mandarlos fuera de la región.

El corazón de las tinieblas, *Joseph Conrad*

—Doctora, y con esto del Ébola, ¿qué pasa?

—Mira, Jimmy, el virus del Ébola es un virus que causa una enfermedad muy grave, que mata entre cinco y nueve de cada diez pacientes...

—No me refiero a eso, doctora. ¿Me puedo contagiar yo por la calle?

—No, en principio no es el caso.

—¡Ah, bueno! ¡Como dicen tantas cosas!

Madrid, octubre 2014: La auxiliar de enfermería contagiada de Ébola de 44 años, casada y sin hijos, accedió dos veces a la habitación del religioso repatriado, que finalmente falleció víctima del virus el pasado 25 de septiembre, durante su estancia en el Hospital de Madrid. La primera ocasión en la que entró en el cuarto fue por atención directa y la segunda, tras el fallecimiento del religioso, para recogida de material. En las dos ocasiones entró con el equipo de protección individual y no se tiene constancia de exposición accidental.

La paciente, primer caso por contagio de Ébola en España y Europa, cogió vacaciones al día siguiente del fallecimiento del sacerdote y ha hecho vida normal. La ministra de Sanidad ha asegurado que se está trabajando para garantizar la seguridad de todos los ciudadanos y la atención al paciente. Asimismo, se está investigando la fuente de contagio y verificando si se siguieron los protocolos establecidos. La ministra ha lanzado un mensaje de tranquilidad a la población.

¿ME PUEDO CONTAGIAR?

El chico traía el pelo lacio, limpio y largo. Su aire indefinido, propio de sus quince años, le prestaba un aire frágil al entrar en la consulta. La madre denotaba cierta hostilidad. Hacia el hijo, la consulta o la circunstancia. La médica la invita a quedarse fuera. No es bueno que un progenitor rompa o altere el vínculo médico con los más jóvenes. Era la segunda vez que el mozo acudía a la consulta del médico de familia. Hasta ahora, su contacto había sido con pediatría, en general, mujeres dulces que le desnudaban de arriba abajo cada vez que acudía por una revisión de salud o fiebre. Hasta le tocaban para verificar el perfecto estado de desarrollo de sus órganos genitales. Y de ahí, a la enfermera, que medía la progresión de su altura y peso. Y lo peor, las tan temidas vacunas. Los múltiples pinchazos amenazantes que, tras las últimas dosis dos meses antes, con un (vergonzoso) numerito por parte del chaval, parecían haberse terminado. Esta doctora le gustaba a Jimmy, el plan, mitad colega y mitad adulto, hacía que la sintiera cercana. Sacudió su más que media melena azabache, prosiguiendo la conversación.

—Y para esto del Ébola, ¿no hay vacuna?

—No de momento —contesta la doctora—. ¿Por qué te preocupa tanto?

—Pero doctora..., ¿usted es que no ve la tele? ¡Ese virus está en la calle! Muchos estamos cagados..., perdón, muertos de miedo. Mire, ese perro, Excalibur, paseando por el parque, con todos sus..., sus...

—Excrementos, quieres decir, ¿no?

—Eso, exactamente. Y mis colegas y yo nos sentamos por allí. A fumar, a veces nos llevamos una guitarra, a rajar...

—¿Al botellón?

—...Mmm... No se lo irá usted a decir a mis padres, ¿no?

—Estamos hablando del Ébola, ¿no? —la profesional sonríe divertida—, entre tú y yo hay secreto profesional. Pero decirme, decirme, no has dicho nada. Fumas, ¿no? ¿O solo tus amigos?

—Ejem..., alguno que otro liado, si tengo unas perras.

—Y ya que son liados —prosigue la médica en su línea de consejera de salud—, ¿algún porro?

—¿Y quién no ha consumido alguno que otro? —salta el chaval sintiéndose culpabilizado.

—¡Pues anda que si el virus del Ébola anda suelto por ahí, lo cogéis todos!

Para rebajar la tensión, la doctora intenta hacer una broma, aunque no le sale del todo bien.

—En serio, Jimmy, efectivamente es así. De los chavales de tu edad, quince años, la tendencia al consumo de drogas va en aumento. La popularidad de la marihuana crece y no para de crecer.

—Claro, es que relaja, te trae sensaciones agradables, te inspira.

—¿Te inspira? —pregunta intrigada—. ¿A qué te inspira? ¿A estudiar?

—Jajajaja. ¡No me haga reír! ¡A estudiar, claro que no! Pero si nos juntamos a tocar, no sé, es como que te resulta más fácil, conectamos mejor… —los ojos vivos del chico en pleno cambio a hombre translucen emoción, con su media melena, sus miembros desgarbados, su postura derretida sobre la silla, como si no pudiera sujetar sus miembros en posición contenida. Se calla, mira fijamente a la galena y le espeta con gesto desafiante—. Tenemos una banda de rock.

—¿Una banda de rock? —la respuesta la desarma, intenta recomponer su compostura, recabar toda la información que puede existir en su haber sobre un tema que no controla, seguir en la cercanía del chico, no perder ese lazo de confianza, medir los reales riesgos de lo que puede haber detrás. Han pasado 30 segundos—. Y tú, ¿tocas o cantas?

—Las dos cosas —afirma el joven, estirándose en el asiento—. Guitarra y voz. Voz cuando no está la cantante, que nos planta muchas veces. Es una jeta.

—Y rock…, ¿qué tipo de rock? Y, ¿componéis temas?

—Pues de todo. A la segunda pregunta: componemos. Estamos empezando. Pero es complicado. De lo nuevo intentamos hacer heavy metal, que nos identificamos. Pero con la chica sacamos temas pop-rock que resultan más fáciles para ella y para darnos a conocer. A mí no me gustan tanto. El mejor rock es el que tocan los viejos, el de los setenta, así se mantiene mi abuelo, que no parece que tenga la edad que tiene. Él me metió en esto y me regaló una batería a los nueve años. Con él es con la persona que mejor me entiendo en el mundo.

—Y, volviendo a los temas de salud —la doctora siente que el tiempo se le escurre y que los diez minutos de esa revisión se le están fugando sin aterrizar en los hábitos del muchacho. Y se le va a ir sin un consejo—. Me estabas diciendo que fumas. ¿Y bebes? ¿Consumes algo más?

—¿Beber? Pues lo normal. En el parque, cerveza y calimocho. Pero no mucho. Lo justo para coger el punto. Y de drogas, le juro por mi madre (ay, perdón). No, no me pongo nada. Además, cuesta una pasta.

—Espero que sea cierto, por tu bien. Intenta rebajar el consumo. Además, supongo que sabrás que hay muchos músicos de rock que fallecieron a los veintisiete años o antes. La mayoría por sobredosis o accidente de tráfico. Va todo ligado. Siempre, cinturón; no montarse en ningún vehículo con alguien bebido...

El chico, con gesto de aburrimiento, la interrumpe.

—¡Pare, pare! —extiende una mano en posición de *stop*, volviendo a su postura de aburrimiento recostado en la silla—. ¡Parece mi madre! Y todo, porque he preguntado sobre el Ébola. Dígame, sea sincera, ¿de verdad que podemos ir en el bus, en el metro y sentarnos donde ha estado ese perro y su dueña y no contagiarnos?

—Que no, que no. Lo que sí te puedes contagiar es de otras enfermedades si no tienes cuidado.

—Yaaaaa..., se refiere usted si f..., quiero decir, si tengo relaciones sexuales. Mi padre me dio una caja de condones. Los llevo, mire, por si cae alguna (uy, perdón) —y saca del bolsillo una cartera tatuada de la que extrae un preservativo carcomido por el tiempo, sin uso.

—Jimmy, creo que sería mejor que te renueves. ¿Sabes qué caducan? Eso no debe proteger de nada.

—Doctora, le pido un favor: ¡no me llame más Jimmy, eso era cuando canijo. Ahora me llamo Jamie. Y el artístico, Jamie "Mano Lenta", como Eric Clapton, mi guitarra favorita. Y no se preocupe tanto, como diría mi abuelo que es rockero de corazón: "Vive rápido, muere joven y deja un bonito cadáver", pero que el truco está en ser siempre joven. Yo voy a ser como él.

Y la teoría cae aplastando la cabeza de la *family doctor*: la dificultad de conectar con los adolescentes. Es complicado que lleguen a las consultas. Y si llegan, de acercarse a ellos. Y si se llega, de aconsejarles sin juzgarlos. Y de simultáneamente reconocer que en la vida hay que arriesgarse, pero que no existe el riesgo sin peligro.

El chico, moviendo extrañamente sus miembros con unas piernas desmesuradamente largas y unas manos serpenteantes, se despide.

—Me cuidaré doctora, no se preocupe. Y que sepa que hay una banda de rock llamada Ébola y alguna canción cutre sobre el tema. Me alegra saber que no me voy a contagiar. ¡Que tenga un día guapo!

SU AUSENCIA, LA DE LAS REGLAS

Parir en tiempo de cambios:
nuevas tecnologías para viejas historias.

Bitácora de una matrona

—Me ha parecido raro, pero aquí estoy. La pediatra me ha enviado con usted para hablar de estas cosas. No sabía que las matronas dieran consejos. El caso es que Alicia, que tiene doce años, ya es mujer. Eso, que le ha venido la regla y que quiero que le cuente todo lo importante. Si quiere, yo me salgo.

SU AUSENCIA, LA DE LAS REGLAS

Lo que todavía no entendería... Ser cíclica es algo inherente, inevitable a la mujer. Y, ni mucho menos, sinónimo de inestabilidad. Es una cualidad, calidad que las envuelve y acompaña desde la adolescencia, casi niñez, hasta su liberación o pérdida. Su llegada, la de las reglas, va acompañada de consejos no siempre sabios del todo, de sustos, llantos y alegría porque "ya se es mujer", de vergüenzas, complejos, temores. De cuentas que no se pierden hasta el final, llevadas también por las madres al principio (sospechas terribles); botellas de cava que se abren con timidez ante su falta; fatales lágrimas derramadas en solitario por torpeza. Decisiones crudas de continuar o no. Desesperación ante su puntual aparición mensual. Sensación de fracaso.

Su ausencia, la de las reglas, va seguida de suspiros de alivio por lo que no sería tan deseado que llegara; de sensación de frustración por no ser lo que se era, mujer; de pasiones arrebatadas, hijas de la falta de temor. Su ausencia, la de las reglas, ha brindado la ocasión para que aparezcan tratamientos sustitutivos que otorgan mayor capacidad de disfrute, amén de prevenir otros desgastes como el de los huesos. Chucherías químicas que pretenden evitar la vejez.

Y en todo este viene y va, se moldea la mujer, se perfila su carácter. Sus ataques de malhumor se justifican, sus días de glotonería se explican y los abrazos, sin saber por qué, son más tiernos algunos días, muy dulces.

En estos ciclos de la vida de los que a veces se quiere desertar, escapar a su influencia; fugarse para sentirse igual; igual ¿a quién?; igual a los que no tienen ciclos; maldita tergiversación, educación actual, igualitarismo sin igual. Tener ese ritmo es un orgullo, música de la Naturaleza, que imprime un baile que te lleva por la vida sintiendo variaciones que hacen olvidar la monotonía, que lleva implícito el mismo latido del Ser, que incluso a veces se lleva dentro, el milagro de la fecundidad.

Hay que jactarse de ser Mujer con todas sus consecuencias. El llanto; la sensibilidad; esa inteligencia emocional que ahora se vende como agua de mayo; la risa; la emoción; el futuro bien pensado; la animalidad de ser madre; la bestialidad de ser hembra. La sorpresa de tener instinto en el sentido feroz de la palabra (y no el tan manido instinto maternal). Hay que defender el derecho a ser más amorosa cuando se está ovulando y también cuando no se está. Ser consciente de las manipulaciones a la biología que se hacen y, que no dejan de ser eso, alteraciones de lo subyacente, de la esencia femenina, sin perder el norte de las oportunidades que se abren con ellas.

Y si pocos se plantean lo que implica ser varón, muchos se interrogan sobre la mujer. Pues bien, además de ser persona (obvio, ¿no?), de que cada una como cada uno tenga sus peculiaridades individuales (obvio también), estas tienen unas características (cualidades definitorias) que las hacen no solo diferentes en el físico (lo cual es muy deseable y lo sabemos explotar), sino en la psique. Y estas características, además de no ser vergonzantes (aunque se eche alguna lagrimilla de más), son objeto de deseo. Y a mucha honra. ¿O no? Mujer siempre, de principio a fin, de cuna a caja, y con sombrero rojo.

EL EFECTO TÍO FELIPE

La gran pregunta que nunca ha sido contestada
y a la cual todavía no he podido responder,
a pesar de mis treinta años de investigación del alma femenina,
es: ¿qué quiere una mujer?

Sigmund Freud

—Belén, te quedas en el centro tú, por favor. Tengo que salir a realizar esta cura que me lleva tanto tiempo. La pobre mujer vive sola y es muy, pero que muy mayor. Tiene un agujero en la nalga y en el pie otra lesión, la que más le duele a la pobre. No sé cómo no se va a una residencia a que la cuiden. No debe tenerla ni solicitada. Calcula que tardo, mínimo, tres cuartos de hora. Enseguida vengo, que puedas salir a tus pacientes —las otras enfermeras asienten.

EL EFECTO TÍO FELIPE

Buenos días, hija. Perdona que te llame así, pero por la edad, bien podría ser tu madre…, o incluso abuela…, eres tan joven. Me alegro de que hayas podido entrar. Me cuesta tanto moverme que prefiero dejar la puerta entreabierta, aunque es algo peligroso. Creo que te dejaré la llave debajo de la alfombra… No, no creo que sea un riesgo. De todas maneras, si una no se arriesga, no gana. Vamos mejor a la habitación. ¿Me pongo boca abajo o prefieres empezar por el pie? Como todos los días, tú me vas haciendo, yo te voy contando…, ningún problema…

Se me estiran las tardes en días lluviosos como hoy… Son largos, cada vez más largos, y no puedo hacer nada por cambiarlo… El tiempo transcurre eterno pese a que digan que con la edad vuela… Lástima que no tenga hijos…, la dimensión de los hijos acorta el paso de las horas…, eso dicen… El tintineo en los cristales me seda…, las voces de los chiquillos, lejanas, más allá del balcón, saliendo del colegio, me recuerda el tiempo lejano de la infancia, el escaso tiempo que pude asistir a la escuela. Como te contaba el otro día, mi infancia fue terrible. Mi madre falleció al poco de nacer mi hermano Alberto, el pequeño, que en paz descanse, y los dos nos fuimos a vivir con una tía. Yo era como una madrecita para él. Mi padre se marchó a trabajar fuera de España, mandó algo de dinero un tiempo y luego nunca más se supo. Si murió o creó otra familia, lo desconozco.

Mi tía fue maravillosa, nos cuidó como una verdadera madre. Pero el tío…, el tío Felipe…, una verdadera pesadilla. Consiguió amargarnos profundamente. No podía tener hijos, o al menos eso se rumoreaba, primos no teníamos y no vinieron, pero nos odiaba por estar allí. Debía ser que le recordábamos constantemente su impotencia. A mi tía, por el contrario, nunca le importó. Nos adoptó y nos adoraba. Hasta que un día llegaron las hijas de la hermana de él. Claramente nos enfrentó. Recortó nuestras atenciones, no nos dejó ir más a la escuela y, siendo muy jóvenes, empezamos a ganarnos la vida. Es decir, nos vimos obligados a ello. Alberto, el pobre de diez años, de chico de los recados de los ultramarinos de la esquina y yo, a coser, que se me daba bien. Era habilidosa y paciente, cualquier cosa, una vainica de un mantel de hilo de Holanda roto, un zurcido de unas medias o el bajo de unos pantalones. Aprendí a darle la vuelta a la ropa para que pareciera nueva, rehaciendo la misma hechura para aprovechar la tela menos gastada de la pieza. Ahora, imposible con estas manos. Mírame los dedos, ni uno se salva. Garras es lo que tengo ahora. La edad hace estragos. Y el trabajo a destajo. Y el frío. Por cierto, ¿tienes frío? No te quitas el abrigo para curarme. Es por ahorrar, casi nunca enciendo. Me voy apañando con la estufa y las bolsas de agua caliente. ¡Todo está tan caro! La tele, eso sí, la tengo todo el día encendida. Me hace compañía. Calla cuando vienes tú.

Habría que verse en la circunstancia, pero no me quedó otro remedio. Me enamoré de un hombre, de un hombre casado. No lo supe al principio. Venía al lugar que solía frecuentar con las amigas algunos domingos. Me sacaba a bailar. Tenía muy buena planta. Un hombre correcto, impoluto. Me trataba de lujo. Yo, como todas las de nuestra época, era una tonta, no como vosotras que sabéis de todo desde muy pronto. Incluso demasiado. Las chiquillas de ahora se lesionan con ese sexo agresivo que aparece sin cesar por todas partes. ¡Hasta en los anuncios de yogur! No se quieren. O sí, vaya usted a saber. ¡Uff! Ahora me has hecho daño…, un poco más despacio. Acuérdate que el pie es mío.

Pues eso, que yo era muy tonta. Me ilusioné…, como todas las mujeres cuando nos susurran palabras dulces al oído. ¡Hija! Ten cuidado con las palabras tiernas…, pueden ser muy dañinas. Cuídate tú, que los hombres tienen unos impulsos tan fuertes que se olvidan de ti y de sí mismos. Y nosotras pagamos el pato. Él me apretaba contra sí mientras bailábamos. Me sentía protegida, sentía que su afecto me envolvía, que por él era capaz de cualquier cosa. Me quedé encinta. Eso fue un escándalo. Tenía veinte años, vivía todavía en casa de mis parientes de aquella manera, aguantando sus malos humores y entregando el dinerillo que ganábamos. Mi tío me expulsó. Intentó a toda costa averiguar quién era el padre, pero me negué a confesárselo. Me daba pavor que fuera capaz de lincharle. Por supuesto, desaparecí de la faz de la tierra. Desconozco si él volvió para buscarme. Protégete…, cuídate incluso de ti misma… Las mujeres engendramos vida, va con nuestra naturaleza. Aunque decidas desembarazarte de la criatura. Incluso haciéndolo con esa pastilla del día siguiente de la que se habla tanto en la tele, la decisión pesa en nosotras, todo lo sientes en tus propias carnes. Y si sientes que el nene o la nena se mueven dentro de ti… Hacértelo sacar es un drama. ¿Tienes novio, chiquilla? Hoy me lo estás haciendo muy bien. Este agujero del pie está muy limpio. Ha dejado de oler mal.

Yo no pude. Cuando me faltaron dos meses de regla, lo supe. Acudí a un médico de pago, que me quería sacar lo que no tenía…, o que se lo devolviera en favores, por supuesto, sin complicaciones después. Un sinvergüenza. Me sentí rastrera. Me hizo sentir, perdona que use la palabra, una fulana, una mala mujer. No pude, decidí arrastrar mi vergüenza y seguir adelante con ese hijo concebido en el amor. Al menos de mi amor por ese hombre que había desaparecido de mi vida. Date cuenta. Tiempo franquista, considerablemente religioso, sin anticonceptivos, sin educación para la vida, nadie te hablaba de estas cosas, sin televisión, sin revistas, con una radio del gobierno, la única que existía… Mi tía, la pobre, supongo que por esa misma ignorancia, no supo enseñarme nada, excepto recato y obediencia ciega al varón. Me crecía la tripa, al principio se reían de mí, que si comía magdalenas u hojaldres, que lo bien que me trataban en las casas donde iba a coser…, hasta que se dieron cuenta. Primero mi tía…, no lo pensé…, claro, no lavaba los pañitos. Date cuenta que entonces no había compresas de usar y tirar, era todo, ¿cómo decís ahora…? Mucho más ecológico. Lo ocultamos el tiempo que se pudo, pero a los seis meses, una mañana entró mi tío en la cocina. Yo estaba de perfil en la ventana y lo averiguó. Me gritó, me insultó, me pataleó y pegó hasta que la insumisa de mi tía, agarrándole de las manos, vociferándole con esa voz de ratilla que apenas se dejaba oír, le preguntó si lo que pretendía era derramar sangre en su propia casa. Me soltó bruscamente y caí de bruces en el suelo, golpeándome la cabeza con el respaldo de una silla y provocando el temido reguero. Que, por cierto, salpicó a mi hermano, siendo expulsado de ese "paraíso" donde nos habíamos criado y de donde nos marchamos tildados de desagradecidos.

Fui a vivir con las monjas adoratrices, unas monjas que se dedicaban a recoger a todas las descarriadas como yo. Allí pasé el final del embarazo y di a luz. Me sentí muy sola, terriblemente sola. Una soledad ardiente que me atizaba la piel de dolor…, más del daño que me estás provocando hoy. Creo que esa herida del pandero no vas a lograr curármela nunca. Me alegro de que hayas terminado. Hoy ha sido un verdadero suplicio.

¡Me alegro mucho de que hayas llegado antes! Cosa rara, voy a tener una visita aparte de la tuya. ¿Me has traído el pan y las recetas del doctor? No sabes cuánto te lo agradezco. Con lo sola que estoy en la vida, tus atenciones y tus curas me traen alborozo…, lo que se dice, la alegría de cada día. En el fondo, es una suerte que me haya caído y me hayan salido estos socavones en el cuerpo. Y la suerte de que haya personas como tú. Son los paradigmas de la vida.

¿Me preguntas por mi hijo? Ese es un capítulo muy triste y lamentable. Cuando las ilusiones se convierten en desesperanzas y las desesperanzas arraigan, es difícil contemplar un futuro. Nació mal. Algo debió pasar, o por la paliza de mi tío o por el parto, aunque la comadrona dijo que fue bien, o simplemente porque Dios lo quiso así…

El parto fue lento, de muchas horas, de más de un día, decían que lo habitual por ser primeriza. Dolor todo, el alma dolía, el pelo dolía, respirar era dolor… Sin fuerzas pujaba por ese bebé que me iba a compensar tantas desgracias. Y nació. Guapo el muchacho, un poco azul que me asustó al verlo. Se lo llevaron hasta el día siguiente. Las monjas me dejaron descansar. Eran peculiares, te atendían bien, mucha pulcritud, mucho orden. Pero constantemente se respiraba que éramos deshonestas, que estábamos allí por nuestra conducta pecaminosa. A las francamente arrepentidas les buscaban una salida, una casa para trabajar. A otras las formaban casi como enfermeras para atender ancianos o enfermos... Yo debí remendar todas las sábanas de la institución, pero por alguna causa que desconozco, probablemente ese orgullo de la concepción en el amor, no debieron percibir un ápice de contrición y, a los seis meses, tuve que marcharme. Para las virtuosas, había residencia y asistencia a sus niños. Una alternativa muy bien considerada era dar los niños en adopción tras el parto, con lo que a los quince días la mujer volvía a ser "virgen", libre y casadera. Estaba bien visto. Con lo que te cuento, puedes suponerte que no fue mi caso. Probablemente continuaba en mi ñoñería, en mi sueño de enamorada, en algún grado de esperanza de que el padre volviera... Y queriendo a mi hijo, que lo tenía entre los brazos, agarrándose a la teta, ensuciando pañales, llorando y dándome un calor piel con piel que no sé quién de los dos necesitaba más. Hablando de piel, he hecho lo que me has dicho y me he untado de vaselina la pierna mañana y noche. Creo que va mejor, me pica menos y las costras de las heridas pequeñas se van cayendo. Curiosamente, a la vez, se alivian las propias manos.

Con el tiempo, aprendí que no es solo importante ser buena, sino parecerlo. Me acogieron en una de las casas que solía ir a coser antes del nacimiento. La señora se había embarazado de su quinto hijo y, por alguna causa, habían tenido que prescindir del servicio, con lo que llegamos a un acuerdo muy beneficioso para las dos partes. Cuidaba a mi hijo; cuidaba a los suyos; cosía la ropa de los niños, más lo que me cayera de costura; limpiaba; solía cocinar algún plato y servía la cena cada día para los señores. ¿Te das cuenta de lo cansada que debía estar? Era una esclavitud..., algo así como las inmigrantes internas hoy. He oído testimonios espeluznantes de estas mujeres en TV. Pero tenía casa y no estaba tirada en la calle. No te cuento más por hoy que me has dejado lista. Muchas gracias, hijita. Cada día lo haces mejor, tienes unas manos de ángel. No te preocupes, que el fin de semana me apaño. ¿Qué vas a mandar al servicio de urgencias? Te lo agradezco infinito. Así no volverá a olerme la herida..., cuando pasa, es horroroso. Es la sensación de estar pudriéndote en vida. El mundo necesita personas como tú, enfermeras de vocación. ¡Pásalo bien!

¡No es posible que una chica como tú, tan linda, se quede un sábado por la noche en casa! ¡No seas tan seria, chiquilla! Las heridas van mucho mejor. No te preocupes tanto por mí. Llevo sola muchos años. Es más. He estado sola la mayor parte de mi vida. En parte, ha sido una elección libre. En otra, las circunstancias me lo han impuesto. Veo como te esmeras. Siento como si al curarme te hicieras mejor enfermera, incluso mejor persona. No sé si mi historia te alienta o, sencillamente, el hecho de verme tan desvalida y limitada. Me preguntas por mi hijo. Te extrañas de que no esté aquí... Está pero no está..., te sorprende no encontrar ninguna fotografía, ¿verdad?

¿Por dónde me quedé? Ya. Que me había trasladado a vivir con el niño a casa de doña Charo. Era una mujer muy agradable, tradicional, que con su quinto hijo, a hijo por año, había puesto unos kilos arriba y a la que le costaba moverse, pero no hablar. ¡Lo que hablaba! Sin parar, pero tenía ese gracejo andaluz que todo lo convertía en chiste. Yo creo que eso es lo que le encontró su marido. A todo le sacaba punta y todo era un buen motivo para una carcajada. Ese toque lo tenían sus hijos y se hacía fácil la convivencia. Yo, con tanto movimiento y trabajo, recuperé rápido la figura. Me sentía afortunada y dichosa después de la rigidez vivida en el convento. Aprendí otra forma de mirar la vida, me sentía relajada, contenta. Hasta que me di cuenta.

Mientras que el chico de doña Charo, del tiempo del mío, sonreía antes de cumplir el mes y medio, al mío le costó hasta los tres o cuatro meses. En mi interior me explicaba que yo había sido muy infeliz y no lo había aprendido de mí. Luego, el asir las cosas con las manos, el gateo, la marcha…, al año supe que mi hijo era tontito. ¿Dónde iba yo con un chico así?

Para colmo, surgió el nuevo problema… Supongo que la señora a pesar de su salero, no quería preñarse de nuevo. Me entiendes, ¿no? Yo estaba con los niños todo el día. Era de confianza. La familia se había portado tan bien, acogiéndome en un momento de dificultad, incuso con su cierto componente de escándalo por dar trabajo a una madre soltera. Claro que siempre se refugiaban en el acto de caridad que suponía. En cualquier caso, el roce hace el cariño y yo me sentía en casa. Y veía la complicación de mi hijo, que la propia señora me pagó una consulta con un especialista para ver qué se podía adelantar con el chiquillo. Y allí estaba el señor. Siempre a los postres, cuando les servía la cena, me daba las gracias y me regalaba los oídos, algún piropo, algo suave, no hiriente para su mujer…, pero yo sabía a ciencia cierta que había un runrún creciendo, una cierta hambre. Yo estaba curada de espantos, curada de las palabras zalameras…, qué tontería, ¿por qué no te lo voy a decir? Él no me disgustaba. Y volvía a verme en un drama…, un hijo que nunca iba a crecer.

Pero yo quería ser buena. No quería caer en un error mayor del que había cometido. Nunca le daba pie a ningún comentario. Es más, me volví arisca. Le rehuí. Dejé de abrirle la puerta cuando sabía que era él el que llegaba. Había muchos niños deseando abrazar a su padre al regreso del trabajo, que fueran ellos los que abrieran la cancela. Y estaba doña Charo. No quería dar la oportunidad de que ella pudiera percibir nada escandaloso, dudoso. Me perseguían sus ojos, aunque la supiera en el mercado o en la iglesia. Me seguían sus risas, me precedía su mirada a cualquiera de mis actos. Intuía que era una persona indulgente, que sabría ver el hambre de su marido…, pero no quería jugármela, ni jugársela. Y a las mujeres, y más en mi caso, con un hijo del pecado a cuestas, la sospecha nos precedía. Para mí, doña Charo era omnipresente, como tener una cámara de las que lleváis todo el día encima, un móvil con grabación continua de imágenes y voces…, y el objeto de la cámara era yo y su portadora, mi jefa. Concurría su voz la de mi conciencia…, esas eran mis conjeturas…, nunca hizo ninguna insinuación. A ella le dio por comer. No por nada, por no tener más hijos, por entretener el deseo, supongo. Y ahí seguía el señor, que con quien se quería entretener era conmigo.

¿Te imaginas el desenlace? No, no te lo imaginas. Sin que nada ocurriera, estaba ocurriendo todo. Cuando el deseo está en la piel, sobran las palabras. Doña Charo estaba ciega, totalmente ciega, que no muda, que bromas y chascarrillos no le faltaban. Yo pensaba que debía transigir con el pobre hombre, o buscar un médico que le diera algún remedio. Pero ahí estaban los pecados mortales. Y si cometías un pecado mortal, podías verte en un infierno en esa eternidad de la que nadie ha regresado para contarnos cómo es. Así debía verse la mujer, cada vez más gorda, tan gruesa, según contaba, como en los embarazos, pero sin criatura dentro. Supongo que se imaginaría un infierno sin comida, sin los miguelitos y nicanores que tanto le gustaban y que se comía a docenas por las tardes. Debía ser la hora para hacer acopio de fuerzas para resistir su deseo, carnal, me refiero. Ahí su marido miraba en otras direcciones y una era yo.

Te noto más lenta en la cura, y no creo que mi úlcera esté peor. El pie has logrado remediármelo con este tesón, paciencia y buen hacer tuyo. Te conmueve mi historia. Y me conforta que me escuches. No se la había contado a nadie. Al menos como a ti. ¡Ah! De nuevo, te agradezco esa pequeña comprita que me has hecho. No tienes por qué. Vete ya. Sigo aquí recluida y mañana continúo, que los finales tienen que hacerse esperar…, como ese recoveco que no termina de cicatrizar.

¡Uyy! ¡Qué tarde llegas hoy! ¿Un mal día? Pensaba que no vendrías. Me has dejado para la última…, por todo…, curarme, que es tu tarea, por la historia, por no tener prisa y…, por el efecto tío Felipe… No me mires así asustada…, no es algo malo. Yo le llamo al efecto de la posible mirada de mi tío cuando vivíamos en su casa. Podía aparecer en cualquier momento y, si nos pillaba cometiendo una travesura, la tunda que nos caía era tremenda. Así que siempre actuábamos como si fuera a llegar. Como lo que te conté de doña Charo. Contigo es al revés…, intuyo…, vienes a lo último para dedicarme el tiempo que quieras dedicarme…, que nadie te vigile, que nadie pueda decir que tratas a los pacientes desigual… Te surge espontáneamente, por vocación, afinidad y cariño…, tantos años de diferencia entre nosotras y noto el hálito de tu afecto. ¿Empiezas por atrás? Me tumbo. Ha sido una buena idea tuya darle una llave a la señora del primero, que ha venido a conocerme. Así te abre y entras cuando llegas y no corro el riesgo de tener la puerta abierta.

Retomando donde lo dejamos ayer, te decía que mi vida tomaba un cariz complicado. Supe que me tenía que marchar. Los niños son siempre los que dicen la verdad, sin pensarla y sin mala fe. Expresan lo que ven, lo que tienen delante. La mayorcita, que rondaría los ocho años, me preguntó un día directamente, mientras desayunaba, que si yo era novia de papá. El chico mayor soltó una risita escondida tras su mano y gesticuló, manifestando la abundancia de mi pecho... Sí, ahora donde me ves, tenía una delantera preciosa. No te rías, las mujeres somos siempre mujeres y sabemos nuestras debilidades, atractivos y fortalezas. Aquello me abrió los ojos. Debía irme.

Mi niño tenía poco más de año y medio y no caminaba, no balbuceaba mamá y no comía sólido. Todavía le daba alguna toma por la noche. Se me enganchaba en la cama y dormíamos apretado el uno contra el otro. Una noche, oí cómo el picaporte de la puerta se movía insistentemente y, al despertarse el chiquillo llorando, me pareció que le daban una patada a la puerta. Fue el pistoletazo de salida. Volví donde las monjas, que me acogieron reticentes. En ese momento, había una llamada para trabajar en Alemania. Como ahora, los tiempos siempre regresan. Para marcharme a la fábrica textil de Wulfing en Remscheid. Suena duro este idioma, ¿verdad? Allí pagaban bien y era lo que yo sabía hacer... Eso creía..., fue muy duro. Tuve que volver a recurrir a mi tío para que me permitiera sacarme el pasaporte. ¡Imagínate! Tener que agachar la cabeza después de que me había expulsado de su casa. ¡Qué tiempos! La mujer no existía sin un hombre. La que me dio una pena terrible fue mi tía. Ajada y achantada, se la notaban los estragos que la edad y ese hombre hacían en ella. Y ni siquiera había transcurrido tanto tiempo. Fue la última vez que los visité. Cuando regresé a España, habían fallecido intoxicados en un accidente por la estufa de gas. Fue extraño no sentir ni siquiera pena por mi tía, después de que se ocupara tanto tiempo de nosotros. Por fin, fue cerrar la etapa tras ser expulsada de su casa. Hacia ellos se estancaron los sentimientos en un ataúd para no salir jamás.

Te estarás preguntando por mi hijo y por Alberto, mi hermano. Alberto se hizo cura. En esa época, todos los colegios eran religiosos y de un solo sexo. Él no tenía un pelo de tonto y destacaba en los estudios. Los curas lo ampararon, lo sedujeron y convencieron de su vocación divina. Y se mantuvo alejado de mí como mujer maldita. Mi hijo..., esa es la parte más triste de la historia. Sufrí tanto y, por otro lado, no me quedaba más remedio. ¿Cómo iba a llevarme a otro país donde no sabía hablar el idioma a una criatura indefensa que día a día se notaba que era subnormal? Sí, hijita. Subnormal, no minusválido como decís ahora. Entonces no había palabras blandas para nombrar las atrocidades. Lo interné en un colegio para niños de este tipo. Todavía recuerdo su carita al dejarle allí. Con la ropita que me dieron las monjas, una pequeña maleta con dos abrigos usados, diez pijamas, alguno raído, y tres pares de botas de tamaños diferentes para cuando fuera creciendo. Tres jerseicitos encogidos y varios pantalones de pana. Ni siquiera lloró al depositarlo en brazos de la maestra que lo recibió. No sé qué pasaría por las noches al no dormir en mi regazo. Mis primeras noches sin él fueron de insomnio. Tenía conciencia de mala madre, de fracaso. Me duró poco, no por nada, sino porque me metí en la hecatombe del viaje, la adaptación a otro país con otra lengua, la animadversión del tiempo, con ese frío que te taladraba los huesos y el cerebro, la ausencia de sol, el trabajo… Un sin parar y un sinvivir. Tenía una pena dentro que si no hubiera sido por las otras chicas que habían emigrado conmigo, me hubiera suicidado. Con el tiempo, creamos un grupo lindo y los domingos, único día en el que se descansaba, lo pasábamos la mar de bien.

Y así varios años, niña. Cada dos o tres regresaba para ver a mi niño. Era desolador. No avanzaba apenas y…, ¿cómo explicártelo?, cada vez más feo. En su cara no aparecía la luz de la inteligencia. Los dientes y la mandíbula, deformados; las manos y los pies metidos hacia dentro; su tórax, muy estrecho, como si no le cupieran el corazón y los pulmones. Un invierno, el once de febrero de mil novecientos sesenta y seis, me mandaron un telegrama comunicándome que estaba muy grave con una pulmonía. Regresé a España en un viaje en tren de más de veinticuatro horas de duración. La parada en la frontera de Francia, donde había que cambiar las ruedas del tren porque nuestros raíles eran más anchos, se me hizo infinita. Mi corazón se encogía imaginándolo ahogarse, sudando de la fiebre… Había fallecido una hora antes de llegar yo al hospital. Ni una lágrima me salió. Di la imagen de una madre desnaturalizada. No me importó, nadie me conocía. Mi hermano Alberto ofició el sepelio. Doña Charo, que no sé cómo se enteró, me acompañó en la ceremonia con todos sus niños, que eran ocho. Se lo agradecí infinito. Sentí que era la única familia real que había tenido en la vida.

Y el resto fue más fácil. No coser y cantar, pero una se habitúa a todo. Pasé quince años en Alemania. Tuve varios novios, pero no quise casarme. Ningún hombre consiguió que me enamorara de él en profundidad. Me había desgastado para el amor antes de tiempo. Allí hice una formación profesional, oficial en costura, y al venir a España puse una pequeña tienda con mis diseños. Tuvo cierto éxito los primeros años. Para entonces, a las que veníamos de fuera, Alemania, Francia o Suiza, nos tildaban de modernas y feministas. Y, como no, los hombres nos deseaban pensando que éramos liberales y facilonas, y las mujeres nos odiaban, pensando el riesgo que corrían sus parejas en nuestra presencia. Con estos influjos, mis diseños tenían un corte de modernidad que se hicieron exitosos. Todo lo hacía yo…, pero duró lo que duró. Me quedó una pequeña renta y de eso he vivido. Ahora, rumbo al cementerio, no debe quedarme mucho, podría decir a estas alturas, y aquí estoy, en tus manos…

BUZÓN DE VOZ

Solo el que sabe es libre
y más libre, el que más sabe.

Gregorio Marañón

El salón de la casa de té se encuentra vacío a esas horas. Sus dueños, inmersos en tareas propias de la profesión, verdaderamente hacendosos, no regresarán hasta que la hora del café haya discurrido, la del té, la de la merienda y la de la cena europea. Cuando lleguen, será la *night* inglesa, la *nuit* francesa o la *Nacht* alemana... Muy cerca o en el instante de reposar los cuerpos sobre una cama con muelles ensacados y una almohada de viscoelástica, que se adapte al sueño informe, rememorando la postura favorita. El presente de una noche de descanso enturbiado por las comidas copiosas o grasientas de ese país momentáneo de acogida.

El móvil de Bárbara Coltman reposa en el bolsillo interior izquierdo de su bandolera imitación de Gucci, comprada en el mercadillo de Majadahonda, que a su vez yace en una taquilla bajo llave del pasillo central, abocada en el *lobby* del hotel donde desempeña su labor de sol a sol.

BUZÓN DE VOZ

—Buenos días. Este es el servicio de citas de salud. Le llamo para confirmarle su cita. Si su cita es con el médico de familia, marque usted 1 o diga médico. Si su cita es con la enfermera, marque usted 2 o diga enfermera. Si su cita es con el especialista, marque usted 3 o diga especialista. Si su cita es para otro servicio, marque usted 4 o diga otros.

—...

—Disculpe, no le he entendido bien. Llamo para confirmarle su cita. Si su cita es con el médico de familia, marque usted 1 o diga médico. Si su cita es con la enfermera, marque usted 2 o diga enfermera. Si su cita es con el especialista, marque usted 3 o diga especialista. Si su cita es para otro servicio, marque usted 4 o diga otros.

—Este es el buzón de...

—Disculpe, no le he entendido bien. Llamo para confirmarle su cita. Si su cita es con el médico de familia, marque usted 1 o diga médico. Si su cita es con la enfermera, marque usted 2 o diga enfermera. Si su cita es con el especialista, marque usted 3 o diga especialista. Si su cita es para otro servicio, marque usted 4 o diga otros.

—Este es el buzón de voz de Bárbara...

—Disculpe, no le he entendido bien. Necesitamos su fecha de nacimiento para identificarle.

—Le atiende el contestador del 638 884 236.

—Confirme si la fecha es correcta: 6 de marzo del 36.

—... Deje un mensaje...

—Disculpe no figura ningún paciente con esa fecha de nacimiento. Espere unos instantes. Le pasamos con el centro de salud.

LA NENA

El mejor médico del mundo es el veterinario: él no puede preguntar a sus pacientes qué les pasa. Simplemente, lo tiene que saber.

Will Rogers

—¿María Luisa Toboso Hernández?

—Sí, soy yo.

—Pase. Perdone, que no la conozco. Soy la suplente de la Dra. Castellano. Cuénteme, ¿para qué venía?

—Ay, hijita, cómo se nota que eres nueva. La doctora mira ahí —señalando el ordenador— y lo sabe inmediatamente. Si se fijara, vería que vengo al resultado de unos análisis. ¿Cómo estoy?

—Un segundo…, a ver…

—… No me dirá que estoy mal…, que no quiero darle la razón a mi hijo que dice que me ve muy despistada…, ¿a qué estoy estupenda?

—Pues verá…, aquí hay una pequeña alteración…

—¿Qué pequeña alteración? Lo que sea es de la edad, ¿no cree usted eso, cariño? Es que las jóvenes pensáis que tiene que estar todo perfecto.

—Como le venía diciendo, su hígado no está del todo bien, las transaminasas están elevadas.

—¿Y cómo van a estar elevadas? Seguro que se confunde.

—Podemos repetir…, pero de todas maneras le voy a pedir una ecografía del hígado, esa prueba que se les hace a las embarazadas, que es inocua.

—¡Niña! ¿No pensará que estoy embarazada? ¡A mis años!

—No, no, no quería decir eso…, me refiero a que es una prueba no dolorosa y miramos mejor qué le pasa…

—Creo que esperaré a la Dra. Castellano, a ver si me recomienda lo mismo que usted. (Vaya pérdida de tiempo, si ya lo decía yo. Estas jóvenes se comen el mundo pero no tienen ni idea…).

LA NENA

—Me estás enfadando. Ya no eres tan cría como para andar con estas ton-terías, sin hacerme ni caso y buscándote por todas partes. Chechu dice que te debería educar mejor y ser más estricta. Creo que le voy a tener que dar la razón. Pero por ser tan estricta mira cómo me fue con mi exmarido. No me gusta la gente demasiado, ¿cómo te diría yo?, rigurosa. Sí, ya sé que me gusta la puntualidad, el orden, que no soporto las cosas fuera de su sitio. A propósito, ¿dónde estás?

—…

—De primero pondré estos calabacines rellenos de carne. Chechu se desvive por ellos. La verdad es que no me quedan nada mal. De segundo, creo que saldré a comprar unas rodajitas de merluza. Paquiño siempre las tiene muy buenas y suele reservarme un par de ellas para que las congele. Esta vez, directas al plato. Por cierto, si quieres puedes acompañarme.

—…

—Mira que me extraña que no quieras salir. A ti te pasa algo, que te conozco muy bien. Echaré un vistazo a la nevera y a la despensa. Puedo traerme media docena de huevos y más azúcar, que me queda escasa, y hacer un flan de esos de chuparse los dedos. Espero que no me traiga a esa lagarta. Con eso de que quiere conservar la línea, tiramos media cena a la basura. No sé cómo le puede gustar ese palo seco. ¡Si no hay por dónde agarrarla! El gancho está en que se dejan hacer lo que ellos quieren cuando les place. ¡Menuda pelandusca! Como la que se llevó a mi marido. Claro, que no parecía que era la primera. Y yo, a dos velas. Buena, sí, como me educó mi madre, pero tonta. Sí, hija, aunque no te veo, sé que me miras como otras veces, que un poco de envidia ya me dan. ¡Anda que no disfrutan! Y después, que te quiten lo *bailao*. Sí, corazón, ya me ves aquí. Con ganas y con miedo. Que no me atrevo. ¡Que no me mires así! Ya sabes de mis secretos. Cuando me ves así de tonta, es que me entran unas ganas… Ya, pero no soy como mi amiga aquella, la disponible, ya te lo he contado alguna vez, la del marido que siempre tenía ganas. Yo, no, hasta eso no llego. ¡No me mires así! Sí, es ese mi secreto inconfesable. Aunque, ¿sabes?, creo que Chechu lo sospecha. Alguna vez me ha preguntado a quién hemos invitado que la botella de güisqui ha bajado tanto y la de cervezas que nos hemos bebido. Pero no es tanto, nadie me ha visto nunca borracha. Así no me siento tan triste y es incluso hasta divertido. ¡Mujer, que no me mires así!

¡Ringg, ringg...!

—Sí, ¿dígame?

—...

—Chechu, ¿eres tú? Te oigo muy mal. ¿A qué hora vienes? Es una pena que vengas solo como me dijiste. Ya verás qué merlucita te preparo.

—...

—¿Qué no puedes venir? Si ahora mismo iba a bajar con la perra a comprar las cosas que me faltan.

—...

—No te preocupes cariño, otro día será. Un beso.

—¿Ves? Para que luego me digas. Aunque no te guste, voy a dar un traguito bien largo y luego nos damos un paseo para que puedas mear.

—¡Guau! —aprobó la nena agitando el rabo.

LA LISTA

En cada acto médico debe estar presente el respeto por el paciente y los conceptos éticos y morales; entonces, la ciencia y la conciencia estarán siempre del mismo lado, del lado de la humanidad.

René Gerónimo Favaloro

—Buenas tardes, soy la doctora Arnaiz Machado. Me llamo Mabel. Me han llamado para pasar la consulta de la Dra. Arranz. ¿Puede indicarme dónde está la consulta y darme de alta en el sistema informático?

—Buenas tardes —respuesta seca de la secretaria de turno—. Tu sala es la número tres. Procura empezar cuanto antes, este es un mes muy malo. Solo estáis tres de cinco doctores. Hay pocos suplentes. Toma —añade en un gesto casi condescendiente entregándole un folio impreso con los nombres de los pacientes—. Esta es tu lista para hoy.

Cincuenta y dos pacientes. Uno cada seis minutos. Un hueco de diez minutos a media tarde para un posible café y una visita al servicio. Más tres huecos reservados a última hora para posibles visitas domiciliarias, si surgieran.

LA LISTA

1. Paola Carreño
2. Pamela Rojas
3. Héctor García Perea
4. Esteban Colbert
5. Juan Carlos Abachian
6. Ana Catalina Abad de Perucca
7. Dominga Abadía Crespo
8. Graciela Mellibovsky Saidler
9. Helvio Alcides Mellino
10. Jorge Omar Méndez Trejo
11. Felicidad Abadía Crespo
12. María Leonor Abinet
13. José Ismael Acevedo
14. María Eliana Acosta Velasco de Badell
15. Elba Eva Acuña de Sáez
16. Marta Graciela Acuña
17. Rolando Elías Adem
18. Claudio César Adur
19. Nelson Roberto Agorio
20. Tomás Rodolfo Agüero Ríos
21. Ana Teresa del Valle Aguilar
22. José Aguilar Bracesco
23. Claudio Reyes Ahumada
24. Alejandro Fabián Aibar
25. Ángela María Aieta de Gullo
26. Liliana Ester Aimeta

27. Cherif Omar Ainie Rojas
28. María Concepción Aiub
29. Leticia Akselman
30. Roberto Omar Albornoz
31. José Antonio Alcaraz González
32. Domingo Alconada Moreira
33. Jorge Eduardo Alday Lazcoz
34. Segundo Sixto Alderete
35. Fernando Antonio Alduvino Bolzan
36. José David Aleksoski
37. Alberto Cayetano Alfaro
38. Alicia Elena Alfonsín
39. Carlos Alberto Almada Villalba
40. Víctor Manuel Taboada
41. Gaby Taborga Carvajal de Leyes
42. Manuel Ascencio Tajan
43. Juan Takara Higa
44. Elvio Alberto Almada
45. Ricardo Avelino Almaraz
46. Óscar Arturo Udabe
47. Mirta Alonso de Hueravilo
48. Nora Beatriz Mardikiand de Cabello
49. Lucio Bernardo Altamirano
50. Dominga Álvarez de Scurta
51. Federico Eduardo Álvarez Rojas
52. Atilio Cesar Martínez Lagrava[4]

---

4. La lista es una selección arbitraria de desaparecidos en Argentina en honor a las Madres de la Plaza de Mayo a las que observé en su ronda en noviembre 2013 http://www.desaparecidos.org/arg/victimas/nombres.html#v

La angustia de la lista. Esa lista de caras desconocidas con problemas arbitrarios. ¿Cómo enfrentar este miedo indescriptible que me corrompe el día a día, que me bloquea el pensamiento? ¿Cómo atravesar ese puente de la sabiduría al tratamiento? Se me hace un nudo que ata el corazón y cierra el estómago. Me recorre una inquietud fundamentada… ¿Encontraré la mesura entre el conocimiento y el problema del paciente? Me desasosiega no atinar con el diagnóstico adecuado. Me atosiga la desazón de cometer un error irremediable, el espanto de matar a una persona o retrasar un diagnóstico por falta de pericia.

Esa lista innumerable que es un vacío sin sentido hasta que sales a la puerta, mencionas el nombre y los apellidos y se pone cara, forma y cuerpo de un desconocido que se acerca. Se acerca volcando sus esperanzas en mí, o disgustado por no ser el médico habitual, o indignado por el cambio o el retraso. Hasta que escucho la voz… Cuando escucho la voz, sé si está más o menos asustado que yo. Nos tocamos con las palabras y tengo la certeza de si esos próximos seis minutos apresurados pueden ir o no por buen camino.

Aun así, siempre está la zozobra de lo ignoto. ¿Será un catarro o una neumonía? ¿Esta diarrea un poco larga será un cáncer o simplemente un empacho? ¿Pierde peso por una depresión o hay un tumor detrás? ¿Me preguntarán que si sé la evolución? Que aconseje lo mejor para su padre o su hija. Querrán saber que haría yo si estuviera en su circunstancia. Y yo ¿qué sé?

¿Sabré analizar el enigma ese caballero? ¿De esa señora? ¿De aquel joven?

La lista…, cincuenta y dos…, y alguno más que caiga o que se levante. La sombra del miedo me persigue y se proyecta en cada nombre que nombro… Ese temor impreciso, como una garra que traspasa… La mujer que va a parir…, la abuela a punto de morir…, el empresario del infarto que requiere el alta laboral…, la niña que a escondidas quiere abortar…, el moribundo que sin saberlo lo sabe…, las toses, las fiebres, las diarreas, las congestiones, los lumbagos, las ciáticas, las contracturas, la tensión, que si alta, que si baja, el azúcar, que más de lo mismo…, los dolores, nunca aliviados, la soledad en la consulta.

La lista…, nombres vacíos que contienen vidas… No las tiremos al desierto ni al profundo esencial, no decapitemos sus iniciales como fríos funcionarios al otro lado de una ventanilla, ni atentemos contra su vida y su honor.

Quiero hoy, ante esta lista, desgarrar mi pánico, aceptar la imprecisión de la ciencia, lo imprescindible de la vida, usar las palabras para cruzar fronteras y construir muros en los que pertrecharme. Quiero hoy, ante esta lista, sujetar mi alma para no olvidar al ser humano que tengo enfrente. Quiero hoy, ante esta lista, combinar ciencia y humanidad, ser una buena profesional, una médica en definitiva y vencer mi desasosiego.

FRENTE AL PAPEL

Todo el interés en las enfermedades
y la muerte es solo otra expresión del interés por la vida.

Thomas Mann

—No, doctor. No quiero dejar de fumar. Para mí es un placer inestimable. Es lo mejor que me ocurre al principio del día. No hago más que levantarme y sé que me está esperando ahí, sobre la mesilla. Mi paquete azul de toda la vida. Su hoja morena picada y prensada. Es lo primero que hago cada mañana. Enciendo uno y le doy una calada profunda. Con eso estoy listo para comenzar el día. Puedo enfrentar lo que me venga. Lo que me cuenta del colesterol, puedo intentarlo. Esa dieta que me propone es complicada pues a mediodía almuerzo en el colegio donde doy clase. Es lo que hay, algo estándar para todos. A lo mejor, si me da una prescripción pueden hacerme algo, pero en realidad, no me gusta llamar la atención ni diferenciarme del resto. Como director del centro, debo dar ejemplo. La gente puede pensar que recibo algo mejor que alumnos y resto de personal. Me tomaré las pastillas, que eso apenas cuesta. De todas maneras, doctor, estará contento. La tensión se ha controlado, pese a todos los problemas que ahora mismo tengo encima, y he perdido un par de kilos...

FRENTE AL PAPEL

Y de nuevo frente al papel, ese rollo de papel que sacan, con ese trazado que cuando aparece es como el aviso de la muerte, como un lenguaje imposible de descifrar. Tuvo un aviso hace un año, cuando fuimos al centro de salud, y dijeron que no era nada, pero nos fuimos con un buen susto. Quedó ahí, en susto, que no hizo nada por cambiar. No se quiso hacer más pruebas.

No puedo evitar pensar que la culpa de que él esté aquí sea mía. Ya se lo advertí: cuarenta cigarrillos al día y tanto trabajo no pueden ser buenos para nadie. A pesar de todo, creo que no ha sido solo eso. Hace dos semanas que le amenacé con marcharme. En realidad, como otras tantas veces. Lo cierto es que, hasta ahora, nunca lo había dicho tan en serio. Pero, ¿quién iba a pensar lo que ocurriría? Diez años juntos y estropearlo de esta manera. De esta manera que puede ser irreversible. ¿Y si no mejora? ¿Y si se muere? ¿Y si la pena le impide curarse? Aunque sigo pensando que tengo razón. No puede salirse siempre con la suya. Es que me saca de quicio.

Ahí está. No me dejan verlo. Quisiera susurrarle que le quiero, que aquí estoy, que no me he marchado. A saber si sale de esta. Los médicos dicen que está muy mal. Dicen que el infarto ha sido muy extenso. Además, con eso de que al principio se le pasó el dolor, llegó muy tarde al hospital. Y yo pensando que era cuento, que era una artimaña para que no le dejara, para retrasar lo que pensaba como inevitable.

¿Cómo me iba a imaginar que terminaría así? Me duele verlo. Apenas se le divisa a través de los cristales. No aprecio su rostro. ¿Sufre? Tanto tubo y tanto cable. El vip-vip me tranquiliza. Si pudiera hablarle… Decirle, decirle que aquí sigo, que las plantas crecen frondosas en casa y no se marchitan, que Antera come pescado todos los días y que ha roto el jersey de cuello alto que me había regalado, que Chueca sigue con la misma vida y que el barrio está esperándole, que en el bar de Paco le aguardan para el vermú de todos los martes por la tarde… Parece que se rebulle en la cama. No creo que haya sido una falsa impresión…, si me viera.

Tengo ganas de que pase a la habitación, de que esté consciente. Tendríamos horas para hablar.

Lo malo es que venga su madre. En ese caso, no estaría yo aquí. ¿Entreabre los ojos? No se ve. Este reloj no avanza. Las horas no corren. La eternidad debe ser un aburrimiento. A la mierda, ya me he hecho daño comiéndome esta uña. Él lo odia. No puedo evitar hacerlo en este estado de nerviosismo. Es un defecto de mi *infancia y no consigo superarlo. Siempre me dice: "Cariño, aguántate". ¿Cuándo sabrá que sigo con él?*

Ese vip-vip no es tan uniforme como debiera. ¿Aviso a un médico? Se regula. Es un sonido que me recuerda al gong que marcaba la vida en la India. Aquel viaje que hicimos. Sin prisas, sin fronteras de trabajo. Esos tiempos sin limitaciones no volverán. La vida te va poniendo cercos. O es la salud, o es el horario, o los compromisos, o los prejuicios de otros. Eran felices aquellos momentos en los que nos poníamos el mundo por montera. Cada uno con sus propias aventuras que daban pie a eternas noches de relatos. Y sin conflictos.

El vip-vip vuelve a ser irregular. Carajo con las endemoniadas enfermeras. ¡Ah!, una viene y toca todos los botones. Debe ir todo bien, no avisa a ningún médico. Me toca irme. Estos capullos no me dejan quedarme más, aunque bien a gusto que lo haría, sujetándole la mano, haciéndole ver que estoy aquí.

La pluma yacía despuntada y abierta encima de la mesa. El papel, como signo de alguien que se hubiera rasgado las vestiduras, aparecía cruzado de esquina a esquina con un fuerte y firme rasgo que se perdía en el margen.

Antonio miraba por la ventana con el ceño fruncido. Sus espesas cejas fingían ser un único trazado. Divisaba el patio del colegio, ausente de alumnos en esa hora. En la cancha de baloncesto, una pelota rodaba movida por una extraña fuerza. Sus manos, crispadas, se apoyaron firmemente sobre los vidrios de la cristalera hasta conseguir que vibraran. Giró sobre sí mismo y se abalanzó sobre la cajetilla de Ducados. Con un movimiento nervioso y mecánico, sacó un cigarrillo que prendió con el Zippo, como si quisiera quemar su furia. En todos los años de su vida profesional nunca se había visto en semejante situación. Así rezaba la reclamación:

"Estimado señor Robles:

Ante los hechos relatados por algunos de los alumnos de las clases de secundaria, cuyos nombres no incluyo para evitar represalias, la junta de padres ha decidido presentar una denuncia formal, a menos que se proceda a la expulsión del personal implicado, del cual usted ya tiene referencia.

Sin otro particular,

Jesús Ramírez Pozas

Presidente de la Junta de Padres (JuPaMa)".

Antonio la releyó por enésima vez. Tomó la pluma, que no escribía, y volvió a enfrentarla con el papel. Con el mismo resultado.

No, no y mil veces no. Yace que parece muerto. Las noticias no son nada hala-güeñas. El paro cardiaco de esta noche podía haber sido el final. El stent ese o lo que le hayan puesto no ha ido todo lo bien que debiera. Me pregunto si aguantará una nueva operación. ¡Ay, Dios mío! Si no sabe que sigo con él.

Es una desesperación. No puedo seguir así. Apenas puedo mirarme al espejo y no me reconozco. Los ojos..., estos ojos que tantas veces me había dicho que le gustaban..., si los viera... Llanto, llanto y más llanto. ¿Cómo se pueden fabricar tantas lágrimas? Si los pintara de rojo, no estarían más encarnados que ahora. ¿Lloro por él o por mí? Tanto que nos hemos peleado. ¿Cómo mirar al mundo si falta él? ¿Soñar amores sin poderlo tocar? Dicen que los reñidos son los más que-ridos, y será verdad.

Son las cinco. ¡Las cinco! Ni acordarme de probar bocado. Como ayer y anteayer. La ropa me queda holgada. ¿Tendré aspecto famélico? No me gustaría que me viera así. Dicen que el paro de ayer no le ha afectado al cerebro. Pero de estas cosas seguro que se sale tocado. Iré a comer algo.

Consumió el vigésimo quinto cigarrillo de la jornada y no eran más que las diez. Pronto comenzaba la clase de geografía. La India, país visitado en dos oca-siones, era el tema a tratar. Los chavales apenas prestaban atención al devenir del mundo. Los paisajes y culturas amorosamente preparados en *PowerPoint* para la clase no aportaban la instrucción deseada. "Si los atlas llevaran tetas, otro gallo cantaría", pensó. "Cincuenta minutos de contención".

La clase le recibió con un silbido. Antonio, don Antonio, haciendo caso omi-so, abrió su maletín, instaló el pendrive, acordándose de los carros de filminas, y disertó sin el entusiasmo habitual. No lograba infundir emoción a los pupilos a excepción, quizá, de Daniel. La pluma no remarcó los alumnos ausentes como había sido su costumbre hasta ahora. Alguno más de lo habitual. Le hacía falta un cigarro.

"Examen de Asia en doce días. Habrá que reconocer los monumentos princi-pales y los rasgos definitorios de las diversas culturas", notificó el profesor. Protesta uniforme del alumnado.

Antonio salió raudo del aula con intención de aislarse en el despacho. Su ceño, en ceja única, denostaba preocupación. Aurelio le detuvo. Esperaba que las habladurías fueran falsas. Habría que organizar algún escarnio para el escar-miento de los alumnos. No debían permitir que las falsas calumnias que circulaban arruinaran el buen nombre del centro. El nudo de la corbata presionaba la nuez del director. La recia mano de Antonio lo aflojó a la vez que carraspeaba. "Sí, tomaremos severas medidas para paliar este grave incidente. El tema es tan delicado que puede suponer expulsiones. Informaré debidamente a todo el personal. Por ahora, Aurelio, estate como una tumba". La llave del despacho tintineó con sonido de libertad. La ventana condensaba el frío aire invernal. Aquella habitación siempre había sido fría. El paquete, con sus franjas azules y blancas, aportaba un toque de color al austero decorado. El Zippo no lanzaba su característica llamarada. Poca gasolina.

Difícil situación. El colegio no pasaba por su mejor momento económico y los docentes reclamaban incrementos de sueldo que no podían afrontar. Alguno de los mejores profesores de cursos superiores se había marchado. La disminución de la natalidad y la competencia emergente afectaba al número de ingresos. Si el escándalo se difundía, supondría el cataclismo de la institución. ¿Dónde quedaban aquellos ideales del grupo fundador? Esos ideales en los que trabajaban por la no discriminación de ningún grupo social, ni emigrantes, ni homosexuales, ni raza ni religión: un mundo en paz. Aspiró con tanta fuerza que el cigarrillo, en una calada, quedó reducido a la mitad.

¿Cómo has podido hacerme esto? En el fondo, no es más que una de tantas. Sí, guardo esa carta porque es el exponente máximo de tus traiciones. Es testigo de que lo que digo no lo invento. ¿Confiar? ¿Fidelidad? Y regreso. Me negaste que la guardaras, que fuera casualidad que estuviera en el fondo del último cajón de tu mesilla de noche, que no eres culpable de ser amado. Y se supone que yo, ¡YO!, era cómplice o ¿qué?, ¿mudo testigo? ¿Por qué te digo todo esto cuando, como siempre, decido volver y más en esta ocasión en la que realmente te has quedado solo? Solo, sin tu prestigio, sin esa preponderancia que te lleva al fin del mundo, a ese mundo al que ocultas tus más íntimas facetas que conocemos muy pocos. La carta de esa mujer fue el mayor revulsivo de mi vida. La releo y, si no estuvieras ahí, postrado, incapaz de envolverme en papel de palabras, me iría en este instante. Esa mujer enamorada sabe de ti, la tienes cautivada. Vomito al pensar en ese beneplácito que desvirtúa la realidad.

¿Sabes qué es lo peor, lo que me subleva, lo que me lleva a odiarte y a odiarla? Revela mi mezquindad y miseria. La renuncia de ella a ti es un triunfo sobre mí. ¿Crees que no me he dado cuenta de cómo la miras? Joder y encima dice soy inocente, casi en la niñez... Joder, hasta me jode que no hayas jodido con ella. No, no creo que lo hayas hecho. Este es mi triunfo sobre ella.

Tu respiración se ha vuelto agitada. ¿Existe realmente esa transmisión de pensamientos en la que tanto insistías? Perdona que te perturbe de esta manera. Pensamientos positivos. Eso es lo que necesitas.

Firmó el acta de la reunión. El suceso no había traspasado a los medios. Los padres preferían preservar la intimidad de sus descendientes. El ala se abatía protectora sobre los polluelos. La denuncia a la policía había podido evitarse. En realidad, no había pruebas, maledicencias de muchachos que se jugaban las calabazas de junio. Los términos de la negociación habían sido draconianos. Expulsión de dos profesores con acuerdo legal y finiquito que se llevaba el presupuesto destinado a obras de mejora de las instalaciones y traslado de expediente de un alumno a la escuela pública al siguiente trimestre, con todas las asignaturas aprobadas hasta la fecha. La nueva pluma no tembló en la firma.

Te juro que no te he abandonado. Las veinticuatro horas que no he aparecido por aquí son justificadas. Tu madre no ha parado de entrar y salir. Sabes que no puede ni verme por nuestra condición. Ella piensa que te vas a morir. La marrana, que en su vida se ha ocupado de ti, quiere llevarse un tajo.

¿Verdad que tengo mejor aspecto? Dormir un día... Tú te ves algo más recuperado. Dicen que estás sedado. La idea que tenía es que, después de estas operaciones, uno sale al poco andando del hospital. Tú marcas siempre una diferencia. Se me olvidaba. Te recuperarás. El paro no te ha afectado. ¿Qué dejó de funcionar? El corazón y no bombea. El cerebro y no razonas. El intestino, el verdadero seso, y no enterneces. De verdad que este reloj no marca las horas. Qué largo se me hace.

Las tres horas de sueño no habían sido suficientes. El incesante despertar le había desencadenado resaca de tabaco. Las seis y veintitrés de la mañana. Viernes. Unas horas más y la pesadilla quedaría resuelta. Al Juzgado de lo Laboral y solucionado. El tema quedaba satisfactoriamente cancelado para todas las partes.

La he visto. ¿Cabe tanta desfachatez? Me ha preguntado por tu salud. Su carta está en mi poder. Quisiera llamarla falsa pero no es la realidad. He decidido volver contigo, para lo bueno y para lo malo, y esta obsesión por una historia que no ha sido debe desaparecer. ¿Por qué será que las historias de mujeres me vuelven más loco que cualquier otra aventura? Tu mirada es lo que me obstruye. ¿Serás capaz de ese fino escrutinio como antes, revelando un último antojo? ¿La deseaste? Esta historia me obceca como ninguna de las anteriores. Lo que te ha pasado es por culpa de que me marchara sin razón alguna. ¿Pero no es razón real, incluso peor que el adulterio, esa complicidad que advierto cuando reís juntos?

El cenicero de la mesilla de noche rebosaba colillas apuradas en extremo. La última calada le había privado instantáneamente de respiración. Una falsa alarma, una flemilla atascada. No, un puño le atenazaba las entrañas y más. Subía agarrotándole la mandíbula. Sordo, sordo, sordo, sin parar. Marcó el 061. Sudaba.

Las yemas de los dedos apuntaban frialdad de muerte. El meñique de la mano izquierda repuntaba la tenaza del pecho.

Lloro y lloro y lloro. Pena y rabia. Rabia y pena. Me consume que no sepas que estoy. Me aniquila no verte mejorar. ¿Fue tuya la culpa o fue mía? Repaso nuestra trayectoria en común. La construcción de un futuro que se atraviesa como no lo imaginamos. Tanto error. No tiene objeto disculparme. ¿Deberías hacerlo tú? No te reprocharé nada más. No es el momento. ¡Qué solo te has quedado! Ni tu madre te tolera como eres, tus alumnos han renegado de ti, los profesores... Aurelio en especial, tan amigo tuyo que decía ser, al saber la verdad de tus preferencias... ¿Ves la muerte?

Romperé con el pasado que destruye nuestra relación. Voy a quemar la carta que te sustraje. Será el símbolo y el signo para que te reencarnes en ti mismo y vuelvas. La vida es una pesadilla. ¿Cómo es posible que, en este siglo de ciencia donde se clonan ovejas y se opera a distancia, no puedan sacarte adelante? ¿Quién ha cometido el error? ¿No pueden trasplantarte un corazón?

El teléfono descolgado con pitido incesante. El cigarro había prendido la sábana y la colcha. El cuerpo, inerte, yacía empapado en sudor encima de la cama en extraño escorzo. La actividad no cesaba porque existía vida. Se organizó el traslado al hospital.

Antonio. Sé que vas a mejorar. La incineración de la carta fue espléndida. Reiniciaremos una vida nueva. Se quemaron primero esas frases: "Los niños plantaban tomates en las terrazas de tu jardín. Esa cosecha que esperas no sé si tendrá sus frutos". Lagarta, lagarta. "En mi mente veía a tu pareja muy cerca de la infancia". Ajj, se refería a mí, a mí. Y siguieron consumiéndose esas palabras que recuerdo de memoria: "Te vi sofocado con el calor de julio... Nos miramos sabiendo los dos que nuestro amor era aceptado en el silencio. Sellamos nuestro pacto con un beso. La única caricia no perdida. ¿Quién recogerá esas caricias que ruedan por el mundo entre tanto desengaño?" Cerda, y ese beso. Cómo me alegro de haber hecho arder esta basura. Antonio, que no retumben estas letras en tu interior. "...Nuestras caricias crecen, no se pierden por mantenerse en deseo. Seguías sudoroso". No me extraña, en semejantes circunstancias. Maldita víbora. "Antonio, sentí desgarrárseme el vientre al comprender lo absoluto del amor en la inmundicia del mundo". Brr..., caricias, ¿qué? Que casi las pierdo yo. Con todas las que has regalado a otros, a muchos de esos chicos que todos los días te tocaban, y lo he pasado por alto. No me extraña que tras todo esto tu salud no estuviera inspirada. ¿Dónde nos lleva la pasión? Y encima aparezco en escena y me nombra. ¡Como si fuera un cualquiera y no tu amante! "Nacho dejó el juego con los chavales para servirles Coca-Cola. Jugó con nosotros a saber que no sabía, porque intuyó nuestra ternura. Él..., parece tan inocente." Y yo..., que quiero..., quería..., ser eternamente tuyo, como te prometí en la Ibiza...

DON ANTONIO ROBLES BARRAL
FALLECIÓ EN MADRID
EL DÍA 26 DE NOVIEMBRE DE 2014

**Sus familiares, amigos y colaboradores ruegan
una oración por su alma.**

**El entierro tendrá lugar el 28 de noviembre de 2014,
a las once treinta horas en el cementerio de Vicálvaro.**

EL ROBO

Un médico es la conjunción de un guardapolvo,
un estetoscopio y una jerga.

Adolfo Bioy Casares

—¡Doctora! ¡Doctora! Me he apuntado sin cita. ¡Es imprescindible que me vea hoy! Me ha pasado algo terrible. No sé si me estoy volviendo loca.

La chica irrumpe en la consulta antes de que la puerta se cierre, tras el paso del paciente nombrado.

—Tranquila, Mila. Siéntate, relájate y te atiendo en cuanto tenga un hueco —la doctora conoce los sube y bajas de la personalidad de la joven, pero nunca había acudido con la ansiedad pintada en el rostro y esa hiperventilación manifiesta.

—¡Me han robado! ¡Me han robado, doctora! ¡No sé cómo explicárselo! ¡A mí misma! Un espanto…, creo que sé quién es, es un ataque diario, pero no puedo demostrarlo. No puedo dormir, estoy atacada, ¡destrozada! En el trabajo me van a echar. He gritado dos veces a los clientes y ayer me faltó dinero en la caja. ¡No puedo más! ¡Tiene que ayudarme!

Mila, veintitrés años, rubia teñida, corte asimétrico, boca de pera en dulce, escote algo más de lo debido, muy sexy, se encontraba sentada en la consulta, con los *jeans* mal abrochados, la camiseta sucia reciclada de cualquier día, el cabello enredado y el rímel corrido.

EL ROBO

Creé ese perfil de Facebook pensando que era lo mejor que podía hacer. Cansada de mí, la misma ante el espejo, harta de verme. Primero, me corté el pelo. ¿Para qué seguir con la misma melena que mi madre me recogía en coletas cuando era chica? Es que no puedo con ella…, todo el día deprimida…, lo que le gusta es que la contemplemos. Siempre enferma, y lo que tiene es cuento. Así nos explota. Pues eso, que me corté el pelo y me la montó. ¿Pues no es mío? Pero claro, ella opina que no, que tiene un derecho sobre mi persona por el vulgar hecho de haberme parido. ¿No hay que joderse? Una vez cortado, tiré cabello a cabello por cada desagüe de la casa. A ver si se atrancaban, como tengo yo atascado el fastidio de este día a día sin un puto duro. Y me lo echa en cara cada día. Lo cara que le he salido. ¡Que se lo hubiera pensado antes de traerme al mundo!

Me miro y no me conozco. Corto tan corto que no puedo agarrarlo con los dedos y este tinte negro que me lo deja de punta. Las cejas han quedado de puta madre, teñidas del mismo color. Se me ha puesto una cara…, con esto me como el mundo. El pavo ese no vuelve a darme plantón. ¡Se va a enterar!

Tía, subí las fotos que me hice con la *Gopro*. ¡Cómo me lo pasé! Extendiendo el brazo con la cámara al filo del palo y tan alejado que ni veía lo que sacaba. ¡Y con esas poses que aprendí del reportaje de modelos! La cara no me salía guapa. ¡Para reírse hasta que se te caiga la mandíbula! Pero el culo, mi culo, de cine. ¡Hasta me sorprendió! Además, le cogí la barra a mi madre (y no pienso devolvérsela) y me pinté los morros de un rojo subido que parecía otra persona. Y lo pensé. Soy otra persona. No se hable más. ¿Por qué aguantar toda la vida con este careto que no me gusta nada? Sin más, me convertí en otra. En la yo que puede durar un día, un año, un mes o toda la vida.

He de reconocer que es todo un éxito. Me asaltan los tipos cada noche preguntándome si pueden quedar conmigo. Antes no me comía una rosca, ahora, las noches no me dan para dormir. Lo bueno es que da hasta para elegir. Hoy el moreno, mañana el rubio. O ese cachas de la foto de ayer, que es el que más me gusta. No el Tarzán derrotado que me escribía antes a mi antigua cuenta. Total, ¿qué más da? ¡A saber lo que será de mí dentro de un mes!

Así que…, ¡eso! No es que empezara con un cambio de imagen, me creé tres avatares. Muy sencillo, yo puse las ganas y Facebook puso la fiesta. Un viaje al mundo de los juegos. Ser la que siempre has querido ser. Cogí la foto de la tía que peor me caía del curro, pero que todos decían que estaba muy buena. Rubia, contundente, sexy..., me puse su foto, un *nick* nuevo, cogí sus contactos —por cierto, nada que mereciera la pena— y a los que me gustaron les envíe una propuesta de quedar por la noche en Skype... ¡Una pasada! Decía, por ejemplo: ¿Tú que cachondo, no? Jajajaja (..., siempre reírse mucho... Eso les gusta a los tíos y uno de ellos contestaba: "¡Qué g...!"): Jajaja x supuesto!! @miladk_ soy bello cual camello...

Te preguntarás cómo salí del paso con la imagen..., congelé la pantalla y hablaba con la boca tapada. Cada quince minutos, alguien diferente. ¡Ja! Lo que me reí, nadie lo imagina..., me vengué para siempre de ella. ¡No veas al día siguiente su cara en el trabajo! *Immmmm-presionante*. ¡Por chula! Acabé con su postureo.

No vacilé en repetir la operación. Esta vez en Instagram. En una noche conseguí más de 300 seguidores. ¿El truco? Las fotos correctas... Es, simplemente, elevar la categoría de los sueños de esos imberbes a la realidad. Vamos, a eso que ellos creen que es su realidad. Como la rubia del curro es tonta, había subido mogollón de fotos suyas en bikini de escasa tela..., y con sus morros y su posturita. Y como me tiene de amiga, me las bajé de un sitio y las subí al otro. Esas fotos pasaron de "solo" para los amig@s a poder ser "admiradas" por todo el mundo. Por supuesto, por nuestro jefe también. Ahora tendrá claro que es una zorra, ¡lo que siempre ha sido! De Instagram, ya sabes, te haces fans de muchos colegas y cuando ellos te han dado el *like*, pues te borras, que no pasa nada. El jefe, que es de esos que piensa que por ser tu jefe tiene derecho casi a todo, no sabes cómo la miraba al día siguiente. Que la tocó el culo y yo lo vi, meándome de risa, y la otra se escondió en el baño porque no sabía dónde meterse.

Los otros dos avatares fueron menos divertidos. En el segundo, me puse de tío pero, chica, es que no me sale. Por más que le doy vueltas, a mí me va lo que me va, y está claro que no son las tías. Es como jugar con las estrellas, crees que puedes tocar el sol, pero es que no, porque parece que ardes y los que se acercan, como que no, son blandos, pegajosos y de un baboso que los propios *post* te repelen... Un segundo acercamiento como Instagram o Skype no da para el esfuerzo. Y si continúas con este juego de las sillas, si las que se acercan son tías, peor me lo pones, porque la realidad es que tío no soy y no me va nada de nada.

Mi tercer invento fue el de hacerme pasar por mujer madura y adinerada. Bastante divertido. Es como si accedieras a otro mundo que no tiene nada que ver con el tuyo. ¡Una pasada! Sin salir de tu casa, te pasean en BMW, te invitan a cenar a no sé dónde, pero que debe costar una pasta... Y se me ocurrió lo mejor. Con el *post* de mi compi del curro, lo mezclé con la *elegans* que me había inventado. Sin sacar mi cara, hice un vídeo corto que subí a YouTube..., alguna foto de ella, esta vez de espaldas, que no se viera su juventud (ni la mía)..., mis hombros, insinuando desnudez, un baile en la penumbra…, y lo colgué en un chat de los que andan buscando pareja… Además, puse que era experta en tarot y videncia, y que podía ayudar en el camino a la felicidad dando una segunda oportunidad… Ni contarte lo que me reí. Fue tal avalancha de mensajes que no tuve otra que cerrar la cuenta. No daba abasto y además puse el teléfono de mi madre…, no pensé que llamaran tanto…

Y según me veía crecer yo cada día, según reponía lechugas, manzanas, patatas y yogures en el curre, la rubia decaía, adelgazaba, se la veía ojerosa, declinando. Y nadie podía pensar que yo era la artífice de ese cambio. Yo misma, con el pelo ahora tan negro y tan corto, los *leggings* negros ajustados que me regalaste, el sujetador con relleno que le mangué a mi madre, cada día más segura de mí misma, más mujer, más entera…

Hasta un buen día que la tonta esa no se presentó al trabajo. Luego me enteré de que estaba de baja. Casi un mes que se tiró sin trabajar, la muy jeta. Y los demás, currando por ella. No la sustituyeron. Oí decir que casi la tienen que internar, o eso me pareció entender. Pero seguro que había ido al psiquiatra. Te lo decía yo, que no andaba muy bien de la azotea. Hasta el drama. Como si yo fuera una pirata. Ha reportado a Facebook diciendo que la he suplantado, como si yo no valiera más que esa *mindundi*. Y lo peor es que se ha corrido la voz de que he usurpado su identidad. No sé ni cómo lo ha supuesto o cómo ha podido llegar a esa conclusión. Ahora hay una idiota que no me habla y antes merendábamos juntas todos los días. Se pensará que se merece que la copie, con lo gorda que está.

Por culpa de esa zorra estoy bloqueada. Pero no me importa. Hacerse un perfil es de lo más fácil. Coges una fotito de aquí y otra de allá. Ser *trending topic* no tiene ningún misterio. Si lo he hecho una vez, pueda hacerlo las que quiera. Ahora me teñiré de rubio y me voy a quitar las cejas, que pareceré un *alien* o una extraterrestre. Tengo que etiquetarme de forma adecuada y es tirado. Lo siguiente es hacerme con un dron, un ojo del cielo que me deje ver lo que pasa en cualquier lado.

Lo peor no te lo he contado todavía. Esa, la odio, me la ha jugado. ¿Te he dicho que me ha llegado una denuncia por parte de esa puta? Me demanda por calumnia, difamación, injurias, daño personal y no sé cuántas cosas más. Y no me han renovado el contrato. Me han puesto de patitas en la calle, me han dejado con una mano delante y otra detrás. Se van a enterar. Ahora haré una de las gordas. *Mobbing*, acoso sexual y no sé de cuántas otras causas acusaré a mi jefe. Y cuando me haya indemnizado, se la liaré en las redes, que para eso están, para que todo el mundo se entere de lo pedazo de cabrones que hay por el mundo. Y a esa rubia le arrancaré la pelambrera. Esto no se queda así.

EL TACA-TACA

No proclaméis la libertad de volar,
sino dad alas.

Gregorio Marañón

—Doctora, cualquiera que me vea por la calle pensará que voy borracha, ando bamboleándome. Además, me falla la pierna derecha. El otro día me caí y mire lo que me he hecho. Tuve suerte de que no me haya roto nada, pero cualquier día me mato. Acuérdese, me mandó usted al traumatólogo para que me viera esta pierna y dijo que, tarde o temprano, tendría que ponerme una prótesis en la cadera. A mis años, no quiero operarme, es demasiado riesgo, ¿y si no salgo de la operación? Lo único, estos dolores. Si me opero, es por ellos, para quitármelos de encima. ¿Qué me dice? ¡Y no me diga lo de siempre! ¡Que me tome el paracetamol o esa cápsula roja que es algo más fuerte!

EL TACA-TACA

Ana Isabel Díaz Morato entró en la consulta acompañada o, mejor dicho, soportada por su hijo. Ella de ochenta y dos, como constaba en su expediente electrónico. El hijo, de unos cincuenta, año arriba, año abajo. La mujer traía la cara como si le hubieran pegado un puñetazo en el ojo, con dos puntos de sutura en la ceja.

—Se lo dije, doctora. De nuevo me he caído, esta vez me han llevado al hospital. Llegué a las siete de la tarde y no me soltaron hasta las ocho de la mañana del día siguiente. ¡Y sin cena! Le dije a mi hijo que no quería ir, pero él se empeñó. Total, para nada, para pasar toda la noche allí. No me han mandado nada, lo mismo que usted. ¿Es que no saben curarnos de otra manera? Eso sí, me han mirado de arriba abajo, hasta me metieron en eso del túnel, un TAC, ¿no? Para decirme lo que sabía desde el principio, que no tengo nada. Sí, ríase como yo me río, ¡que tengo la cabeza hueca! Me caí en casa al salir de la bañera, resbalé y me pegué contra el váter. Parece que perdí el conocimiento, hay un rato que no recuerdo. Lola, la señora que viene a arreglarme las cosas de la casa, me encontró tirada en el baño y sangrando como un cochino por este picotazo en la frente. Y en mala hora avisó a mi hijo, cosa que le dije que no hiciera. Hubieran venido ustedes, la enfermera me hubiera dado un par de puntos y aquí paz y después gloria. Y no todo este jaleo. Tenga el informe.

El informe pasa de manos de Ana Isabel Díaz Maroto, mujer de ochenta y dos años, teñida de castaño con raíz cana, bastón a su pesar y que le ha costado utilizarlo, a las de su doctora que, en un gesto mecánico, lo reposa sobre la mesa y, sin quitar la vista de la pantalla del ordenador, habla a su paciente.

—Ya, ya, mmm, todo lo que le han hecho… En estos días le han recomendado que sea usted especialmente vigilada, no se quede sola. Si tiene usted cefalea, quiero decir, dolor de cabeza fuerte, acuda al hospital. Si pierde fuerza en un miembro, lo mismo. Si vomita sin razón, a urgencias de nuevo.

—Doctora, perdone que la interrumpa, todo eso que me dice, lo sé. Y mi hijo también —el tono de Ana Isabel es de cierto enfado—, lo que me ha ocurrido es lo que le vengo diciendo desde hace tiempo. ¡No pone usted remedio!

La doctora, con prisa evidente por pasar el siguiente paciente, se percata de que la consulta está bloqueada. Que, a menos que ofrezca una solución diferente, madre e hijo no van a evacuar la sala y no va a poder continuar atendiendo la lista siempre creciente de pacientes a la que a los citados, a razón de seis minutos cada uno, se van sumando los sin cita, escasos realmente urgentes o con consulta necesaria y otros, la mayoría, para solventar problemas que no son tales y que el más mínimo sentido común podría resolver…, como esa señora de la pregunta del olor de sus ventosidades…, los hay… Y lo que es peor, lo más odioso, lo infame, resolver la tremenda burocracia de la que la atención al paciente está llena. Arreglar una receta, porque el maldito programa informático no excluye las presentaciones obsoletas, o imprimir ese documento que se considera imprescindible…, para archivarlo en un cajón. La doctora respira, suspira más bien, y, por primera vez, mira a los ojos de la paciente, entra en contacto visual y mueve ficha.

—¿A ver, qué me decía, que le duele ese ojo?

—No, doctora, el ojo no me duele, la ceja, que es donde me he dado el golpe.

—Bueno, la ceja. Se le pondrá la cara, toda la cara, amarilla después del morado y el hematoma irá bajando hasta la parte inferior de la mejilla, no se asuste.

—No me asusto, doctora. Sabrá usted que no soy de mucho quejarme… Hoy lo hago porque no me resuelve usted mi problema real: me tambaleo cuando camino y me caigo. Se lo he dicho muchas veces. Y la pierna derecha me falla por dolor.

La doctora decide abandonar su butaca, dirige a Ana Isabel Díaz Maroto a la camilla, la explora superficialmente y le toma la tensión.

—Tiene usted la tensión por los suelos. Lo mejor que puede hacer es irse a su casa, reducir a la mitad la pastilla de la tensión y la vemos en una semana para retirar los puntos. Veremos cómo enfocamos mejor sus problemas. A ver las piernas.

—La que me duele es esta —señalándose la derecha—, la que siempre me falla.

—Descálcese que vea las dos.

—¿Cómo las dos? —salta la enferma—, me duele esta.

—Ya —indica la doctora inflexible—, pero órganos pares se exploran a pares y tengo que mirarle las dos.

—Pues el otro día no lo hicieron así…, es que no vengo preparada para ello, no me he aseado el otro pie…, y con el calor que hace…

—Ana, para la próxima ya lo sabe usted. No se preocupe, que llevo los guantes. Enseñe.

Un rápido vistazo por encima y la firmeza de la doctora obligan a la paciente a marcharse sin abordar los problemas que realmente le preocupan: la inestabilidad en la marcha, el dolor de su cadera y el miedo a perder la independencia. El hijo, que no ha abierto el pico en toda la entrevista, interpela a la galena.

—¿Cree que sería conveniente que me la llevara a casa?

—Lo que les parezca a ustedes —responde la susodicha—, al menos, las primeras cuarenta y ocho horas de observación deberían garantizarse. El resto, lo que ustedes decidan. ¡Ah!, y no se le olvide volver para esos puntos, puede coger la cita en el mostrador.

Al abrir la puerta para permitir la salida de la pareja, tres pacientes se abalanzan hablando a la vez.

—¿Cuándo me toca? Llevo siete minutos esperando.

—Doctora, corríjame esta receta, que no me la dan en la farmacia.

—Me ha dicho la enfermera que venga donde usted, que este medicamento no está en la lista y que ella no lo puede dar.

La sensación es de cierto malestar en la sala de espera y la médica se apresura a mencionar al siguiente. Piensa en el café que esa mañana no se tomará. Se esfumó el tiempo para ello.

Abro la puerta de la consulta para salir y ¡oh, Dios! ¡Casi no puedo poner un pie fuera! Un coche resbala por la rampa de mi derecha chocando exactamente contra mi pie, que le sirve de barrera para no malograrse debajo de los bancos ocupados de mi izquierda. Un chavalín que no levanta más de tres palmos del suelo, ¿dos, tres años?, coge el vehículo y me sonríe con susto, no sé si del miedo porque casi aplasto su Ferrari amarillo o por la bata que llevo puesta. El espectáculo es impresionante. O ha habido un boom de natalidad o toda está concentrada en el pedazo de sala de espera que comparto con pediatría. Cinco carritos de bebé ocupan el centro de la sala. Sus conductores/as se sitúan de forma errática por la sala. Unos sentados; otra madre de pie con el churumbel apoyado en la cadera balanceándolo para que no llore; un padre conversando con dos pequeñas como si fueran grandes. Dos bancos más allá, en esos asientos rígidos de acero de los cuales es casi imposible levantarse, otros tres utilitarios se han dado cita. Uno, bien aparcado, llama la atención poderosamente, una variante de triciclo azul Klein gigante con gran mango vertical para ser dirigido manualmente desde arriba. Su chófer circula libre y peligrosamente por el centro, tres años detrás de un balón, que puede ser la causa de una estrepitosa caída de uno de nuestros ancianos.

"Piaggio MP3 LT 250/400: el triciclo nacido scooter" se lee como titular de un suplemento de periódico cualquiera abierto sobre uno de los asientos libres, mostrando la imagen de un vehículo de uso para adultos con espíritu infantil. Un varón japonés, que casualmente reclama atención sanitaria mediante cobro a terceros, esa fórmula de pago para individuos no cubiertos por el sistema, retira la prensa para ocupar el sitio de la misma. Con curiosidad, se fija en la fotografía retocada del vehículo, esbozando una sonrisa, gesto poco usual en los de su raza. Su edad indefinida, pelo negro corto, ralo, sin entradas, las cejas peludas, bien recortadas, manos pequeñas de antebrazo fuerte y las piernas con un renqueo indefinido que traduce algún problema de movilidad. Al ser nombrado, Haruhiko Matsuura entra en la consulta sin abandonar la página del scooter, cambiando el aire de la sala.

—¿Su problema? —le interpela una bata blanca.

—El suyo —responde una voz grave en casi perfecto castellano que obliga a que unos ojos interrogantes vuelvan su mirada hacia el oriental alto y delgado que tiene los suyos posados sobre las agitadas manos de ella—. Su problema no soy yo, doctora. Usted tiene alguna dificultad: ¿qué está haciendo en esta ocasión para mitigar los efectos de las tensiones diarias de su trabajo?

La médica toma distancia para saltar, se prepara para librar una batalla…, dialéctica. Apenas abre la boca para iniciar su respuesta, el nipón, en maniobra retentiva de arte marcial, con voz autoritaria y pausada, recoge la fuerza y fiereza de ella llevando la rienda de la conversación.

—Desde las épocas de mayor tensión de mi vida, en las que trabajaba de ejecutivo de una gran multinacional, trato de hacer ejercicio en contacto con la naturaleza e intento jugar al golf una vez al mes. Claro que, la última vez que jugué al golf con mi mujer, ella me ganó, y entonces se convirtió en una nueva fuente de estrés. Ahora, retirado como estoy, trato de ganar nuevas experiencias, probar el gazpacho, aprender a cocinar una paella y degustar los vinos de su país. Aunque me gusta el *sake*, no hay mayor placer que una copa de las uvas de su tierra. Rioja o Ribera, todavía no me he definido. La animo a que pruebe el *fugu* más fresco (esos pescados venenosos), sobreviva a una sesión de karaoke y averigüe hasta dónde se puede inclinar uno en una reverencia, si decide ir a mi país. Por cierto, olvidé para qué había pedido cita. Que pase usted un buen día.

El asiático inclina la cabeza en un gesto casi marcial pero más lento y, sin darle la espalda a la sanitaria, se retira inmutable, dejando estupefacción a su paso. El soniquete de la pierna renqueante y sus palabras purifican la atmósfera, como si esterilizaran la habitación librándola de gérmenes impropios.

Este hombre me ha dejado sin respiración. Como si me lo hubieran colocado en mitad de la mañana como momento KitKat, un respiro para percatarme de la locura en la que estoy inmersa. Salgo a buscar recetas que he agotado y veo entrar a Rosario. Su humanidad rebosante me hace preguntarme si va a encontrar un sitio libre donde reposar sus muchos kilos en un día en que las consultas están especialmente atiborradas. Años de lucha contra el gramo no han logrado rebajar su volumen lo más mínimo. La precede un cachivache infernal que le está dando la vida. La saludo con la mirada pues ando tan, tan acelerada, que me parece que a la que le va a pasar algo serio es a mí.

Santiago Cervera pasa a la consulta. Su hija, delgada y malhumorada, indica que lleva treinta y tres minutos de retraso, que tiene mucho trabajo y que no puede permitirse los retrasos que siempre se acumulan cuando acude a por recetas. Santiago sonríe excusándola, tiene mucho trabajo la pobre, y además hay que cuidar el puesto, los tiempos son difíciles. Santiago es un niño viejo porque parece que nunca ha sido adulto. Es menudo, flaco, de rostro fino y enjuto. Nunca fumó, vivió con la misma mujer durante más de cincuenta años y todos los días del año se toma un vermú sobre la una, a ser posible en el mismo bar, y come ahora con vino con casera, que no le permiten la copa de vino. A los ochenta y cinco, tuvo la desgracia de sobrevenirle una crisis de tensión alta, maligna que dicen, y le pegó algo a la cabeza dejándole cojo porque la pierna y el brazo se le paralizaron del todo. Consiguió recuperarse, pero no lo suficiente.

—¿Ha visto, doctora? He cambiado el bastón por este andador con ruedas. Es un modelo fantástico. Es de dos ruedas, con lo cual puedo caminar grandes distancias a base de empujarle, ahora llego a caminar más de media hora en llano y puedo hacer la compra solo, si mi hija me lo permite. Como ve, este tiene asiento y si me canso subiendo una cuesta, no tengo más que echar el freno y me siento tan ricamente. ¿Cómo lo ve?

—Es una gran idea, Santiago. Me alegro de que haya encontrado esta solución. ¿Qué le traía hoy por aquí?

—Bueno, pues nada más que enseñarle mi bólido y, pues ya que estoy, un par de recetas de las de siempre. Mire, tiene cesta debajo del asiento y así puedo meter mis cosas —señala mostrando orgulloso la cavidad oculta donde exhibe un monedero y unas gafas de sol.

—No, papá —media su hija, delgada y siesa—, hemos venido a contarle a la doctora que tienes la memoria fatal. Díselo, cuéntale que el otro día, el de las elecciones, metiste en la urna un sobre con cincuenta euros en vez del sobre del voto. ¡No puedes permitirte esos lujos con una pensión de quinientos euros!

—Doctora —se defiende Santiago Cervera—, no haga caso a mi hija, en verdad no me despisto, pero es que todo el día anda persiguiendo lo que hago o dejo de hacer.

—No es verdad —salta su hija escuálida y fastidiada—, es que tú no haces lo que te digo: dejas los platos sin recoger, me tiras los calzoncillos al suelo, me encontré tus calcetines en la papelera y no te comes todo lo que te pongo en el plato..., con lo que te cuido. No me digas que no es verdad...

La doctora, haciendo caso omiso a la trifulca familiar, se dirige a Santiago y consuela a la descendiente.

—De acuerdo, le realizaremos un test de memoria para valorarle, pida cita para ello. Estamos al tanto de las dificultades de la edad. Santiago —le guiña un ojo su automóvil propulsado por usted, es genial. Me tendrá que dar una clase de todas sus posibilidades.

—No se preocupe, doctora, cuando quiera. Mire, para elegirlos hay de todo tipo, depende de lo que uno quiera..., con ruedas o sin ellas, plegables o no, con empuñaduras o reposabrazos, con...

Ambos son escoltados hasta la puerta, mientras Santiago no cesa en su discurso sobre las utilidades del juguete que se ha agenciado el niño viejo..., parece que le han dado alas..., de libertad..., no parece que el déficit de memoria sea su mayor problema...

Este Santiago, cómo es, le toma el pelo a su hija. Están agotados el uno del otro. Ella, por su carácter y por querer cuidarle con tal perfección que lo encierra en una jaula de oro. Él, por querer mantener su independencia. ¡Ay! ¡Menudo día hoy! Otro trasto inconmensurable llama mi atención. Capota azul marino, ruedas altas inglesas, manillar con volutas, un bebé minúsculo en su interior y un mar de lazos rosas. Lo más lindo, un bebé orondo de unos ocho meses, rizos oscuros y tez teñida, sentado en una silla de tijera. Sus ojos me devoran y me como su sonrisa. Su madre, dominicana, me hace un gesto señalando que la atienda con prontitud, que se marcha al trabajo.

La mañana transcurre densa. Tocan dos avisos a domicilio, además del listado creciente como si de un juego de cartas digital se tratara, en el cual según desaparece un paciente ya visto, aparecen dos nuevos todavía por atender. De las visitas, una es una mujer de 86 años que no respira bien desde la noche anterior, y la otra, un chaval de 18 cuya madre ha decidido que no puede asistir al instituto porque el chico ha pasado mala noche, sin concretar la naturaleza del malestar. Al salir a la calle, la doctora se percata de que se ha dejado el aparato de tomar la tensión, por lo que tiene que retroceder y, en la propia rampa de acceso, Víctor la interrumpe:

—Doctora, doctora. ¿Dónde va tan deprisa? ¡Casi la atropello! ¿Ha visto que rápido voy con este andador? Desde que lo uso, salgo a la calle todos los días.

—Adiós, Víctor. Me alegro de que vaya bien. Lo comentamos otro día que hoy no puedo —la profesional sale disparada de nuevo hacia los destinos reflejados en el papel, donde constan datos básicos del paciente y su domicilio.

Para una de las visitas domiciliarias a realizar, por la distancia, la doctora decide coger su pequeño utilitario que tiene aparcado en un garaje de la zona con el que ha llegado a un acuerdo mensual. ¡Ir a trabajar cuesta dinero! La distancia no es muy larga, pero el tiempo es un bien inexistente en semejante día. Al sacar el coche, rampa arriba, roza con la columna de la izquierda, dejando un recuerdo imborrable de un día sobrecargado en el ala lateral derecha del vehículo. Menos mal que tiene seguro a todo riesgo, aunque lo va a rescindir este año porque el trasto tiene sus años. La doctora, en su prisa, se aboca a la calzada con excesiva velocidad, lo que le obliga a frenar bruscamente para evitar precipitarse sobre el-típico-niño-detrás-de-la-bola-que-sale-de-un-parque. Respira profundamente. Se acuerda de las palabras del japonés. Una visita muy extraña. Ella, la visitada.

No hay sitio donde dejar el coche. Ni un maldito hueco. Solo ese carga y descarga…, multa segura porque la especie de gusanos que dan vueltas a la manzana en busca de sobre quién recaer su glorioso bolígrafo (ahora sustituido por un terminal de ordenador) están al acecho constantemente. Vaya contrariedad, por no decir otra palabra malsonante. Por fin, alguien se larga…

Las visitas transcurren estándar. Una abuelita acatarrada que con el tratamiento superará el problema sin un ingreso… Un chico constipado y algo más de la juventud sin mañana…, sin mañana no porque no tengan futuro, sino porque las mañanas son extintas para los que viven en la vorágine de la noche. Sin mañanas para el deporte, sin mañana para los estudios, sin mañana porque las madres los asfixian…, sin la mañana del mañana porque no aprenden a madrugar, perdón, a madurar.

Con estas reflexiones, la doctora regresa al Centro de Atención Primaria, ese centro neurálgico de su trabajo, el que debería ser el centro de la sanidad global, la atención particularizada a los pacientes sanos o enfermos contemplada desde una perspectiva de la persona en todas sus facetas… Respira hondo…, y se para. Se para, no para reflexionar sino porque el semáforo se ha puesto en rojo, que casi se lo salta en ámbar. Entonces lo ve, lo ve como si se tratara de un don Quijote a lomos de Rocinante..., y detrás, unos pasos atrás, delicada y firme, Dulcinea del Toboso..., el japonés de la mañana, precedido de un deambulador, atravesando la calzada diríase que al trote, con ese aliado de las personas con problemas de movilidad..., ligero, con tranco inglés... Su mujer menuda, morena, de paso breve como un gorrión, le sigue a la zaga..., recorriendo mundo..., combatiendo molinos de viento..., juntos...

¿Cómo no lo he visto antes? ¿Cómo no me he dado cuenta de que el andador es también la solución posible para Ana Isabel Díaz Morato? Todo el día la solución delante de mí. Y yo sin proponérselo, con el tiempo que lleva la mujer quejándose de su problema de estabilidad, de sus caídas. Es como si me hubieran puesto este día lleno de vehículos para que la calabaza se transforme en andador en mi cabeza y pueda ofrecérselo a la mujer, como la carroza que le mantenga la independencia, para poder seguir viviendo autónoma el tiempo que otros problemas de salud no lo impidan. ¡Qué bloqueo crea el exceso de trabajo! ¡Algo tan, tan sencillo! Ejercicio en contacto con la naturaleza..., algo de filosofía oriental en mi vida...

EXPIACIÓN

Uno es dueño de lo que calla y
esclavo de lo que habla.

Sigmund Freud

—Venga, vamos, es la hora del café y no tenéis a nadie en la puerta. Nos da tiempo a salir unos doce minutos —comenta la enfermera a la médica y su residente—. Voy a avisar a Belinda, que es la nueva enfermera de la sala cinco, por si tiene un hueco. ¡Que se venga con nosotras!

El bar junto al centro de salud está medianamente atestado. Son las once de la mañana y han salido algunos oficinistas a desayunar. La camarera, que conoce tanto la prisa como el café del modo y manera que lo toma cada una, les sirve en un santiamén.

—Hoy no ha aparecido Juana a realizarse el *sintrom* —comenta Carmen, enfermera recia a la antigua usanza—, será que ha venido su hijo y le ha venido mal pasarse. Podría avisar por lo menos, pues es un hueco que quita. Luego vendrá con la sangre licuada de la comilona que se habrá pegado.

—Ja, ja —ríe Belinda, la nueva—, pues podrías pasarte por mi consulta a echarme una mano o un cable... Tengo atascado un plan de cuidados y no hay manera de registrar todo lo que nos piden.

—Va, mujer, uno menos —responde la residente—, ¿qué dice el periódico? —le pregunta a su tutora que está ojeando el único diario libre de los muchos que andan por las mesas.

—Os leo, chicas —responde la interpelada mientras, entre la prisa y la curiosidad, sorbe su café ardiente—. Un escándalo y ocurrió en un centro de salud.

Berta PUNSÍ 11-02-2014 DETENIDA AL INTENTAR CONTRATAR A UN SICARIO PARA UN ASESINATO. La mujer contactó a través de internet con un experto en seguridad para que matara a la amante de su esposo. Los Mossos d'Esquadra han detenido a una mujer que contactó con un asesino a sueldo, que se anunciaba en la red, para eliminar a la amante de su marido. Cuando el anunciante, de nacionalidad española, se mostró interesado en la demanda, ella le ofreció más de 2.000 euros para eliminar a una mujer. "No es nadie importante", le dijo. En estos mensajes, ella le puso algunos requisitos, como que el asesinato tenía que parecer un accidente o el resultado de un robo violento. También, le dejó claro que si la mataba en casa, nadie más tenía que resultar herido.

El supuesto sicario la denunció. Contó a los agentes que ella estaba obsesionada con acabar con la víctima y temía que si él no le seguía el juego, buscaría, con toda probabilidad, a otro para que ejecutara el plan. La reacción del hombre sorprendió incluso a los agentes porque desconocía completamente los planes de su mujer, que actuó bajo un móvil sentimental. La detenida pasó a disposición judicial e ingresó en prisión preventiva. El supuesto sicario que denunció el caso quedó libre de cargos por colaborar con la justicia.

—Alucinante, ¿no? —comenta tras haber leído la noticia de cabo a rabo—. ¿Cómo creéis que sucedió esto?

EXPIACIÓN

Narro esta historia porque me reconcome. Será la historia de la expiación de mi vida. Una vida anodina transcurrida en diferentes lugares, pero uno siempre el mismo: la consulta. Una consulta aquí y allá es siempre lo mismo: un doctor, un paciente. Alguien que se desnuda delante de otro mostrando el deterioro de su cuerpo, la inmoralidad de su alma. Un médico, un profesor desnudo en bata, que al ponérsela resulta revestido de una coraza sagrada que le proporciona el poder de sanar los cuerpos, curar los espíritus y rejuvenecer ambos. Pero esa bata que cubre desnudos no logra ocultar la deshumanización de la especie, la sordidez del alma humana, la negrura del hombre. Ni la de un lado de la mesa de la consulta, ni la del otro.

Cuento esta historia porque me pesa. Cuento esta historia porque pienso que, mostrando mi desnudo en bata, puedo rehabilitar a otros, antes de que el peso de las historias vertidas día a día sobre el otro lado de la mesa ahuyenten de su corazón las buenas intenciones con las que iniciaran sus estudios. Y la escribo fundamentalmente para mí, a ver si de una jodida vez puedo sentirme limpio.

El Dr. Sanz era alto, con bigote, bien parecido, de ojos claros, azul verdoso, un color indefinido y, definitivamente, de ojos pequeños, achicados por el esfuerzo de tantos años de estudio.

El Dr. Sanz gozaba de prestigio tanto entre sus compañeros como entre sus pacientes, especialmente entre las mujeres de mediana edad que acudían a su consulta. Y, aunque gustaba de utilizar palabras soeces en mitad de su vocabulario habitual, curiosamente nunca alzaba la voz y estas palabras en sus labios nunca resultaban malsonantes.

El Dr. Sanz trabajaba en el sistema público de salud y nunca se había planteado trabajar en la sanidad privada. No le atraía el tipo de pacientes de "esa" otra atención en la que se precisa altas dosis de paciencia y halagos. Era considerado como una persona íntegra por todos los que le conocían y nunca se escaqueaba del trabajo. Era una persona asequible para sus pacientes y disponible para sus compañeros.

El Dr. Sanz era probado y cariñoso, atento a las palabras de sus enfermos e involucrado en sus vidas y en esos aspectos sociales que tocan solventar, remediar, escuchar o compartir en su profesión. Era un médico de familia, de ese batallón de miles de profesionales que trabajan en la sanidad a pie de calle y cabecera del enfermo.

El Dr. Sanz no se llevaba bien con su enfermera. Pero como otros muchos médicos de su nivel, que no se llevan bien con sus enfermeras. Eso apenas pasa en los hospitales, o no se ve, porque el trabajo a pie de calle es igualitario, aunque los repartos de la carga laboral no, y en el hospital es sectario, con clases, escalafones y delimitación de responsabilidades y deberes.

Pero el hecho de que el Dr. Sanz no se llevara bien con su enfermera no influía en la calidad de su trabajo. A menos que se considerara que en la calidad de su trabajo no influyera el hecho de que él tenía que realizar tareas que incumbían a su enfermera, pero que esta no acometía. Total, que la mala relación del Dr. Sanz con su enfermera no influía en la calidad de su trabajo, pero sí en la calidad de su vida.

El Dr. Sanz resultaba francamente gracioso con ese atuendo que se había embutido para dormir. Dijo que era el pijama que utilizaba cuando de joven subía a la sierra. Le quedaba un tanto estrecho y le marcaba. Se le vio de refilón según pasaba del servicio a su consulta, donde estableció su guarida para dormir en compañía del celador de tarde del centro. Esa noche tenía guardia en el centro.

Ella me gustaba. ¿A qué hombre no? Esa Laura. Esa mujer, todavía algo niña, que terminaba su formación como residente de medicina de familia. Su mirada traviesa la encontraba a todas horas, en todas partes. Cosa curiosa, en el centro de salud en general no te encuentras con la gente. Cada uno está en su cubículo, pasa su consulta, atiende a sus pacientes, hace sus domicilios y apenas hay tiempo para contactar con los compañeros. Pero ella estaba casualmente allí. Si iba al servicio, aprovechaba para enseñarme una radiografía. Si corriendo a por un café, en caso de tener tiempo para tomármelo, ella encontraba el resquicio para acompañarme… Explosiva, siempre sonriente. Además, le gustaba llevar esa especie de camisa corta, blanca, en vez de la bata. Sustituía su blusa o su camiseta por esa prenda, con ese profundo escote en uve que daba vértigo, dejando ver el surco de su pecho, ese difícil precipicio en el que fue imposible no despeñarse. La jodida, me lo puso fácil. Era inadmisible no mirar.

Aunque no ocurrió nada, esa noche me percaté de lo flojo que iba de la entrepierna. Todavía rehusaba. Noté cierto interés por parte de la joven residente en su forma de tratarme. Me calentó. Supuse que eran invenciones por mi parte. Desconocía el gravamen que me iba a suponer.

Al Dr. Sanz se le vio una temporada especialmente nervioso. Inquieto es la palabra. Parece que no se hablaba con su enfermera. A pesar de que en esos días todo el mundo parecía llevarse especialmente bien, una disputa sin apenas relevancia había conseguido lo que muchos años de convivencia y alguna otra desavenencia no habían logrado. El Dr. Sanz había puesto a Laura, la residente, en ausencia de su tutora, en la consulta de enfermería, con o sin su enfermera. No estaba muy claro de si se trataba de un favor personal o de si se la quería quitar de en medio en lugar de atenderla durante las vacaciones de su tutora. El hecho fue elevado tanto a la directora del centro como a la jefa de tutores, pues había soliviantado los ánimos tanto de la enfermera del Dr. Sanz, como de sus compañeras que no tenían claro el objeto de la maniobra. ¿Se trataba de desplazarlas y quitarles su espacio de consulta o se pretendía que, en ausencia de su tutora, ejercieran una función de enseñanza a los residentes que el cuerpo de enfermería no había solicitado?

Me resultó especialmente difícil decir que no. Esa vez. Estábamos allí juntos, en aquel congreso. Sabía que estaba a un par de habitaciones en el hotel donde se celebra el evento y nos alojábamos. La tensión entre nosotros había ido creciendo constantemente. Tenía la sensación de que en el trabajo todo el mundo se daba cuenta, procuraba no tomar café para evitar puntos de encuentro. Pero si un día estaba para reventar o por sueño o por saturación mental y decidía hacer un break, me daba de bruces con ella.

Esa noche dormía cuando recibí un WhatsApp. Oí claramente el chirrido del chisme, ese sonido inequívoco del móvil agrediendo la oscuridad de mi habitación. Me levanté y lo cogí. Sin mirar, sabía que era de ella. En la misma oscuridad, la vi mirándome a los ojos, con sus ojos oscuros y chispeantes y una sonrisa invitante con su gorro de baño entre la espuma de un baño que acentuaba sus mamas blancas entre el blanco de la espuma. Coño de tetas. Asaltaba mi deseo así, desde el móvil. Ese deseo agazapado que llevaba tiempo retenido. Y estaba a dos habitaciones... Desconecté el artefacto.

El Dr. Sanz desconocía lo que estaba pasando a su alrededor. Estaba absorto en sí mismo y no se percataba de la trama que se iba urdiendo en torno a su persona. No sabía que su señora había cogido la costumbre de telefonear al centro de salud diariamente. Unas veces de mañana. Otras de tarde. Nunca pedía que le pasaran con él. La misma cantinela. "¿Está ocupado? No se preocupe, le llamo más tarde. No, no hace falta que le pase ningún recado". O "¿No está? Lo siento. Entendí que tenía turno de tarde (o una reunión, una tutoría con los alumnos...)". No sabía que esas llamadas que empezaron de forma circunstancial habían pasado a ser semanales, diarias, incluso, más de una vez al día. La señora del Dr. Sanz no le dejaba ningún recado en el móvil, ni le mandaba un SMS. Menos un WhatsApp, su dispositivo era obsoleto.

Todavía no puedo entender dónde estaba metido todo ese tiempo. Es como si en ese periodo hubiera vivido fuera de mí. No existía otro universo que mi sexo. No existía el otro sexo. Ni las personas.

El Dr. Sanz se sintió mezquino y ruin cuando se levantó aquella mañana con una fuerte resaca. La cabeza le iba a estallar. Reposaba en la cama de aquel garito sobre sábanas desgastadas, deshechas y con la cabeza reclinada en la almohada veía el cabecero de ese lecho que no era el suyo. Tenía la boca pastosa, le latían las sienes y sudaba profusamente al intento de levantarse. Al Dr. Sanz, las náuseas le recordaban el profundo grado de intoxicación etílica en el que se encontraba. La luz entraba por una ventana directa a sus ojos machacando cualquier éxito improbable de apertura ocular. No parecía haber nadie en la habitación. Se percató de su desnudez y se cubrió los genitales con la sábana. El Dr. Sanz no recordaba el acto sexual en sí. Precisando, el final de la copulación, si es que hubiera acontecido. Ella no parecía estar por allí. El Dr. Sanz pensó que podría estar presa de la misma intoxicación etílica. Una posibilidad es que se encontrara en el suelo inconsciente. Intentó incorporarse de nuevo, esta vez consiguiéndolo. Miró en derredor para encontrarse en la más absoluta soledad. Con la sábana en la mano cubriendo sus zonas pudendas, se dirigió al baño. Una ducha era lo que necesitaba. El Dr. Sanz consultó la hora en el reloj de su muñeca derecha que no se había quitado en ningún momento. Eran las ocho. Debería estar en el centro de salud. La consulta comenzaba a las ocho y cuarto.

No se secó el pelo bien corto que caló la camisa del día anterior, que abotonó torpemente por la prisa y la resaca. Se ajustó los calzoncillos del día previo, se enfundó los calcetines del día citado y calzó los castellanos que, por primera vez, no repasaba. El Dr. Sanz, con un trueno en la cabeza, llegó al consultorio, saludó con menos potencia de voz, abrió el despacho iniciando el ordenador que, como en cualquier prisa habitual, iba más despacio que de costumbre y con ese programa del demonio, nada intuitivo ni eficaz implantado en todo Madrid que le machacaba el día a día, y recogió los talonarios de recetas, todavía necesarios.

Atravesó la mañana sin pena ni gloria. No salió al café. No discutió con su enfermera. Prescribió en receta de la seguridad social la medicación de privado, pero sin atentar contra su criterio médico, desvió dos pacientes a urgencias por no tener certeza en el diagnóstico y, excusándose a su directora de centro, tras realizar una visita de cortesía a una anciana con una úlcera en el pie, abrió la puerta de su casa, no sin antes probar un par de llaves para dar con la correcta, y se dejó caer en el lecho matrimonial.

El Dr. Sanz despertó pasadas las ocho de la tarde, la oscuridad en el dormitorio visible desde la ventana a la que no había bajado la persiana ni corrido las cortinas. El Dr. Sanz oía ruidos familiares. Su hijo, con probabilidad, tiraba de la cadena del inodoro, una batidora, una radio de fondo, y una lista de Spotify a todo volumen en algún ordenador. El Dr. Sanz se desvistió. La camisa y pantalones del día anterior.

Los calcetines y calzoncillos de la jornada previa. Se metió en la ducha y dejó que el agua le abrasara la piel. Una forma atávica de depurarse, escaldarse.

Los hechos me pesan por sus consecuencias. El arrepentimiento me llegó brutalmente. Afortunadamente, no se han saldado con la muerte, pero a punto han estado. Los hechos remiten al salvajismo y a la fiereza de la naturaleza humana en todas sus dimensiones. Para mí, una vergüenza sacarlos a la luz, abandonándome a la realidad, postergando y evitando la descripción de sentimientos y emociones tal como los recaban las autoridades judiciales, cuando son los motores reales de los acontecimientos. Al menos, de estos acontecimientos.

El Dr. Sanz apenas hablaba con su mujer. Ella, de natural comunicativa y alegre, se había vuelto esquiva y casquivana. La mujer del Dr. Sanz era conocida en el centro de salud. Antes, por sus apariciones esporádicas, sus siempre bienvenidos bizcochos que enviaba cuando le llegaba la onda de alguna celebración y, en los días de guardia, suponían el más preciado desayuno tras las noches incómodas y de conversación en las camillas. En los últimos tiempos se sumaban, además, las numerosas y agradables llamadas a cualquiera que se terciara, administrativo, enfermera o médico.

La mujer del Dr. Sanz se presentó una mañana en el centro de salud sin previo aviso. Sin estar enferma. El Dr. Sanz no había sido advertido de su visita, ni personal, ni telefónicamente y mucho menos por ninguna otra vía telemática. Ella debutó con un vestido ajustado de punto color fucsia, especialmente ceñido, un escote poco discreto y medias negras sustentadas por salones de punta fina y tacón infinito. Resultaba guapa. Y atractiva, más.

El Dr. Sanz, que no sabía de su asistencia con antelación, la recibió gélido. Para aquellos que no sabían que era su mujer, nunca hubieran podido suponerlo. Como una más de la sala de espera. Y desde esa sala, los hombres de una y otra edad la miraban con arrobo, deslizando la mirada por las piernas embutidas en negro y prolongando la mirada hasta el busto. Las mujeres, más recatadas, con envidia, curiosidad, intriga.

El Dr. Sanz, como decíamos, abrió la puerta y la llamó por su nombre y dos apellidos. Ella, que no se había sentado, entró contoneándose. No se acomodaron. Él, con la bata puesta y abrochada, el fonendo colgando del cuello y las manos en los bolsillos sin parar de juguetear con algún objeto que tuviera dentro, le preguntó por el fin de su visita. Ella, mirando en derredor para comprobar que estaban solos, atisbándolo al completo, le rozó con las caderas sus partes íntimas, informándole sobre su ascenso laboral y el próximo destino de viaje para resolver unos asuntillos.

El Dr. Sanz, descuadrado, le preguntó que a qué venía todo esto. En ese momento, la enfermera del Dr. Sanz hizo acto de presencia, importunando la conversación, especialmente para su mujer, y aliviando de forma evidente al Dr. Sanz, que por primera vez la veía como un ángel bajado del cielo. La mujer del Dr. Sanz se marchó con un rictus de enojo en los labios, marcando el paso con los tacones y reforzando de forma obvia la ira en sus nalgas.

¡Joder! Ese día me percaté de que lo sabía, de que lo sabía a ciencia cierta, de que lo sabía y me tendía un cable para rescatar lo poco o mucho que quedara de nuestra relación. Ese día estaba fantástica, objeto de deseo para cualquier hombre menos para mí, que lo tenía puesto en otra diana. Ese día creo que comenzó la locura que terminaría en tragedia.

Mi mujer era una mujer maldita, de las que puede llegar a cualquier parte, como demostró. En su momento me volvió loco y consiguió que me pusiera el anillo y firmara el contrato nupcial, si bien antes me hizo saber que estaba embarazada de un hijo mío. A día de hoy, pobre chaval, creo que su padre es otro, si bien fui el idiota que le di mi apellido y, ahora, queriéndolo como hijo, nunca intentaría sacar a la luz la verdad completa. Ni siquiera jamás haría una prueba de paternidad con el análisis de DNA, no iría a ninguna parte. La chavala es claramente hija de los dos, mis ojos y el cuerpo de su madre. Mi mujer me utilizó, la muy..., debería insultarla y nunca pude, ahora se me hace patente. Estaba tan apasionado por ella, de sentirla tan vibrante en mis brazos. Ella, tan frívola, tan a lo clásico, tan de buen ver, tan de contentar a su hombre..., a mí...

El Dr. Sanz se sorprendía, como todos los que rodeaban su entorno familiar, de que su mujer pasara largas horas delante del ordenador. Ella, que como para todo hijo de vecino era un instrumento en su empresa, odiaba su uso en el domicilio, le parecía estar secuestrada a ese instrumento infernal que te dejaba colgado como un mal novio cuando más lo necesitas. Su hijo se sorprendía de las preguntas que formulaba. ¿Facebook sirve para localizar a amigos que hace mucho que no ves? ¿Todo el mundo puede ver tus fotografías? ¿Y de quién puedo yo verlas? ¿Twitter, qué es? ¿Para qué le interesa a la gente lo que desayunas todos los días? ¿Por qué participar en chats entre desconocidos? ¿Se puede utilizar un nombre falso? ¿Y no te encuentran?

El Dr. Sanz en esos días se encontró con que su mujer le enviaba algún que otro WhatsApp sobre temas imprescindibles familiares, los números rojos de la cuenta común (que, por cierto, no se explicaba el descubierto) o la necesidad de recoger a la niña, no tan niña, que volvía sola de las actividades extraescolares, pero que no se sabe por qué circunstancia inexplicable, esto no podía darse más. Además, lo utilizaba estrictamente con sus hijos o con su grupo de amigas, que se supiera.

¡No entiendo no haberme dado cuenta antes! Ella presumiendo de moderna. Recopiló montones de fotos de su juventud y las hizo públicas. Cada día, al conectarme, me asaltaban alguna de sus actualizaciones con fotos, muchas hechas por mí, que me saludaban pícaramente. No tenía mirada para ella. Mi cerebro y mi polla... estaban secuestrados en ese escote seductor que mañana a mañana me encontraba y, como sin querer, me rozaba al realizar cualquier maniobra, por muy profesional que fuera.

El Dr. Sanz, muy despistado y en otros menesteres, obvió que su mujer leía el periódico con fruición, ella que apenas se interesaba por la prensa diaria. Una vez más saltaba alguna que otra connotación con escasa fuerza, esta vez sobre el Hospital del Henares y su privatización, las protestas de sus trabajadores, los múltiples destinos de funcionarios. Pero esas noticias, íntimamente relacionadas con la ocupación de su marido, no eran lo que había captado la atención de la mujer del Dr. Sanz. Ni muchísimo menos. No es que le interesara ese titular de que "privatizar es perjudicial para la salud" o ese otro sobre el ERE de Bankia, banco en el que habían tenido la hipoteca de la casa y donde habían tenido una cuenta de ahorros ahora menoscaba por no decir perdida, con esos planes que son definitivamente un robo a todos los ciudadanos, empezando por los propios beneficiarios.

El Dr. Sanz no sabemos si se hubiera mostrado sorprendido al descubrir que su mujer leía la letra pequeña de una página de sucesos de ese diario de tirada relevante en el país. La página 32. "Cinco años de cárcel por contratar un sicario para matar a su exmujer. Un hombre ha aceptado este lunes en la sección primera de la Audiencia Provincial de Valencia cumplir una pena de cinco años de prisión por contratar en junio de 2008 a un sicario para matar a su exmujer en la peluquería que esta regentaba junto a una socia en la calle Lorenzo Salom número 18 de Valencia. El fiscal pedía inicialmente para el acusado 10 años de cárcel por un delito intentado de asesinato, aunque finalmente la pena se ha rebajado a la mitad ante el riesgo de nulidad por irregularidades en las escuchas telefónicas grabadas entre el exmarido y tres procesados más, que cumplirán la misma condena".

La mañana de autos, un jueves para no variar la costumbre de los dos últimos meses, al salir del trabajo nos dirigimos al bar de la esquina. Y como era costumbre, deseaba escuchar su voz cantarina y su risa provocadora que me inducía la erección firme antes de que hubiéramos pedido la primera caña, que nos servían nada más atravesar el umbral de la puerta. Me encantaba. Sus ojos grandes, bien abiertos, las pupilas levemente dilatadas, acusando mi deseo y el suyo. Por no hablar de sus tetas, sus bien generosos senos de los que mostraba gran parte con esas camisetas de escote redondo que solía utilizar. Indefectiblemente, encontraba cómo restregarse..., su pierna, su mano, su culo..., palpando el grado de turgencia de mi pene y aumentándola… Una calientap… Con ese punto de admiración y deseo que me volvía loco. Ella…, segura de hacerme perder el control… A la cerveza, los jueves, solían seguir uno o dos vinos en copa de borgoña, bien servidas. Para mí, Rioja o Somontano, para ella, siempre Ribera. El tapeo caliente ponía la guinda al pastel. Con ese punto alegre de estar algo mamados y calientes nos dirigíamos a su apartamento en Argüelles. Por la causa que fuera, ese día concreto mi deseo era mayor del habitual, sin contención alguna. No habíamos franqueado ni cerrado la puerta cuando le arranqué la blusa haciéndole saltar todos los botones… El bamboleo de su pecho con la camisa abierta hasta el ombligo durante el trayecto de llegada había acelerado mi pulso a extremos intolerables…, solo había una forma única de descenderlo… La precipité sobre la cama con el resuello de su respiración que daba eco a su apetito… Le arranqué las bragas de color turquesa…, un triángulo breve y un cordón. Y en el preciso momento de iniciar la penetración, un ruido espantoso me dejó seco. No sabría precisar lo que oí, pero hubiera jurado y perjurado que se trataba de un disparo.

Caí sobre ella notando que el susto me había metido el miedo dentro de la piel. Nos quedamos quietos, muy quietos, sin apenas respirar. Si las paredes hablaran, contarían el pavor que sentíamos. La piel, de ardiente pasó a gélida. Una sudoración profusa y fría nos recorría sin saber a quién pertenecía cada gota rezumada. Las respiraciones contenidas se habían vuelto superficiales para evitar sonidos innecesarios. Los cuerpos, semidesnudos, con prendas no retiradas por la pasión, yacían en rara postura, piel contra piel. Tras una eternidad cuyo protagonista fue el silencio, me retiré de ella, a la que había aprisionado y protegido y, recuperando mis pertenencias, encendí la lámpara para realizar un análisis de la situación. Prendida la luz, observé el ridículo en el que nos encontrábamos y el caos que habíamos formado. No vi nada que se asemejara a un balazo, no había resto de ningún extraño y decidimos dejar el asunto por zanjado. Asumimos que había sido nuestra imaginación en el contexto del sentimiento de culpa y nos despedimos hasta la semana siguiente, pues entre sus guardias y mi vida familiar no había más opciones de encuentro.

El Dr. Sanz seguía en sus nubes, la de su trabajo, la de sus conferencias, sus clases, y la de su virilidad, ese idilio de inicio subterráneo y que corría en boca de todos. Y la mujer del Dr. Sanz seguía en su tierra, erre que erre. Lo había visto claro. "Las autoridades españolas están tomando en serio los anuncios sobre sicarios, en momentos en que los cárteles mexicanos de la droga y las pandillas del crimen organizado se han hecho notar más con asesinatos por ajustes de cuentas".

El Dr. Sanz estaba en el baño y su mujer, en el despacho. Tecleó las siguientes palabras en Google: "Busco sicario". El buscador desplegó un abanico inmenso de posibilidades. "Busco sicario". "Sicario en España". "Sicario a discreción". Y muchas más. Eligió "sicario en España". Se siguieron abriendo puertas como quien entra en un laberinto y no sabe dónde está la salida. Uno de los avisos titulado "Sicario-asesino a sueldo" decía: "¿Problemas con alguna persona? ¿Deseas que lo solucione? Escríbeme, 100 por ciento profesionales, no cobramos adelantos". Otros: "Busco trabajo de narco o de sicario". Más definitivos parecía los que se mojaban con un precio concreto. Entre 6.000 y 20.000 euros. Se establecía la diferencia sobre si se trababa simplemente de dar un susto intimidante o de matar directamente. Por supuesto, el hacer que la escena del susto o del crimen pareciera un accidente encarecía la partida. Apagó la computadora. El Dr. Sanz salía del WC.

—Mamáaa —se oyó gritar al hijo común—, ¿necesitas que te ayude? ¡No apagues! ¡No te desesperes que estás adelantando muy bien con Facebook y LinkedIn! ¿Voy? ¿Te ayudo?

El siguiente jueves, los hechos se repitieron, casi iguales, en ese mismo ritmo, en esa rutina que nos habíamos creado… La caña, un único vino esta vez, el calentón, su blusa roja…, y el estallido… No el del desbordamiento sexual, sino ese ruido violento en el momento de alcanzar el clímax. Esta vez me incorporé sin miramientos. Encendí rápidamente la luz, agité las cortinas, abrí la puerta e incluso miré en el ascensor. Nadie. En la cocina, nadie. Un escalofrío me recorrió la espalda. Aquellos eran avisos. Y a mala leche.

Esta vez recuperé el deseo. El sexo, ese comodín de la naturaleza humana… Disipamos el profundo temor que se había apoderado de nosotros. Su respiración agitaba sus senos que a su vez me agitaban a mí…, f… Un polvo de esos que hacen historia, inolvidable. Descargó su miedo en mí a través de su energía sexual. No hubo ningún estallido más. Era como si hubiera estado programado. Dicen que no hay dos sin tres y que a la tercera va la vencida. Aun así, no pudimos sustraernos de repetir la rutina del jueves siguiente. Ninguna denuncia previa…, ¿denunciar qué? El mostrarnos a la policía era expresar de forma pública nuestra situación en tanto en cuanto especial.

El Dr. Sanz no dormía en casa los jueves. Casualmente, ahora tenía guardia ese día de la semana. Y algún otro. Pero no era localizable en ningún centro sanitario y nunca parecía estar disponible en el móvil. Si se le llamaba, no cogía. Si un email, no había respuesta. Si un WhatsApp, nunca aparecía como recibido. Desconexión total. La mujer del Dr. Sanz lo había dado por imposible y se dedicaba a otros menesteres que parecían interesarle más. Ni siquiera tenía que ocultar sus búsquedas que realizaba en la soledad y fiebre de la noche de los jueves.

Jueves. El cuarto jueves de ese mes de marzo, recién entrada la primavera. El domingo había conseguido robarme dos horas de mi familia, llevándome a un picnic sorpresa a la Casa de Campo. No habían pasado quince minutos cuando nos encontrábamos tendidos sobre la manta impermeable que había llevado. De forma discreta, conseguí descargarme en ella y volver a casa sintiéndome impune.

Creo que de alguna manera le habíamos cogido el gusto a eso de los estallidos. Ese jueves hacíamos apuestas varias. Si saltaría estando ella o yo debajo; si lograría correrme antes de que sonara; si el estallido podría ser doble si le tocaba una teta primero y otra después... Banalidades, juegos de calentamiento. Para nada éramos conscientes del drama que se nos avecinaba. Su piel estaba tersa y cuidada como siempre, juvenil. Su sonrisa, más bella que nunca, empezaba a mezclar la maldad propia de la femme fatale con la ternura de las mujeres que se enamoran. Sentía el gusto y el placer de poder disfrutar de una hembra así. Del bar de la esquina a su casa, lo que otras veces estaba rebosante de deseo sexual y ausencia de vocablos, esta vez iba lleno de risas y tocamientos provocadores. A través del pantalón, agarró mi órgano entre sus dedos y lo manipuló dejándolo listo para estallar la bragueta. Se reía a carcajadas de mi vulnerabilidad.

Subimos en el ascensor donde aproveché para desabrocharle el sujetador y notar la humedad entre sus muslos. Quererla o no quererla era irrelevante. La deseaba. Deseaba poseerla y no tenía reparos en mostrarlo. Estaba seguro de ser la comidilla, el centro de comentarios en el centro de salud, especialmente entre las administrativas. Una locura. Un descrédito para mí. Tendría que abandonar la docencia. Pedir que la trasladaran a otro centro para su formación. Quería y no quería. ¿Cómo renunciar a sus encantos cuando eran la chispa del día? No hubo más tiempo para mis disquisiciones metafísico-éticas. El jueves último de ese mes de marzo estalló todo. Abrió la puerta como iba. Despeinada, sudorosa, el abrigo abierto, el sujetador desabrochado, la media negra de liguero de licra resbalándole por la pierna...

Ella abrió..., iba un poco por delante de mí. Sus llaves. Su casa. No hubo opción para ninguna de nuestras apuestas. No hubo opción para ella. Un disparo estalló a bocajarro sobre su vientre. Cayó, impulsada hacia atrás, empujándome que apenas tuve fuerzas y reflejos para recogerla..., una sombra discurrió junto a nuestros cuerpos escapándose por las escaleras... No tuve tiempo de fijarme... Pensamiento para ella, se le escapaba la vida... Ni un ay, ni un alarido, ni una exclamación..., se desangraba... La reclináé sobre el suelo en postura de defensa, logré apoyarla en una alfombra y marcar el 112 para que acudieran en nuestro auxilio... Taponé su abdomen como pude, las toallas que encontré en el baño... Olor a detritus y chamusquina, olor a muerte inminente... Su rostro palidecía por instantes..., perdió la consciencia no sin antes dedicarme una mueca que asemejaba una sonrisa... En pocos momentos aquello se llenó de gente… Vecinos que habían dado la voz de alarma… Los sanitarios enfundados en trajes azules espaciales… La camilla…, la bombona de oxígeno…, la vía, los sueros… Las preguntas sobre los hechos exactos… Me fijaba exclusivamente en que ella latía, que el registro de su corazón se mantenía normofuncionante… Estaba en la escena…, estaba fuera de ella, como espectador… La policía me esposó. Sospechoso de delito de violencia doméstica en grado de tentativa de asesinato… Llamarían a mi familia para informar del arresto preventivo en prisión hasta que los hechos se aclararan.

Los hechos tuvieron un tinte de drama que fue desbordándose con la investigación policial. El Dr. Sanz fue inmediatamente puesto en libertad. Esa misma mañana, se había recibido en la centralita la llamada de un profesional de seguridad que alertaba sobre una mujer que había contactado con él en innumerables ocasiones a través de e-mails y SMS, con la intención de contratarle para pergeñar el asesinato de alguien sin importancia, pero que había intuido que era "la otra" de su esposo. Por la insistencia y las características de los mensajes, pensaba que iba en serio y que si él no lo hacía, recurriría a un sicario profesional. ¿Quién, entonces, había realizado las primeras advertencias? ¿Quién les había seguido y había sido capaz de tender esa trampa que casi termina en la tragedia de una muerte?

La mujer del Dr. Sanz ingresó en prisión preventiva por tentativa de asesinato. Posteriormente, los psiquiatras se hicieron cargo de ella y fue puesta en tratamiento con litio y otras drogas por síndrome maníaco-depresivo, trastorno grave del cerebro y del ánimo, con emociones tan fuertes e intensas que justificaban esos cambios extremos de comportamiento. En sus psicosis estaba convencida de que si ella no agredía a Laura de una u otra forma, Laura se materializaría una noche para llevársela al otro barrio con una jeringuilla letal. Su psiquiatra conjeturó que podía padecer esta enfermedad desde los veinte años, de forma leve y que, sin saberse la causa exacta, se había reactivado en el último año. Al menos así constó en el informe pericial.

El hijo del Dr. Sanz resultó ser el autor material de los disparos, del día de autos y los días anteriores. Había rastreado los mensajes de su madre en el periodo en el que ella decidió modernizarse tecnológicamente, con lo que se percató de la supuesta infidelidad de su padre, que se ocupó de comprobar personalmente. Se hizo con la llave del apartamento de Laura sustrayéndosela al Dr. Sanz de su bolsillo y haciéndole una copia. No tenía intención de matar a nadie, simplemente establecer una conducta disuasoria, tipo perro de Pávlov. Si conseguía que su padre tuviera el reflejo condicionado de una situación negativa en las visitas al piso de Laura, entonces no acudiría más y se solucionaría el problema que se les presentaba a sus padres. Desafortunadamente, al intentar ir un poco más lejos, repercutiendo de forma más intensa en el experimento, disparó sin corregir el ángulo de tiro, acertando a la joven en vez de al paragüero. El chico fue puesto bajo la tutela de su padre, supervisado por dos especialistas en salud mental y el juez lo declaró inocente de los cargos de intento de asesinato con premeditación y alevosía.

El Dr. Sanz estuvo alejado del desempeño de sus labores profesionales durante seis meses por la situación de incapacidad laboral transitoria, de baja, como suele decirse, por depresión. Cuando regresó a la consulta, lo hizo con un carácter taciturno y reservado. "No es el que era" —decían los pacientes—. Fue trasladado a un nuevo puesto de trabajo en cuanto surgió la primera oportunidad para alejarlo del escenario de los hechos y los comentarios.

Laura ingresó en la Unidad de Cuidados Intensivos durante un mes tras su paso por quirófano. Interrumpió su formación como médico interno residente para presentarse de nuevo al examen MIR con la intención de sacar otra plaza en otra especialidad y destino. Comenzó a utilizar su segundo nombre, Marta, para que no la identificaran por la prensa y su pasado.

EN TIEMPOS DE MARIPOSAS

Es absurdo eso de que a los niños les viene
bien llorar porque el llanto les abre los pulmones.

Carlos González

Paco, de ocho años, pelo pincho castaño, salió de la consulta de pediatría con una sonrisa en los labios. Era la primera sonrisa que otorgaba desde hacía muchos meses. Se quejaba constantemente de dolor de tripa. Le habían hecho todo tipo de pruebas: unos dolorosísimos análisis de sangre, una superasquerosa toma de las cacas de la mañana, hasta un celo en su culete para ver si tenía huevos de lombrices. Nada. El chiquillo no tenía nada, pero le dolía la barriga a todas horas. Sus padres se habían separado meses atrás y la vida se le había vuelto del revés. No entendía las clases. No iba bien en el colegio. No encontraba sus cosas que se esparcían de casa en casa. Y se había peleado con todos sus amigos. No se juntaba con ninguno. Y encima estaban pensando en cambiarle de cole. Lo que le faltaba.

Pero esa mañana, uno de los ángeles especializados en esos raros seres que todos hemos sido y se nos olvida, le había dado la medicina más adecuada: un cuento para él.

EN TIEMPOS
DE MARIPOSAS

La pobre mariposa no se había enterado de lo que pasaba. Alguna mirada indiscreta le insinuaba que algo no marchaba bien. De vez en cuando incluso tenía la sensación de que había un franco comentario. Pero no sabía a ciencia cierta lo que ocurría.

Todo comenzó aquella mañana. Sus padres siempre le habían recomendado que no saliera en días como aquel. Llovía, llovía, eternamente llovía. Los días se hacían largos, absolutamente tediosos. No sabía qué inventar. Había jugado al corro de la mariposa en la ensalada; se había disfrazado con los polvos de su madre (aunque lo tenía prohibido); se había olvidado de la causa por la que se peleaba con sus hermanas: se había dejado las antenas en ello. Y llovía. Hasta por la televisión no emitían más que programas aburridos sobre antebol. ¡Menudo rollo!

Sus primas, las mariposas nocturnas, le habían propuesto ir a comer lana. Sabían de un sitio maravilloso en el cual podían roer hasta reventar. Pero se acordaba de la última vez que dio semejante paso. Se caía de sueño. Las alas eran incapaces de alzar el vuelo y la tripa le dolía… La lana no sabía cómo el néctar de las flores. Y todo estaba tan oscuro. Olía mal. A…, ¿naftalina, un veneno? También peligroso.

Pensó dormir una siesta. El tiempo invitaba a ello. Vuelta y vuelta… Vuelta y vuelta. Y revuelta. Y más vueltas. La almohada en el suelo. Las alas arrugadas. Las antenas necesitaban un peinestirón.

Subió a buscar a alguien para entablar conversación. La madre estaba planchando. Los padres de las mariposas nunca están en casa, por eso no se conocen a los mariposos. Varias de sus hermanas habían desaparecido. Les explicaban que lo efímero era sinónimo de eternidad. Como las plantas del desierto, que duran un día. ¿Qué pasaría con ella? Manella, su prima, no estaba, no tenía con quién jugar.

Los cristales de las ventanas estaban muy fríos, francamente fríos. Las alas apenas se podían sacudir. Llovía. Llovía. Llovía. Los ojos se le cerraron, arrullados por el repiqueteo de las gotas sobre el tejado, sobre el vidrio, en el patio.

No tenía conciencia de cuánto tiempo había permanecido así. Estaba aterida. Metió las antenas debajo de las alas, para procurarse un poco de calor. Un rayo de sol pareció colarse por la ventana de la cocina. Tenía tanto frío que no podía desplazarse. Los tres metros de distancia de la sala al fogón parecían infinitos. Un, dos, tres, batir. Un dos, tres, agitar. Un, dos, por fin.

Salió. De la casa, de la cocina, del aburrimiento. Fuera hacía más frío, pero la novedad y el ejercicio le impedían notarlo. Brr... Batir, batir. El rayo de sol estaba lejos. ¿Cómo? ¿Otra nube? Menuda impertinencia. Si uno desea sol, ¿por qué no hay sol? Si suspira sombra en pleno agosto, ¿por qué no aparece? "En realidad —pensó la mariposa—, las cosas más importantes ocurren dentro de nuestra mente".

Pero la nube estaba allí, e hizo lo que hacen las nubes, que para eso están. Claro, es su trabajo y destino: llover. Y lo que llovió no fue demasiado, porque era una nube chiquitita. Y se inició la desgracia de nuestra protagonista.

Por si no lo sabéis, las mariposas no vuelan porque vuelan. No son como los pájaros, con poderosos músculos y grandiosas plumas. Ni como los aviones, con motores rugientes que espantan a las lamparillas (pequeños insectos alados de resplandecientes colores). No. Las mariposas vuelan porque tienen un polvo mágico llamado polvis. Polvos que producen cuando están larvadas, durmiendo, transformándose. Son las limaduras de los sueños. Algunos son de brillantes tonos, pero también los hay apagados, mates, en blanco y negro. Hay pardos para las polillas, que son así para que nadie las vea en la oscuridad. Proceden de las pesadillas. Y turquesas, verdes, rojos, azules. Cada uno del tono en el que sueñes e incluso en tecnicolor.

Nuestra mariposa perdió la color. La lluvia arrastró todas y cada una de las motas que llevaba. Esa nube, esa pequeña nube no sabía cuanta tristeza acarreaba. Pero la mariposa, en principio, no se percató de ello. Simplemente estaba algo más lánguida. Pero continuaba con todas sus actividades normales, claro, de mariposa. Revolotear por las mañanas, hablar con las abejas sobre néctares y pólenes. Posarse en las flores más brillantes. Juguetear en el hocico del perro dormido, ese viejo de mal humor.

Además, las mariposas no saben mirarse al espejo. Las antenas no saben mirar, escuchan músicas en frecuencias inaudibles, las que salen del corazón. Los ojos de las mariposas son increíbles: miran en caleidoscopio. Por eso no distinguen el color del cristal en que se miran. A veces ven mal. O torcido. O con rayas por medio. Pero siempre muy bonito. Excepto para nuestra mariposa que, a pesar de intentar realizar la vida con normalidad, con alegría, con virtuosismo, con espontaneidad, languidecía en sí misma.

Tuvo suerte. Oyó el comentario de alguien que la quería: sus alas no eran de color. El polvo se había lavado. ¿Que cómo son las alas de una mariposa sin color? Tristes, traslúcidas y opacas. Ningún niño las miraría.

Pero no hay mal que por bien no venga (esto quiere decir que de todo aprende uno, aunque no quiera). Sabía lo que le ocurría. Tendría que buscar una solución. Lo malo era: ¿cómo volar a buscar soluciones si no podía volar? Sin polvo. Aquí no valían los polvos prestados. Ni los de su madre. Ni el que se cayó de viejo. Ni el que se barre con la escoba (ni siquiera para las polillas). Había que buscar el de la imaginación y la fantasía.

Y comenzó su andadura. Se montó en la cesta de la compra de la señora de la casa. Llegó al mercado y allí vio una mercería llena de cintas de colores. Todos los colores, como habían sido sus alas. Pero la mercera no quiso regalarle un par de centímetros de cada rollito para adornarla. No tenía dinero para comprarlas.

En la misma cesta —apestosa de pescado—, se dirigió a la peluquería. Los tintes modernos pasan por todos los tonos: dorado, rubio, rubio ceniza, anaranjado, castaño, caoba. Azules, lilas y plateados, el último grito. Pero la señora peluquera estaba tan atareada, había tanta cola, que no había turno para nuestra mariposa.

Otro día, partieron para el médico. Nuestra amiga estaba segura de que allí encontraría la compostura. Algún remedio, pastilla, jarabe o loción. Pero también se equivocaba. No había solicitado cita y el señor doctor no tenía un hueco para ella…

Aun estando cada día más débil, no perdía la esperanza. Efímero. Eterno. Sinónimos que parecen antónimos. En este caso, se dirigió a una bordadora. Volvían a ser moda los adornos clásicos, pero ahora se cosían con máquinas. Bordan lo que quieras, en miles de colores, con el trazado que se disponga. Pero la bordadora tenía un montón, un verdadero montón de encargos, así como cien manteles, y no tenía tiempo para nuestra amiga.

Ella pensó: "¿Qué hago ahora? ¿Dónde voy?". Y le vino la idea. ¿Cómo no se le había ocurrido antes? Al parque. Ahora, en primavera había muchos pintores, todos trabajando. Retratos de esta, de aquel. Unos con carboncillo —demasiado negro—, otros con pastel —demasiado difuminado—, otros con óleos —estupendo, así jamás se le irían los colores—. Pero no tenía razón. El corrillo de transeúntes curiosos la impedían acercarse. El pintor miraba, cogía el pincel midiendo las distancias, y lo aplicaba al punto exacto aportando tonalidades indebidas. Claro está, indebidas para los ojos de una mariposa que ven en caleidoscopio. Tampoco tenía tres segundos para disponer tres o cuatro puntos de color sobre las alas de nuestra mariposa. Sí, ella se conformaba con los tres colores básicos: azul, rojo y amarillo. (Pensaba que con esos tres y el tiempo, aleteándolos, recobraría su viveza previa).

Aquella había sido su última oportunidad. Languidecía. Llegar hasta allí le había supuesto un esfuerzo ímprobo. Se arrastraba por el césped pisoteado del parque con miedo de que alguien la aplastase. No sabía qué era peor si con botas o tacones.

Y le entró el pánico. Había oído tantas historias de niños gritones, de los cazamariposas que las clavaban en corchos sin ningún miramiento. Estos niños, y algunos mayores, buscaban las más novedosas, las distintas, las diferentes. ¿Quién no iba a querer una mariposa sin color, semejante rareza? Había un ejemplar de esos en la cercanía. Oyó con pavor: "Mamá, mamá, mira qué raro, una mariposa sin la color". Porque habréis de saber que no es el color, sino la color. Femenino singular. Materia.

El niño se acercó cautelosamente. Como sin darse cuenta. La mariposa temblaba. No le quedaba otra. Sin fuerzas. Exhausta. Sin polvo para volar. Se hizo la muerta. A lo mejor así perdía interés en ella y se largaba.

No sabía que era un niño artista. Por eso había escuchado su voz. La recogió con sumo cuidado, la depositó en la palma de su mano y la observó cuidadosamente. "Parece normal, pero no lo es" —le oyó comentar nuestra amiga—. "No tiene polvo. Las alas son medio sucias, medio transparentes, medio opacas". La mariposa temblaba ante la perspectiva de un banderillazo. Podía ser lo mejor. El descanso eterno. La juventud conservada. La inmortalidad en bandeja de cristal.

Pero el niño, que se llamaba como tú, Paco, sacó las tizas de colores que había llevado al parque. Su aspecto era reconcentrado en ese momento, frágil, soñador. Con cautela, revistió las alas de polvis rosa que había triturado entre los dedos. Procuraba no hacerle daño, pero era inevitable, como cuando te curamos. La mariposa no daba crédito a lo que le sucedía.

Tras el rosa, que aligeró con un suave batir de alas, le dispuso verde brillante por encima: calor y esperanza. Por último, un par de pinceladas azulonas y amarillas, un toque real. La mariposa se agitaba, feliz. Lista para alzar el vuelo.

Como tú —le dice Ángeles, la pediatra—, que estás listo para irte al colegio sin dolor de tripa. Dame un beso que no quiero verte en una buena temporada. No te vuelvas a poner malito.

LO QUE TE PUEDE ES LO QUE TE PIERDES (PIÉNSATELO)

Si os encontráis con un doctor de moda, observadlo atentamente,
desde una prudente distancia, antes de confiaros a él.

Axel Munthe

—Bueno, no sé cómo empezar. La realidad es que no sé cómo explicar lo que me pasa. En realidad, la pura realidad, es que no me pasa nada y me pasa de todo...

La mirada de Marcela era más que un poema. A la tristeza de sus ojos se asomaba la tristeza de su alma. El mechón canoso de su flequillo caía como una cortina intentando tapar las iniquidades que sufría en sus carnes. Algo no iba bien. Algo que no va bien en las mujeres de cierta edad. Esa "cierta" edad en la que la edad en sí quiere desaparecer..., hacerse recóndita..., la edad en la que la edad no se pregunta pues preguntarlo es ofensa. Ese momento en que la fecha de nacimiento es como la de caducidad.

—Empezando, doctor, por esto que me ve..., mire —Marcela se levanta recatadamente la camisa para mostrar un escote quemado, erosionado, enrojecido, dolorido y descamado—, me realicé un *peeling* químico, creo que era el nombre, y algo de láser y... —las lágrimas fluyen a sus ojos.

—...

—Doctor, me miro al espejo y no me gusta lo que veo. No es un gesto nuevo, lo hago cada día, seguro que usted también. Hoy es especial. No es porque mañana sea San Valentín. Peor. Fatal, tétrico. No sé si es que me miro con luz natural, es más tarde y no me alumbran los halógenos como cada día cuando voy al trabajo, ni un sábado, como cuando me arreglo para salir a cenar. Hoy es un día fatídico. No porque cumpla cincuenta que, por supuesto, no voy a celebrar. No por nada. No. Es porque, súbitamente, me doy cuenta de la cantidad de arrugas de mi rostro. Me miro. ¡Mierda de patas de gallo! ¡La flacidez de la cara! ¡Qué hoyuelos ni qué ocho cuartos! ¡Marcas brutales! Hoy decido que tengo que hacer algo. Así que aquí estoy. Eso dije y aquí estoy, con este resultado desastroso. ¡Ayúdeme!

LO QUE TE PUEDE ES LO QUE TE PIERDES (PIÉNSATELO)

—¡Marssela! ¡No se preocupe! —la cálida voz del doctor con un discretísimo aire andaluz y su mano sobre la de ella la reconforta. El doctor, alto, delgado, suave, bien parecido, encantador y delicado, elabora la salida—. Marssela, miles de mujeres encuentran solución a sus problemas. ¿No va a encontrar usted la suya? Pero pasa por ayudar a su autoestima. A ver, descúbrase bien que vea ese escote quemado.

La paciente se descubre tras la cortinilla de la consulta y la mirada crítica del doctor la llena de preocupación

—Ese sujetador color carne, que tanto usan las mujeres de su quinta y que evidencia la belleza del pecho perdido, no debería usarlo. Esa es justo la forma que jamás quisiera mostrar. Así de mal puesto lo único que consigue es que las mamas sucumban más (todavía) a la fuerza de la gravedad. Es fundamental la talla adecuada, la fuerza de los tirantes suficiente…, en su sitio…, el objetivo es que no bajen. No hace falta venir recatada al médico.

Para empezar, decirle que no hay mayor ni mejor placer que comprar un sujetador y bragas nuevas. ¡Pruebe! No hay que ceñirse en absoluto a las prendas clásicas. Las de su generación usan poco tanga. Les ha llegado tarde. Es incómodo, mal que les pese. No cumplen las funciones de una braga. No protegen, no recoge el flujo de la zona, facilita las infecciones vaginales, se clava, que es lo peor. Pero…, es tremendamente sexy. Incluso aunque el trasero sea, sea…, abundante. Tiene la ventaja de no marcar, aunque se lleve ropa muy ajustada. Tangas sí, no siempre. En esas ocasiones que usted sabe. ¿La talla? Una más. Así evitará que se le clave (más de la cuenta) en las partes íntimas.

Y no dude. Regálese cada mes alguna de estas prendas. No se gaste una fortuna. Si se lo puedes permitir, Passionata o marca cara alternativa. Se lo digo yo. Esto queda fuera del registro de esta consulta, pero sé mucho sobre ello. Como no suele ser lo habitual, hay opciones divertidas y baratas donde la selección además rejuvenece: hay una selección de lencería de H&M que le privará. Siempre hay unos cuantos que puedan adaptarse a sus necesidades concretas. Tallas a montones con todo tipo de copas. Variedad de colores. Use de esos con relleno, de los que "realzan la figura". ¿Por qué negar lo evidente? El pecho, con la edad, los embarazos, las lactancias, pierde carnosidad. Y ¿por qué no aparentar y jugar con el deseo y los sueños? Que los hombres sueñen despiertos que la quieren achuchar. Sentirse guapa y atractiva es volverse guapa y *atracativa*, perdón, atractiva. Lo justo, sin pasarse, que si no, en cuanto la toquen, se despiden.

La otra opción, Marssela, es la quirúrgica. No sé si habrá reflexionado sobre ello —continúa el profesional suave, libidinosamente—. Unas buenas prótesis, tamaño y textura adecuados…, con sus riesgos y ventajas. La asesoraría de forma adecuada. Ojo también con subírselas hasta la garganta, algunos cirujanos lo consiguen y luego no hay quien las baje. El riesgo que se corre es que parezca que hablan con su escote cuando la vean y nunca más nadie le mira a la cara. Ahora las prótesis son maravillosas, como naturales y no queda apenas cicatriz. Veinticuatro horas de ingreso y nadie tiene por qué notarlo. Esta es mi tarjeta, por si lo piensa. Mi equipo también realiza liftings, retoques de cara y otras intervenciones. Somos líderes en el sector. Como usted es paciente mía, tendríamos, por su puesto, una atención especial…, ya me entiende…

NO EXISTEN LOS FANTASMAS

El médico que no entiende de almas
no entenderá cuerpos.

José Narosky

La doctora Ortuño nombra a María de la Fuente para que entre a la consulta. Una mujer anciana, pequeña, dulce, con las canas recogidas en un moño en forma de lazo, con una sonrisa que denota conocer y querer a su médico de cabecera, renquea en el umbral de la puerta. La mirada sutilmente perdida se apoya en un varón de mediana edad que la conduce con levedad. Frágil parece la mujer.

—Buenos días, doctora. Creo que nos conocimos hace tiempo. Me ha indicado mi hermana que la acompañe. Mi madre tiene bastantes problemas de memoria, como sabe, pero además últimamente está muy inquieta. No duerme por las noches, está muy irritable. Ha llegado a agredir a la persona que la cuida y no se quiere tomar las pastillas para el corazón. Se ha empeñado en que la queremos envenenar. Convénzala de que esto no es así o díganos qué podemos hacer.

—Doña Susana —una voz ligera, pueril y temerosa se dirige a la profesional—. Doña Susana, no le haga caso, mi hijo dice tonterías. Pero me tiene que ayudar. Víctor ha vuelto. Está en la casa. Ellos no me creen porque no lo ven. Se esconde en la habitación de al lado y por la noche sale. A ratos los pasa en el armario del vestidor, ese grandón que conoce. Aún no me ha pasado nada, pero tengo mucho miedo. Tiene que ayudarme…

La doctora Susana Ortuño recordó a la ahora anciana veinte años antes, cuando ella ocupó su puesto de trabajo por oposición y en el que seguía. Una mujer sana a punto de jubilarse. Una mujer con historia detrás.

NO EXISTEN
LOS FANTASMAS

Me encontraba en la cocina desgranando guisantes y la vida con mi hermana. Los aconteceres, las cosas de las amigas, nuestros platos favoritos Después de ese accidente, había quedado fatal. Fui recuperando poco a poco. Primero, sola al baño, luego, un paseo por la casa. Me dolían las piernas en la cama. Una mezcla de secuelas del daño y agujetas propias de la rehabilitación. Estaba muy deprimida. Muchas horas en la soledad más absoluta. Los dolores eran inmensos, digamos que de nueve en una escala de diez. Me metieron medicación analgésica en abundancia. Una noche me desperté con dos caras siniestras mirándome a la cara fijamente. Intenté despertar de mi sobresalto y las caras seguían allí fijas, inmutables, con ojos saltones, uno de barba quemada, larga y sucia. El otro de ojos centelleantes y saliva en las comisuras. Estaba aterrorizada y simultáneamente consciente de que aquello no era cierto.

El traumatólogo no daba un duro por mi pierna, decía que la radiografía de mi tobillo era la de un canario y que ese hueso no tenía de dónde crecer. Muy positivo él. Me veía coja. Ese camión nos había atropellado. Sobre todo, nos habían atropellado la vida, que se detuvo en seco. La psiquiatra me diagnosticó depresión y me obligó a tomar unas cuantas pastillas que me ataban a la cama y a mi pena. Pensé que todas esas visiones provenían de la farmacopea administrada. Yo, una más de la gente intoxicada por exigencias en el consultorio. Si pedimos, nos dan.

Hasta que llegó él, como una inyección de vitalidad. Me volví loca. Apareció tras ese cortinaje. Pensaba que era un fantasma sin casa que embrujar, pero encontró la suya. Y a mí. Lo habían contratado mis hermanos para obligarme a realizar los ejercicios que me llevaran a la mejor rehabilitación posible. A caminar. A valerme por mí misma. Lo lograron. Estaba agonizante de dolor... La silla de ruedas, mis pies y mis manos. Y salí. Caminando, liviana.

Él..., él me producía un rehilar que no podía, temblando como una hoja cuando se acercaba. Y cuando me tocaba para manipular mi pierna en estado de putrefacción avanzada, me subía una fiebre interna..., me ardía la boca, los labios me dolían al tocar la comida..., o al besar..., era muy extraño...

Me sentía muy débil, como si me estuvieran abduciendo. Nada más me rozaba el aire, sucumbía tirada, suspirando. Y lo peor eran las palpitaciones... Notaba cómo el corazón se me aceleraba y se me quedaba un latido sostenido, como si se fuera a perderse en el espacio. Hasta sentir que el corazón se me bajaba a la pierna y podía palparlo. Mis extremidades sensitivas estaban tan sensibles que, tumbada en la cama, notaba cómo fluctuaba el suelo y cómo la sangre circulaba por las piernas. Entenderá que me enamoré. Nos casamos. No había ninguna regla que lo prohibiera. Salí de ese accidente a los treinta años y, en menos de seis meses, había firmado el acta matrimonial.

Nos fuimos a vivir juntos como cualquier pareja. Imagínese. Yo estaba más feliz que un chaval con un cartucho de pipas. Guapo, alto, elegante, muy bien parecido. Estaba en la retaguardia militar y perseveraba en su entrenamiento por si tenían que movilizarle. Gracias a ello, gozábamos del privilegio de ese piso que usted conoce, pequeño pero buena zona de Madrid. Vinieron tres chavales. Ninguno más porque comenzó a repudiarme.

Creo que por entonces bebía demasiado. En casa nada, pero olía a su llegada. No me atrevía a contárselo a nadie, vaya que fueran imaginaciones mías. Procuraba tenerle la comida lista a tiempo y la ropa bien planchada. No sé si por aquel entonces se le cruzaría alguna otra mujer en su camino. Hubiera sido fácil, tan guapo que era. Como me encontró a mí. Pensándolo. Supongo que sería así.

Tuvo la suerte de coger otro puesto de trabajo. Un cargo de seguridad relativamente importante. Esto le ocupó tanto tiempo que finalmente solo se dedicaba a esto. Para la familia nos iba mejor, ganaba bastante más. Yo, por entonces, estaba de maestra en un colegio, concretamente al que acudían mis hijos. Él pareció que mejoraba. Más tranquilo, más contento, cariñoso conmigo y con los niños. Pero me seguía rechazando. Comenzó con la manía de que si nuestro tercer hijo era hijo del vecino de enfrente. Que para qué tenía yo que ir a esa casa. Simplemente, iba a ayudar con los deberes a sus hijos o a dejarles los míos cuando salía a un recado.

Por supuesto, los recados, la compra, la farmacia, el pan o el periódico se convirtieron en pesadillas para mí. Se las agenció para que todo fuera traído a casa. Se volvió muy quisquilloso. O yo era infiel, o a él lo perseguían por razones de estado. Día a día se volvía más iracundo. Un día, le dio una paliza a la niña porque se había puesto mis zapatos de tacón. Como cualquier cría hace, le dijo que era para que recordara que no quería otra fulana en la casa. Se imagina. Estaba destrozada. La vileza del alma humana es indescriptible. Llegados a este punto me daba miedo. Sentí de pleno el horror de las emociones humanas. Hasta el dolor más agudo puede desahogarse en violencia.

Una mañana temprano bajé al garaje a recoger algo del coche. El portero andaba deambulando por allí con las basuras. Este era un hombre turbio o a mí me lo parecía. Se acercó susurrándome sobre mi marido y la propina que le daba mensualmente. Parece que no le había llegado en los últimos días y que el presidente de la comunidad se iba a enterar del material que guardaba en el almacén como no se resolviera pronto. Al aproximarme, creí ver dos sombras dentro que me resultaban familiares y el pavor de una rata muerta detrás del coche. La vista se me nubló. ¡Mis padres sentados en la trasera de nuestro vehículo! ¡Ellos habían fallecido en el terrible accidente del que yo salí lesionada pero viva! La culpa me atacó pensando que lo que me sucedía ahora era para saldar mis deudas por la muerte de mis padres. Conducía yo y no vi venir el camión que nos tragó por la derecha.

No sabía qué hacer con mi vida, con mis hijos. Sentía un peligro inminente que se cernía sobre nosotros sin poderlo definir. Él me insultaba y me trababa de imbécil, me avergonzaba. No tenía escapatoria. Sin mucho problema, conseguí irme a dormir con la niña y les aleccioné a todos a echar el pestillo por las noches. Llegó a pegarme..., en más de una ocasión, pero siempre conseguí disimularlo a los chicos. Afronté esos años como pude, los niños dejaron de serlo, crecieron, hicieron su vida.

El final lo conoce usted bien. Fue más o menos cuando vino usted a este centro de salud. Recuerdo cómo me ayudó, cómo habló con mis hijos para que no viviéramos en la misma casa. Usted, no sé cómo lo logró. Está claro que aquella noche fue definitiva. Él había adelgazado mucho, muchísimo. A solas no paraba de insultarme, de decirme que me iba a meter la cabeza debajo de la almohada hasta ahogarme. Que se iba a vengar de todas las infidelidades que había cometido. Si había observadores, podía controlarse a la perfección. Incluso mis hijos no alcanzaban a ver la gravedad de la situación. Por entonces, aprendí que los grandes bebedores son grandes celosos, por cierto, grado de impotencia y algún trastorno cerebral. Usted intuyó que me había agredido. Sí, la fractura de las costillas se la debí a un golpe suyo. Usted no se creyó que me había golpeado con la puerta.

Esa noche, él era un esqueleto que se balanceaba debajo de su bata, fumando sin ganas a la puerta de mi habitación, mofándose del llanto callado. Y se desplomó. Una masa informe y deforme, jadeante, con un borboteo de orina turbia con un indefectible olor a manzana..., podrida y a sudor no lavado. Me puse en contacto con el servicio de urgencias. Nunca volvió a la casa. De alguna manera, usted tramitó que se marchara con mi hijo, con el mayor que era con el que se llevaba bien. Pude respirar. Disfrutar del sol, de los paseos, las vecinas, salir a la compra sin regresar atosigada por la prisa y el miedo. Murió a los cinco años de esos hechos, de un infarto cerebral, creo.

Cuán verdad es que en ocasiones se hace la noche y nos deja ciegos. Lo vi entonces claro. Una fotografía, un rostro, una alambrada. Me vi encerrada en la *cárcel que había tejido con mi silencio. Ni me ayudé a mí ni ayudé a mis hijos con mi terror. Y usted supo verlo, supo salvarme. Nunca le estaré lo suficientemente agradecida.*

La doctora Ordúñez recapitula la situación actual. Ella misma tiene canas que tiñe con henna. La maestra persiste en la dulzura que le brindaba a los niños, en su temor infantil.

—María —le contesta asertiva la galena, acercando su rostro para que pueda reconocerla y oírla bien—. Si Víctor se marchó una vez, conseguiremos que se marche otra.

Quince días más tarde, gracias a la dosificación adecuada de un tratamiento para las alucinaciones asociadas a la demencia degenerativa, María sonreía de nuevo, feliz como una princesita. Víctor se había vuelto a marchar. No existen los fantasmas..., pero a veces asaltan.

LA SALA DE ESPERA..., DESESPERA

El médico debe ser el auxiliar de la naturaleza,
no su enemigo.

Paracelso

—Pase. ¿Eres Marisa Alberca? ¿Sí? ¿Traes el bote de la orina? ¿No?
No pasa nada. Habría sido mejor la primera orina de la mañana.
Los servicios están al fondo del pasillo a la izquierda. Luego tardamos
exactamente un minuto en darte el resultado del test de embarazo.

LA SALA DE ESPERA..., DESESPERA

—¡Marisa! ¡Buenos días! —saluda una mujer acicalada, con medias negras, tacón de aguja y falda de tubo—. ¿Cómo tú por aquí? Yo he venido a comprobar si Raquel, que tiene ahora seis, tiene todas las vacunas puestas. La he dejado en el cole para que no pierda ni una hora de clase. Y aquí me están dando largas. Mira que no se tarda ni treinta segundos en mirarlo en el ordenador. Tanto la pediatra como la enfermera dicen que como no tengo hora, me tengo que esperar. ¿Qué les costará? Total que aquí estoy, esperando a que alguna de ellas le dé la gana de darme la información y así saber si tengo que traer a la niña o no —percatándose de que no ha dejado de hablar, repregunta a la tal Marisa—. No me has contado qué haces tú aquí. ¿Estás enferma?

Marisa, morena, ágil, perlas enmarcando el rostro vulnerable a la noticia y sonrisa contenida le responde.

—No, he venido a realizarme una pequeña prueba. Aguardo el resultado, ahora paso con el doctor.

—¿Qué prueba? —replica la de la falda de tubo—. ¿Hacen pruebas en este ambulatorio? ¡No lo sabía! Pensé que era solo para vacunas y sacar sangre. Pero ¿estás enferma? ¡No lo pareces! —continúa Nadine, madre de Raquel, invasiva en sus apreciaciones.

De la sala número cuatro, la de urgencias, una pediatra apresurada saca la cabeza.

—¿La mamá de Rubén? ¿Es usted? Pase, hemos terminado con los aerosoles. El niño está mucho mejor, se ha pasado el peligro. Ahora ventila y satura a la perfección. Ha hecho muy bien en traerlo, podría haberse puesto muy grave. En un rato le indico las instrucciones y medicación para casa.

De la habitación contigua, un chaval joven, unos veintipocos, estudiante con toda seguridad, menciona inseguro cuatro nombres que no responden. Tras repetirlos en voz más alta y más clara, un anciano vacilante en su bastón se alza del asiento y, de su barba teñida de edad, se escupen palabras poco inteligibles y pasa al despacho correspondiente.

—Marisa —se vuelve a dirigir a la joven la ínclita de las medias negras—. Creo que te han llamado mientras estabas en el baño. Toca a la puerta diciendo que estás aquí, a lo mejor tienes la suerte de irte ya. ¡Traes orina! ¿No te irás a hacer una prueba de embarazo?

El frunce de los labios de Marisa adelanta la posibilidad de una nueva vida.

—¡Lo sabía! ¡Enhorabuena! —exclama Nadine.

—¡Calla! —indica prudente Marisa—. No adelantes acontecimientos. Todavía tienen que testarlo. Y ni siquiera sé si quiero realmente…

—¿Qué no quieres? ¿Qué no…?

Y antes de que haya terminado la frase, la enfermera la llama para informarle sobre el calendario vacunal de su hija Raquel. La sala de espera tiene un aire zumbador. Las voces de aquí y de allá le dan un cariz de colmena. Lola Río, robusta y contundente, se inmiscuye en la conversación con Marisa, que continúa aguardando.

—Yo se lo dije a mis chicas: un puesto de trabajo, que no dependan de nadie. Ellas, dueñas de su cuerpo. Que no les pase como a mí. Que viene un hijo con una minusvalía y ese chico es para las madres. El padre agarra la puerta por la mañana y se va, y tú te quedas con el chico y la pena. ¡Así ahora no se quiere casar nadie! No se quieren asumir responsabilidades.

—Bueno —interrumpe Nadine a punto de marcharse—, no sea tan negativa. Ahora hay muchas posibilidades de conocer si tu hijo viene bien o mal. Lo que usted cuenta es de otros tiempos. Marisa, ¿sabes algo? ¿Te han llamado? ¿Y cómo es que dices que no sabes si quieres tenerlo?

—Cosas del trabajo. Mi jefe es muy exigente, demasiado. Ese *chalao* me tiene torturada. Si lo estuviera, ¿cómo se lo voy a contar? ¿Cómo se lo va a tomar? Más ahora, que me han hecho *project manager*.

—Hijita —Lola Río participa de nuevo—. No seas tontita. En estas cosas tienes que mirar para ti, que luego ni agradecido ni pagado. A los jefes hay que contentarles, que un chico puede llegar en cualquier momento y los puestos de trabajo buenos escasean. Perdonad que me meta —sonríe a ambas—, pero es que las mujeres de antes éramos muy bobas y así nos ha ido.

Una nueva interlocutora, Patricia Rebollo, se suma al embrollo de la conversación.

—¡Nadine! ¡Qué bueno verte por aquí! Justo te iba a llamar a ver si puedes recogerme a Pablito del cole cuando recojas a Raquel. Luego lo dejas en mi casa que está la chica. Como llueve, no quiero que se dé el paseo andando a ver si es que agarra un catarro. Estoy harta de tantos mocos.

Las vecinas se conocen del barrio, de compartir colegio y de merodear por el mismo centro de salud. Lola Río continúa incorporada a la conversación y a su retahíla se añade la fuerza de la voz de Macarena Lena, morena teñida en los sesenta abigarrados. A Marisa, punto convergente de la conversación, le gustaría meterse bajo tierra.

—Sí, Lola tiene razón. Yo tuve tres hijos y me hubiera conformado con uno, que es suficiente. Total, luego se olvidan de que tienen madre y padre. Hacen su vida, se divierten, viajan y solo se acuerdan de ti para pedirte dinero, que les laves la ropa y tener comida caliente. Esa es una vida cómoda. Y a nosotras, que nos zurzan. Y compaginar eso con la vida laboral es pero que muy complicado. Yo estoy deseando jubilarme y no veo el momento. Y tengo dos hijos de treinta y treinta y dos metidos en casa. No os esclavicéis de tenerlos.

Otra voz, angelical casi, la de Elena Reina, entra en discordia. Mientras tanto, Marisa es llamada de nuevo. Parece que se ha derramado su bote de orina y tiene que recoger una nueva muestra.

—No quisiera meterme donde nadie me llama —la señora de cálidos ojos azules comenta con delicadeza—. Para mí, los hijos es lo mejor que Dios me ha dado. Por nada del mundo me hubiera perdido esta experiencia. Ni siquiera puede llamarse experiencia, es la riqueza de la vida. No os dejéis de engañar por la vida moderna.

Nadine, que lleva mucho rato callada, mete baza de nuevo. A pesar de la prisa, de tener su información, no acaba de marcharse.

—Marisa —dirigiéndose a la interfecta, de regreso con la muestra biológica—, ¿no querrás hacer como los de Facebook? ¿Lo has leído? Yo creo que si me tocara, me subiría al carro. Es una pena que congelar óvulos sea tan caro.

Su amiga Patricia, la madre de Pablito, compañero de colegio de Raquel, salta sin dilación.

—Precisamente trabajo en la sucursal de Google España. Están seriamente pensando incorporar esa posibilidad. Yo, si lo aprueban, me apunto. De hecho, espero que lo hagan antes de que cumpla treinta y cinco. Más tarde, no te recogen los óvulos.

Macarena Lena, morena e intrigada, se interesa en el proceso. Patricia desarrolla la explicación.

—Lo que hacen es ponerte el mismo tratamiento hormonal que le ponen a las mujeres que no pueden tener hijos.

—Pero —interpela Lola Rey—, ¿para qué te ponen esa medicación, que dicen que es muy fuerte y te engorda, si puedes tener hijos? No lo entiendo.

Con cierta dosis de paciencia y mucha soberbia de mujer enterada, Nadine asume el rol de informadora.

—Como dice Patricia, te dan la medicación para que tu cuerpo produzca muchos óvulos, todos de golpe, como cuando es un tratamiento de madres estériles. Y lo que hacen es extraerlos de tu cuerpo.

Patricia, a la que no le ha hecho gracia que le quiten el protagonismo, para eso Google es su empresa y ella está considerando esa opción, salta con la avalancha técnica de conocimientos.

—Una vez que te extraen los óvulos, se aseguran de que sean de buena calidad y que sean sanos. Entonces, y solo entonces, los liofilizan.

—¿Cómo a los yogures? —interrumpe Lola Rey asombrada.

—Más o menos. Es una forma de congelación. Como con las semillas de las plantas o con el semen de animales o de hombres que se guardan para las inseminaciones artificiales.

—Entonces, esos hijos no son hijos de un acto de amor—reflexiona Elena Reina, la mujer de los ojos azules y cálidos—. No puedo imaginarme que eso se haga aposta.

Marisa, intrigada e impaciente, cuestiona a Patricia.

—¿Tú lo harías entonces? ¿Y cuánto cuesta? ¿Tu empresa os lo va a ofrecer en serio?

—Estamos en ello. Es fantástico. Así puedes desarrollar la carrera profesional sin tener el pánico de que se te pase el arroz. Es una suerte esto de la tecnología. Y con la garantía de que, tras los test genéticos, la criatura saldrá bien.

Patricia opina sin dilación.

—Y se añade la ventaja de que si cambias de pareja, que es lo que ahora ocurre con tanta frecuencia, te garantizas poder tener hijos sin problemas. Sí, a mí me pilla en los treinta y siete, aunque no los aparente, pero creo que lo haría si pudiera. O si te pones enferma grave, por ejemplo, de un cáncer, y luego te recuperas, es una opción fantástica.

Macarena, la sesentona morena deseosa de jubilación, mete el dedo en la llaga.

—Todo eso está muy bien, pero lo que no entiendo es, ¿qué gana la empresa con ofreceros congelar vuestros óvulos si es tan caro?

—Eso —Lola Rey abunda en la pregunta—, ¿qué beneficios tienen? Una empresa no da nada por nada. ¿Qué se lleva a cambio? No me cabe en la cabeza.

Marisa, que cada momento está más tensa por ser el desencadenante de la conversación, porque su resultado se hace esperar y porque se está haciendo tan tarde que su jefe se la va a armar, se incorpora de nuevo al río de la charleta.

—Pues está claro. Ahora somos tantas mujeres jóvenes trabajando que a las empresas no les interesa que nos cojamos bajas maternales. Por mucho que digan que incentivan la conciliación familiar, no es rentable que nos ausentemos de nuestros puestos cuando estamos bien cualificadas. ¿Quién nos sustituye? Si no lo hace nadie, es que nuestro puesto no es necesario. Si nos suplen, ¿lo hace alguien tan bien preparado como nosotras? ¿Y a los clientes les gusta que les cambien a las personas con las que se relacionan? La empresa lo que gana es que vayamos a trabajar sin faltar. Además, las mujeres somos muy responsables y, así nos maten, no dejamos de cumplir con nuestra obligación.

—Sí, Google lo sabe y Facebook lo sabe, por eso arriesgan por nosotras —insta Patricia orgullosa que trabaja en la primera compañía mencionada.

Nadine, por supuesto, tiene algo que decir.

—Es el futuro. ¿No lo ven? La mujer se libera de la biología que la ata y es libre no solo de tener el número de hijos que quiera, sino que se amplía el espectro de tenerlos cuando quiera. Y ahora es comodísimo. En Estados Unidos hay sitios donde entras al parto preparada para unas horas. Sabes que no sufrirás más de la cuenta. Si en x horas no das a luz, te hacen una cesárea. Nada de tanto misticismo, partos en el agua ni más de un día de parto para terminar operada, como me pasó a mí. A lo práctico. En Estados Unidos van mucho más adelantados que aquí.

Todo el mundo se vuelve expectante y concentra la mirada en Marisa. Ha llegado su turno de ser informada de la prueba de embarazo. La sonrisa y la mirada son voluptuosas a su salida. En su mano alzada, el dispositivo con las dos rayitas rojas, fosforescentes. Es positivo.

—A mí me parece innegable que es una opción más, ¡pero no voy a dejar que una empresa dictamine o secuestre mi vida personal! ¡Faltaría más que los accionistas decidan cuándo puedo tener hijos o no! ¡O el número de hijos a tener! ¡O que termine un proyecto antes de poder hacer una tripa! ¡Estoy embarazada! ¡Y muy feliz de estarlo!

Marisa, móvil en mano, gesticulando un adiós con la mano al grupo, participa a su pareja de la inmensa felicidad del niño en su vientre.

MI POBRE CORAZÓN
HERIDO LE SANÓ

No queda al enfermo esperanza cuando
el médico aconseja intemperancia.

Séneca

—Mi pobre corazón herido le sanó, doctora, mi desventura. No sé si alguna vez podré perdonarles. Para él no existe rencor. Todo queda en cenizas. Lo que duró, duró, como fuegos artificiales. Ahora es existente, pero se ajusta al olvido. Queda la amargura de ser cuestionada como mujer vulgar. Y no tuve la culpa. Pero, sabe, las mujeres desde nuestra existencia, desde que el mundo es mundo, siempre resultamos condenadas.

Qué amargura, dicen que miento, como todas las de mi condición. Que abusamos de los pobres enfermos mayores. Que no soy la primera, que muchas lo hacen por interés. Que decir que usted ha dicho que está al borde de la muerte es pura mentira. ¡Dígaselo, doctora! Que no dura ni seis meses. Yo lo veo. Este hombre se consume día a día. Y dicen que soy una lagarta. Pero no pienso marcharme. No importa que no me paguen. Él…, ha sido tan bueno conmigo…, no me ha tocado ni pegado una vez.

MI POBRE CORAZÓN
HERIDO LE SANÓ

Fui a la casa. Arturo Larrea padecía un cáncer de pulmón terminal. Su cuerpo estaba invadido y ajado por el tabaco que le había ido pudriendo. El cáncer le ocupaba tres cuartas partes de su pulmón izquierdo. El derecho trabajaba lo que podía, marchito de antemano por tanto vicio. La quimioterapia había hecho un trabajo insuficiente y el tamaño tumoral no había disminuido. Y el mediastino, ese centro del tórax donde se alojan los órganos principales, estaba tan ocupado que había invalidado la intervención quirúrgica. El hombre, vencido por la enfermedad, no se había quejado de su falta de capacidad respiratoria. Los dolores, que debían invadirle, estaban anestesiados de forma inexplicable y las dosis de morfina que le proporcionaban eran irrisorias para esos huesos quebrados por las metástasis.

La intimidad entre ellos era inconfundible. En mi carrera profesional me había topado con numerosos casos de cuidadora-paciente, pero no con esa rebosante humanidad. Él, viudo de años de una mujer a la que a su vez atendí en sus días postreros. Él, junto a ella en todo momento, día y noche, amaneceres insomnios y soñeras. Algo insólito para un varón. Personalmente, asistí al cambio de muda mañana a mañana, vicisitud a vicisitud. Como hombre, la sensibilidad femenina de ese marido me conmovía. Sonreía y me decía que si ella le había cuidado toda la vida, bien podía hacerlo él una temporada, que eso no era nada. Arturo Larrea, un hombre entrañable.

—Doctora, ¿Y qué quiere que yo haga? Hice lo que pude. Lo que supe. ¿Es eso un delito? ¿Y si él me lo reconoció? Los hijos ahora me han metido en un pleito y no sé cómo voy a salir de él. Lo que más miedo me da es que me revoquen mis papeles. No quiero volver a mi país. No todavía, que no he ahorrado nada. No tengo ni para devolver el pasaje. Como retrasé el pago, lo que gané lo envié completo a mis hijos que estudian carrera allá. Espero que sepan aprovechar lo que su madre hace por ellos.

Como le decía, el señor Arturo siempre se portó bien conmigo. Como usted sabe, no conocí a la señora Teresa, pero para mí es como si fuera de la familia. Él la adoraba. Debió de ser buenísima. Vi todas las fotos de ellos, de su boda, de casados con los niñitos pequeños y siendo más grandes. Los collares que llevaba la señora, todos regalos de él. Me daba cuenta de lo hermoso que es tener un hombre así. Y apreciaba tener un patrón de esa categoría de persona, una bendición.

Entré a trabajar al tiempo de quedarse viudo. Lo imagina. Al principio para limpiar, planchar y cocinar. Poca cosa, pues era un hombre muy pulcro y bien enseñado. Dos o tres veces por semana. Luego todos los días y cuando cayó enfermo, me contrataron de interna, todo el día y librando los jueves y domingos. Pero ni me iba, me daba pena dejarle solo.

El señor Arturo me hablaba. Nunca me habían hablado así antes. Hasta preguntaba mi opinión. Sí, mi opinión sobre cosas que los patrones mandan. Desde cuándo poner la lavadora a la fruta que iba a comprar. Y me leía las noticias del periódico. Se lo digo, un ensueño de hombre. Me respetaba. Nunca me alzó la mano ni la voz.

Conforme avanzaba el tiempo, yo barría sobre limpio y cocinar para dos, comida y cena, no tenía mérito. Me sobraban las horas. Él me decía: siéntese aquí, en este sillón, así podemos comentar las noticias del día. No se imagina lo que aprendí, yo que no sabía de nada. Hasta intentó que aprendiera de bolsa, pero de eso no me enteraba. Como en verdad no tengo estudios… Pero con el señor Arturo aprendí que no tengo nada de tonta, por el contrario, puedo hacer muchas cosas y valerme por mí misma. Un buen hombre. Muy buen hombre.

En mi país, doctora, los hombres no son así. Siempre mandan. Y si no estás de acuerdo, malo, o mandan o el palo. A veces es flojo, pero te zurran. Nosotras estamos enseñadas así. También nos hacen muchos hijos porque es cuando desean. Y ni nos dejan cuidarnos, ni ellos hacen por no hacernos un retoño.

Luego el señor Arturo enfermó. Eso sí, su cigarrito de por las mañanas después del café no se lo quitaba nadie. Ni el de la esquina de la calle cuando bajaba a comprar el periódico. Ni el de mediodía, que le sabía más rico después del postre. Ni el de cuando bajaba a echar la partida con los amigos. Ni el de antes de acostarse, ni alguno del que yo no me enteraba. Los hijos me lo decían: "Por favor, Iloveny, dile a nuestro padre que no fume tanto, que esa tos le puede". Pero ¿qué puede hacer una empleada? ¿Cree que puede ordenarle a su patrón? Eso no es muy conveniente ni está muy bien visto. Aunque él me apreciara.

Enfermó de forma brutal. Parecía el día y la noche. Dejó de comer. Daba igual lo que me esforzara en preparar sus platos favoritos, en que los hiciera más o menos sabrosos. No comía. Eso sí, seguía fumando. Menos, pero seguía fumando. ¿Se recuerda que un día le dije que le traía al caballero para que lo regañara? Lo acompañé al médico especialista en numerosas ocasiones. Podía ir solo, pero le gustaba que lo acompañara y no quería contarles nada a sus hijos, por no preocuparles. Lo que le digo, una buena persona.

Cada día con más tos, intensa y continúa. Decía que se le desgarraba la garganta y que le dolía la caja torácica de toser toda la noche. Se llegaba a orinar en los pantalones y eso lo llevaba fatal. Tuve que recurrir a ponerle Dodotis, que no le gustaba nada, pero tuvo que aceptarlo. El pobre, con lo elegante que era y tener que pasar por eso.

Los hijos venían todas las semanas. A comer unos o a cenar o cuando yo libraba. Empezaron a preocuparse al verle más delgado, pero lo que le digo, él no contaba nada. No quisieron operarle del cáncer que tenía, que ya estaba muy extendido y del tratamiento ese fuerte, ya sabe, la quimio…, algo, no se quiso más que dar un pase, que le sentaba fatal. Así que los hijos no me creían. Empezaron a decir que si yo le daba algo. ¿Qué le voy a dar yo que no sé de nada? Lo que usted me mandaba, para el dolor o para los vómitos, o esas gelatinas.

Eso sí, creo que me sintió como la Eva del paraíso, sin más, sin malicia, una mujer cerca de él, muy cerca, como me tocaba estar para poder atenderle, mudarle. Y se acercó a mí de forma natural, excitante de algún modo. Agarró mi mano en gesto de desesperación, su soledad y la mía mezcladas, y dormimos juntos todas las noches hasta que murió. Y murió, lo vio usted, con una sonrisa en los labios, como despidiéndose en un beso.

Ahora los hijos me quieren echar y tengo ese pleito porque me ha dejado el…, ¿cómo se llama…?, uso de la casa…, tiene otro nombre… Dicen que le engañé con mañas y malas artes. Que soy una estafadora del amor, que soy una mercenaria sentimental, que me aproveché de su carencia afectiva… Si hasta me pidió en matrimonio y se lo negué porque su verdadera mujer era la señora Teresa con la que se iba a reunir pronto… Yo no quería que ella me mirara mal desde el cielo… Lo que pasa es que él era tan bueno, tan bueno…

EL MUERTO VIVO

Paréceme que un enfermo es más irreflexivo cuando tiene médico
que cuando se cuida por sí mismo de su salud.

Friedrich Nietzsche

—Doctora —exclama Francisco introduciendo su voluminosa cabeza por el vano de la puerta de la consulta mientras esta se cierra—. ¡Anda, tu tía! ¡Si no es mi doctora! ¡De nuevo una nueva!

La joven profesional, perpleja por sus aires socarrones y de familiaridad, alza las cejas y, sin tiempo a una respuesta, el paciente le lanza su mensaje.

—¡Doctora! ¡Me quedo! No estoy citado pero la mía siempre me atiende, aun cuando vengo sin cita.

—…

—Doctora —sin tregua a un "buenos días", don Francisco, como le llaman en el barrio, Paco para los amigos, arremete en la sala siguiéndole a su testa un dorso y basamento adecuados a su porte—, le quería contar lo que me ha sucedido el fin de semana. No se lo puede ni imaginar. Me tiene sumamente preocupado. No se lo vendría a contar si no fuera así.

Marigeli, estupefacta, sin tiempo a réplica, abre la historia informatizada del acelerado paciente sin prisa para marcharse y dispuesto a contarle con pelos y señales el nimio episodio de su salud.

—Doctora: no se lo va a creer, me he muerto. Estoy seguro, absolutamente seguro. Me he muerto esta noche y aquí estoy de nuevo, vivito y coleando, pero no sé si estoy para muchos trotes. Y yo esperaba encontrar a mi doctora y está usted, que no me cree por la cara que pone. Ella sí me creería, siempre me escucha…, diría que…

—Pero…, exactamente, ¿qué le ha pasado? —atina a responder la galena en ese torbellino de palabras corpulentas—. Cuéntemelo despacio…

—¿Despacio? No es ninguna broma. ¿Se cree usted que uno viene porque quiere? Ni *jarto* de vino vendría si no me hiciera falta. Preferiría estar tomándome unos chatos en el bar de la esquina que venir aquí a contarle que me he muerto y usted parece que me toma por loco…

EL MUERTO VIVO

Marigeli Pontones, Dra. Pontones Navarro, médica de familia desde hacía tres años, tras seis años de carrera y cuatro de especialidad, en contratos de suplencias durante ese periodo de duración variable entre un día y cinco meses, según la ausencia del profesional a suplir, enfermedad leve o grave, baja maternal o periodo de lactancia, suspira. Respira profundo y se arma de valor para una consulta en la que no conoce a los enfermos o sanos, con seis minutos teóricos por cada uno de ellos. Enfrentarse al riesgo de la toma de decisiones, la incertidumbre diagnóstica y la puntería del ojo clínico. Y, aunque le parece que lo acontecido a don Francisco entraría en la categoría de curiosidad, dado el buen estado general y arrebato del personaje, extiende una solicitud de analítica y electrocardiograma, curándose en salud y por mantener la salud del susodicho.

El ojo clínico, el tan valorado ojo clínico, ¿qué es en realidad? ¿Una quimera? ¿Una cualidad a la que llegan algunos excelsos? ¿Un desarrollo superior de la inteligencia basada en la observación y en las habilidades? ¿Una ecuación casi matemática que un ordenador proyectado a la red puede resolver? ¿Un doctor Google cualquiera?

Tecleemos un muerto en vida. Primera entrada: Vídeo de YouTube: ¿"Se puede estar muerto en vida"? Escucha este poema…: "Evitemos la muerte en suaves cuotas…". Tecleemos un muerto viviente. Wikipedia se lleva el primer puesto: "Un no muerto es una criatura fantástica que se genera con la resurrección de un cadáver". Zombie y Halloween en YouTube ocupan un no desdeñable segundo puesto. Un resucitado, lo primero imágenes, de una mujer de aspecto deprimido, de un baloncestista "resucitado", y la talla de un "resucitado" por Ángel Pantoja para Madrid. La falsa muerte…, con uno de los cantantes poperos más famosos de los tiempos…, recientes… Michael Jackson y las habladurías de su vida oculta (¿en el infierno?). Más otros cuantos falsos fiambres en la Argentina, difundidos en Twitter, desmentidos por las familias… Y así, poco científico…, unas cuestiones que el Dr. Google no acierta a arbitrar. Un personaje de la consulta vivo que ha estado muerto. Esto nunca se ha estudiado en la carrera. Lo más cercano, alguna lección de Medicina Legal, antes de firmar el certificado de defunción asegúrese de que el cadáver es tal y que existen los caracteres indefectibles del paso de la muerte por el difunto. No hay aliento…, el tan manido espejito de mano de señora que no se lleva para verificar que el fiambre no produce vaho. Por supuesto, que no hay latido ni pulso, que las pupilas no varían.

Pero no es este el caso. Este cuerpo respira, habla, se mueve y cuenta que ha estado muerto. Verifique usted la vida de un muerto. O al revés, que un vivo ha estado muerto. Tecleemos. En sexto lugar la web Fidelcastrohamuerto.com, que no se sabe si eternamente vivo o abundantemente muerto. Y todas las anteriores, el quid de la cuestión, la solución a la consulta. Peret, uno de los padres de la rumba catalana, pidió que se le cante *El muerto vivo* en su entierro…, ni más ni menos que cinco entradas…, la relevancia de la noticia. La copla dice: "Una semana de juerga y perdió el conocimiento". La luz de la sabiduría humana inundó y tranquilizó a la no tan principiante.

—Don Francisco —exclama satisfecha la doctora Pontones tras comprobar la normalidad del electrocardiograma del paciente de sainete—. Tras mucho estudiar he encontrado la explicación a lo que le ha pasado. Es algo propio de los mediterráneos, en concreto de los españoles… Tan arraigada está esta patología en nuestro medio que el propio Peret pidió que oficiaran esta copla en su velatorio. Mire, se la tarareo…, disculpe, no se me da muy bien cantar: "A mi amigo Blanco Herrera le pagaron su salario y sin pensarlo dos veces, salió para malgastarlo… Como no volvió por casa, todos le dieron por muerto…". Ándese con cuidado, menos chatos, don Francisco, muchos menos, veremos los análisis. Y ya sabe, como dice la copla: "Y no estaba muerto, y estaba de parranda". ¡Menos, muchos menos!

BORGES Y LA MAREA BLANCA

En política, todo necio es peligroso
mientras no demuestre con hechos su inocuidad.

Santiago Ramón y Cajal

Once de diciembre de 2012:

—Antonio Flórez Benítez, pase, buenos días.

—Buenos días, doctora —dándome la mano—, ¿cómo está?

—Bien, cuénteme, ¿y usted, que es el importante?

—Vengo a por lo de siempre. ¿No puede quitarme alguna pastilla de estas?

—Veremos, a ver cómo anda la tensión.

—Alterada, doctora, muy alterada. He ido a la Asamblea de Madrid. No se puede imaginar cómo están los ánimos, muy calientes. Estaba a tope de gente, la mayoría batas blancas protestando, defendiendo lo vuestro y nuestro. La pasma me ha dado un buen empujón. Resulta que iba sin bata, como corresponde, y parece que se ensañaban con los que íbamos así. Me han preguntado la razón de no llevar bata y he contestado lo que es, que no la vestía por ser paciente. Lo gracioso es que los compañeros de manifestación me buscaban una…, como si las batas blindaran.

BORGES Y LA MAREA BLANCA

Cinco de diciembre de dos mil doce. Más de un millar de manifestantes de la "marea blanca" formados por médicos, jubilados y familias rodean la Asamblea de Madrid. Se continúa con la lucha contra la privatización de la sanidad madrileña y el plan de sostenibilidad del sistema sanitario de esta Comunidad. Se unen las diferentes plataformas al son de "La sanidad pública no se vende, se defiende".

Los médicos de AFEM, Asociación de Facultativos Especialistas de Madrid, continuarán por segunda semana consecutiva de huelga indefinida y emplearán su tiempo de huelga en actividades encaminadas a continuar informando a los ciudadanos sobre los motivos que les han llevado a la huelga, informando a los ciudadanos en puntos estratégicos de la capital bajo el lema "Somos médicos, somos pacientes; la sanidad es de todos, defiéndela" y "Pon una sábana blanca en tu ventana".

No nos gustaba que nos cuestionen nuestras actitudes personales frente a nuestro trabajo concreto en las consultas. No nos gustaba que nos dijeran que hay pacientes a los que no hemos aplicado herramientas disponibles por falta de conocimientos, actitudes o, como ocurre con frecuencia, por lista de espera. No nos gustaba que se enfrentara nuestra moral personal con la ética cívica. Vivíamos en la época de las opiniones frente a las razones. Pero ¿esos hechos?

En esos días comencé a alterarme. La situación laboral se estaba volviendo complicada, muy complicada. El modelo sanitario en el que habíamos vivido hasta ahora comenzaba a derrumbarse: habíamos estudiado (al menos la mayoría de nosotros) con el fin altruista de hacer bien al prójimo; la salud, como bien preciado, como agente de dolor en su privación, se hacía objeto de estudio en el entorno biológico que somos. Habíamos estudiado sin aprender de economía. Nos habíamos formado en un modelo de atención sanitaria para todos..., a los que se habían ido sumando los inmigrantes, los de las mutuas, los extranjeros... Como decía una de mis compañeras, habíamos pasado de escort de lujo a puta por rastrojo. Nos la habían clavado de todas las maneras, incorporando al cien por cien de la población a la asistencia sanitaria y más, trabajo a destajo, pero con reconocimiento y prestigio internacional. Y de ahí, a quitarnos prebendas. Económicas algunas, otras de trato; en especial, el ataque frontal, de un modelo de atención dirigido al bienestar de la población a un puro modelo economicista donde primaban los beneficios económicos.

El dilema entre privada y pública irrumpía en las consciencias de los profesionales sanitarios que trabajábamos en este país. La primera, para obtener ganancias, que no nos engañaran. ¿Quién nos iba a decir que no era así para esas empresas que cotizaban en bolsa, una de ellas apostando por obtener grandes réditos a través de un turismo sanitario de luxe? La segunda, la nuestra, nuestro medio laboral, dirigida a la mejora de la salud de la población, como consta en la Constitución, con el acompañamiento hasta en la muerte y desde la concepción de la vida.

Nos preguntábamos que dónde se garantizaba la atención de los pacientes, en especial de los desfavorecidos. Nos sentíamos manipulados y maltratados por nuestros dirigentes, especialmente por los políticos…, sin parar de leer y escuchar los escándalos de robo y fraude en todas las autonomías… Las medidas…, una privatización encubierta de la sanidad…, que es pública, un derecho adquirido de los ciudadanos. Todos andábamos muy revueltos…, tan revueltos que nos tiramos a la calle. Una verdadera marea blanca.

El Dr. Montero era un verdadero líder. Era el director de su centro y se llevaba especialmente bien con su predecesora. Siempre estaban de acuerdo en las medidas a tomar y ambos mostraban ese talante tranquilo y apaciguador que solía servir para unificar las posturas de compañeros y estamentos. Esos días de revolución callejera sin violencia, cadena concatenada de profesionales en las calles, marea verde de maestros; amarilla, juristas; roja, antiviolencia, y blanca de sanitarios, llevaban a tomar medidas concretas a ese centro de salud, a otros tantos y a los hospitales con el yugo de la privatización de su gestión en ciernes o de facto, en aras de unas medidas extraordinarias debidas a la crisis económica que azotaba el país, esa España sumida en el paro.

Se sentía muy, pero que muy enfadado cada vez que leía la prensa. La falsa excusa de la crisis, esas medidas de garantía de la sostenibilidad del sistema sanitario. A mar revuelto, ganancia de pescadores. Esa bofetada organizada en tiempos de bonanza lanzada de forma impune por políticos con nombre, apellidos y culpas no absueltas…, esas "oportunidades de negocio que hay en la sanidad pública" anunciadas en la prensa colorista del partido mayoritario. Esa criminalidad financiera semi-organizada. La privatización había comenzado años antes, en los tiempos iniciales de Esperanza Aguirre como presidenta de la Comunidad de Madrid…, esa fachada erigida del nuevo Hospital Puerta de Hierro terminada de cara a la carretera previa a las elecciones, y el resto del edificio inexistente. El Dr. Montero, como la generalidad de sus colegas, sabía que había que ser inamovible en la defensa del modelo público de sistema sanitario. El lema recorría las calles…, no se venden las manos que te atienden… ¡Sanidad pública! ¡Sí, se puede!

No había tregua. Las medidas parecían tan inminentes que el Hospital de La Princesa se cerraba en Madrid, ese hospital abierto hacía más de 160 años con profesionales y servicios de primera, relegado a geriátrico. Un hospital puntero en muchos campos al que le cancelaban las puertas en menos de tres meses. El servicio de Hematología, las investigaciones princeps de los servicios de Medicina Interna, Digestivo, Endocrinología y tantos otros. Por desgracia, un centro universitario histórico donde se cortapisarían las posibilidades de formación de los cachorros de la Medicina y la Enfermería. Y 27 centros de salud a la espera de ser "comprados". Estaba dolido, atacado en mi esencia, en mi salario y en mis convicciones. Baos escribía en El supositorio, su blog, por todos nosotros: "Duele sentirse ninguneado, ser tratado por el poder con esa indiferencia que manifiesta el patrón a su subordinado, dándole a entender que es perfectamente sustituible y prescindible, sea un director de un centro de salud, un jefe de servicio, un médico de primera línea o un eventual sobrante…, la gestión pública "de calidad" se puede conseguir sin introducir gestores externos". Un verdadero (y puto) desastre.

¡Qué demonios! Y además…, todo lo que estaba ocurriendo en el país… Me sentía vivir un verdadero terremoto, un tsunami de lo que hasta ese momento había supuesto mi vida. Estaba hasta las narices de esos dirigentes, torpes de naturaleza, esa racha de ingobernantes. Me encontraba fuera de mí en todos los aspectos. La operación de saqueo de la sanidad pública iba viento en popa.

Eran momentos convulsos en la sanidad española, en el ojo del huracán del British Medical Journal, una de las revistas médicas más prestigiosas del mundo. No solo tenía espasmos epilépticos el sistema de financiación de nuestro país, cuestionando los principios tan manidos, pero no menos válidos, de equidad, universalidad, calidad y gratuidad en lo fundamental. Nuestros dirigentes querían imponer alternativas sin mostrar de forma clara la viabilidad de su propuesta. Aparecían en el tintero aspectos claves que hablaban de "quién gana en una crisis o en una guerra, los que venden armas".

Asistí, asistimos en manada o desbandada, a las manifestaciones de batas blancas que inundaban las calles de Madrid, como verdaderas riadas. De allí salías con las ideas asfixiadas o quemadas y los pies helados. El frío de las marchas en invierno no nos paralizaba la cabeza. Surgieron movilizaciones espectaculares. La marea blanca del domingo 18 de noviembre mostró la evidencia de nuestro pensamiento. Todos teníamos claro que hacían falta cambios, mejoras, pero lo que se nos ofrecía no denotaba viabilidad ni sostenibilidad. Además, no estaba lejano el caso de Bankia, cuyo plan y líder se suponían la panacea para la problemática de las cajas españolas y no habían dejado más que deudas a pagar entre todos los españoles. ¿Y no sonaba a robo la construcción de hospitales con dinero de todos y su venta a entidades privadas? ¿Madrid, Valencia?

Asistí a una reunión de directores de centro salud donde se informaba que se habían recogido 7.500 firmas de profesionales en contra del plan. Más del 80% de centros de salud estaban con encierros, lo que suponía 175 en total. La noche del 4 al 5 de diciembre sería la segunda gran vigilia "en blanco". Se explicaba que había tres bandos: profesionales, usuarios, estado, y que había que tratar de unir los dos primeros para poder acorralar al tercero antes de que se aprobara el 5 de diciembre el plan, de ahí la vital importancia del carácter indefinido de la huelga.

El Dr. Montero y los compañeros del centro de salud organizaron los encierros semanales. Se pusieron de acuerdo para decidir quién dormía cada noche, qué y quién aportaba el desayuno; la cena, a la que se unían pacientes que auxiliaban con viandas y calor fraternal. Todos a una, médicos, enfermería, los administrativos, los profesionales de la limpieza, residentes, contratados temporales, extrabajadores..., pequeño, ese centro, con la calidad y universalidad de los grandes, identificado con la causa, con el principio de equidad de la atención sanitaria.

AFEM, la Asociación de Facultativos Especialistas de Madrid, se había formado y se erigía en amalgama de las diferentes tendencias, colores políticos y otras entidades como sindicatos o representantes de estamentos profesionales, su ética y profesionalidad los convertían en líderes. La unión en Sanidad por primera vez quedaba patentada. Más de 140 centros de salud la noche del veintiséis de noviembre del dos mil doce twitteaban bajo la etiqueta #26Nnocheblanca los rigores del frío invernal, sin calefacción en algunos locales, la dureza del suelo en los sacos sobre las camillas o el suelo. Iban apareciendo banderas sobre el mapa de Google de todos aquellos que se sumaban a la insumisión de abrir los centros sin atención esa y otras muchas noches. Los hospitales extremaban las medidas. No se operaba, salvo lo urgente; no se atendía, salvo lo imprescindible.

Esa noche de la primera vigilia del 26/11/2012 resultó apoteósica. Culminaba la primera jornada de paros contra la sostenibilidad supuesta de esas medidas obligadas por estos imbéciles (gilipollas) que ahora inventaban para que sus bolsillos y los de sus amigos ganaran. Eso sí, las Navidades nos iban a llegar sí o sí estrechas entre el recorte y lo no cobrado..., pero la causa merecía la pena. Huelga, a no ser que tocara mínimos. Los pacientes, en vez de protestar, apoyaban y acudían lo razonable. Sentían que era su causa, que si el Hospital de La Princesa se perdía, era para siempre. Que si nosotros estábamos en esa lucha, era por ellos, no solo por defender un derecho laboral. Y, curiosamente, se sentían protegidos en lugar de indefensos. La cálida actitud se mostraba en la sala de espera absolutamente vacía; en las tímidas solicitudes de atención por causas más que justificadas; en las firmas, más de una vez repetidas en el hospital, en el ambulatorio, en la hoja que la asociación de vecinos propagaba por la plaza.

En esa cadena de huelgas y encierros aparecíamos a resolver asuntos pendientes con nuestros enfermos, pero no firmábamos en la hoja de presencia laboral. Que no se enterara nuestro gobierno regional, esos sinvergüenzas ratificados, que estábamos trabajando (por y para nuestros pacientes, que no clientes). Y no cobrábamos, oficialmente, holgando. Demostrando con hechos que nuestra prioridad era el bienestar de nuestros enfermos. Y así lo sentían ellos y expresaban. Uno de ellos, literalmente con estas palabras: "Animarle a usted y a los de su profesión a defender la verdad con más ahínco..., bueno, lo dicho, que gane su equipo. Están ustedes en la defensa inquebrantable de la sanidad pública". Nos proporcionaban fortaleza.

El Dr. Montero estuvo especialmente sembrado esa noche. Para empezar, tuvo que detener a un paciente borracho que intentaba trasladarse desde su catre entre los cubos de basura a colarse en el ambulatorio aprovechando la marabunta de vecinos que se aproximaban al centro para poder rodearlo mano con mano, como una muralla protectora humana de la sanidad que les atendía. A continuación, por su porte y altura dirigió la manifestación por las calles del barrio, batas blancas y vecinos. Graciosos estuvieron los coches y autobuses detenidos por la presencia de los protestantes que, en vez de soliviantarse, profirieron gritos de apoyo. "¡¡Sanidad PÚ-BLI-CA, Sanidad PÚ-BLI-CA!!". Logró el silencio de los centenares de asistentes a las puertas de la institución sanitaria para que una compañera declamara las palabras el grito de guerra para la concentración de esa noche encabezadas por el "¡No se venden, las manos que te atienden!".

No hay que obviar que fue tremendamente divertido. Dos colchones hinchables XXL tan grandes que no sabíamos dónde situarlos se extendían en el vestíbulo del centro de salud. Una foto colgada en Facebook, tributo a esas noches, hacía honor al espíritu masivo de concordancia de aquellos días. La tertulia montada pasaba por el debate de la razón por la que nos encontrábamos allí, a las anécdotas en Twitter, a las fotos subidas a la página del centro de salud..., los atuendos para ir a dormir, los manjares y los recibimientos a unos o a otros que pasaban por allí. Nos reímos y endulzamos con las monedas de chocolate, criticando la medida del euro por receta, entre risas y brindis con café, que nos trajo una motera a las doce de la noche.

Recibimos múltiples visitas nocturnas a pesar del frío…, personal del centro que nos ofrecían café caliente en termos y chocolate frío en bricks. Se publicó en Facebook: "Cogiendo fuerzas para la huelga indefinida. ¡Gracias Yolanda!", en honor a unas tortillas de patatas de lo mejor aportadas por una congregante del centro. Como anécdota, unos policías entraron a eso de las diez de la noche. Pensábamos que a obligarnos al cierre. No, venían a sumar su firma a la de las protestas.

Y esa noche, en la camilla con el saco de dormir, me llegó Borges a las manos de otras manos que me querían. Allí estábamos, en ese tiempo, el nuestro, en ese destino…, también el nuestro.

"El tiempo, ya que al tiempo y al destino

se parecen los dos: lo imponderable

sombra diurna y el curso irrevocable

del agua que prosigue su camino".

El cobro de un euro por cada receta farmacéutica entró en vigor en Madrid el 1 de enero de 2013, pero unos días más tarde, el 11 de enero, se recurrió ante el Tribunal Constitucional por considerar que se gravaba la prestación de un servicio del Sistema Nacional de Salud en una determinada comunidad autónoma. Se alegó que el euro por receta vulneraba la igualdad de los españoles a la hora de acceder a una prestación farmacéutica. Se inmortalizó la medida con la famosa fotografía de un euro de chocolate sobre una receta de papel verde, las que entonces recibían los pacientes activos que tenían que pagar ese euro y la parte proporcional que correspondiera del precio de la medicación prescrita. Fue, con éxito y en respuesta a la ciudadanía, la primera medida revocada.

En muchos centros repartían información y recopilaban firmas en contra de la medida en mercados, colegios, subiendo a los autobuses, dejando información en los buzones durante las visitas domiciliarias. Se gritaba: ¡¡Firmas!! ¡Que no salga adelante esta ley ni los presupuestos para este desbarajuste! Se hizo un modelo común de reclamación ciudadana para recopilarlo y enviarlo a la Consejería. Se instauró la propuesta de "si estás con la sanidad pública, saca una sábana blanca a tu balcón". De nuevo, la fotografía de una anciana jubilada colgando la tela, con su basta falda, zapatillas y medias gruesas, a riesgo sobre una escalera de mano, dio la vuelta a las redes sociales y se erigió en icono de la medida. Sanidad en precario: "Ven a tu centro, apoya el encierro. Queremos cuidarte", circulaba.

Los jefes de servicio de hospital y los directores de centros de salud firmaron un escrito en contra de la medida, a pesar de los rumores de amenazas recibidos insinuando que se iban a emprender acciones administrativas contra ellos. La dimisión conjunta como respuesta, y que se llevó a cabo parcialmente, fue la medida ideada.

Estuve en el Colegio de Médicos en la asamblea de AFEM: emocionante y optimista. "No se puede hacer negocio con la sanidad pública…, esto lo defenderemos hasta el final", nos rondaba a todos. Unos 800 médicos. La noticia más importante es que se había conseguido constituir una plataforma unida en la que van de cara a la posible interlocución con la consejería: AFEM, el colegio de médicos, la plataforma de los 600 o más jefes de servicio firmantes, la primaria en bloque y todos los directores de todos los centros de primaria, y más gente. Además, lo fantástico es que se estaba saliendo a tope en los medios. Mil veces se ha dicho SOMOS MÉDICOS (no sindicalistas ni izquierdas o derechas) y se ha repetido que bastante de lo de que se había conseguido era por la unión de todos y esa era la fuerza (recordaba a lo de La Princesa). Muchas veces se gritó SÍ SE PUEDE, y se insistió en organizarse, en aguantar en la huelga, que lo importante era mantenerse, como hicimos.

Se trabajaba uniformemente. Se instauraron numerosos grupos con sus páginas de Facebook, sus extensiones en Twitter, ese gorrión portador de noticias breves e inmediatas… Sanidad en lucha, Marea blanca, la Mesa en Defensa de la Sanidad Pública, la lista de los hospitales y centros de salud en pie de guerra, con especial relevancia el de La Princesa por su casi inmediata demolición y el del Carlos III, que de ser un hospital de referencia nacional para temas como enfermedades infecciosas raras y otros, pasaba a ser un pequeño centro abocado a la extinción. Uno de los efectos negativos de esa situación era la desidia en la que se podía estar inmerso.

En Atención Primaria, Rafa Bravo manifestaba "que queremos declararnos defensores de una tercera vía, un sistema público con criterios de gestión privada aplicados por los propios profesionales sanitarios de forma autónoma. Rober Sánchez, bloguero con su "Una palabra tuya"; Salva Casado; el grupo de Seis minutos, el famoso documental gratuito en la Red sobre la Atención Primaria, y otros crearon un decálogo con objeto de ser publicado y leído en los diferentes actos. Diez puntos principales. El primero instaba a decir que el modelo de Sanidad solidario existente se iba a perder, si no para siempre, al menos para un siglo. Un desastre después de los esfuerzos realizados para conseguir un modelo equitativo. Explicaban que si se iba a manifestaciones y a la huelga es porque peligraba un sistema que funciona muy bien y porque iba a afectar a nuestro bien más preciado: el paciente. E instaban a los mismos a ayudar, decían, recurriendo a su conciencia: "¿No crees que es el momento de apoyar a los profesionales sanitarios para defender tu Sanidad y la de todos? ¿No estamos siempre cuando nos necesitas?".

Teníamos en la cabeza que la Medicina, y no solo la Atención Primaria, precisaba de más tecnología y más tiernología (la ciencia del afecto llevada a la consulta para poder ofrecer al y con el paciente el mejor consejo o actuación a la luz de la evidencia científica y precedida de la ejemplaridad del profesional en la medida de lo posible). Esto, las personas, nuestros "clientes" lo entendían muy bien y lo expresaban en sus preguntas: "Y usted, doctor@, ¿le aplicaría esto a su madre (su hij@)?" ¿Nos iba a ofrecer una sanidad gestionada de forma privada esta posibilidad para nuestros pacientes y con nuestros profesionales? Que nos lo demostraran..., si podían.

Y como si le hubieran dado cuerda al Dr. Montero, no paró de contar anécdotas de su juventud como estudiante, en plena movida madrileña de viva el rollo y de Madrid al cielo. Y allí que estuvo en ese concierto apoteósico que supuso un festival de esperanza y solidaridad por la causa, con un cartel espectacular Rock'n Health, pintado a fuego en la sala WE ROCK (Costanilla de los Ángeles, 20), con entrada libre el 19 diciembre 2012. AFEM&6minutos&MariskalRock&Werock presentaron Rock'n Health, concierto en defensa de la Sanidad Pública. Explicando la complejidad de la atención hospitalaria. Defendiendo la integración de ambos niveles. Y allí, *in vivo*, eternos, insurrectos, generosos y actuales: Wyoming y los insolventes; Castejón/Banegas ASFALTO; (persona) y Sergio Rojas. Y con Judith Mateo & Mariskal, Romero & MMuniesa como presentadores. Y siempre algo más: *in video*, cortos y recientes, 6minutos, doña Rosa y más... Aclarando el dilema de Sanidad Pública/Sanidad Pública Privatizada.

Del agua beberé, no quería perdérmelo, la calle Costanilla abarrotada de gente desde la hora de comienzo del concierto para entrar en la We Rock, nuevo templo del rock en el centro de Madrid, que donó su espacio de forma altruista. Hubo un momento en que había tanta gente fuera como dentro. ¿Quinientas a cada lado de la puerta? Lo organizaban AFEM (Asociación de Médicos Especialistas de Madrid), independientes, sin vinculación política ni sindical, en defensa de la sanidad española, una de las mejores de Europa; Seis minutos, esos chicos que se habían constituido en fuerza del país con esos cortos filmados representando el tiempo que tiene un médico de familia para ver a un paciente; y la histórica, pero no menos actual, emisión radiofónica diaria MariskalRock de 24 horas de rock, puro rock en todo el planeta y en defensa de causas justas.

¡Cómo lo pasé! La sensación de ser inmortal…, mi vida ardiendo, el fuego de la música, tanta gente joven. Incluso muy joven. Y la sensación de estar ahí, un concierto histórico. Carmen Fando, propulsora de Seis minutos, con su bata pintada con el lema: "La sanidad pública no se vende, se defiende" y la inocencia de la edad y los ideales pintada en la sonrisa y en el amor por su chico, cantante de (persona), grupo inquieto. Y la icónica Clara, cantando con esa alegría que no le falta y batiendo palmas en el escenario con la minifalda vaquera al son de 12 meses, 12 causas…, su colaboración en la red…, y a que todos pegáramos saltos como en aquellos años…, con la sensación de no haber perdido la lozanía. El cartel rojo en su bata y su bata en el cartel y su corta melena pelirroja lanzaba al aire al ritmo de Honky Tonk Women, como en los laberintos borgianos.

Mariskal Romero con su camisa abierta gritando Jumpin' Jack Flash en defensa de la sanidad, como en su disco editado Por siempre Stones…, eterno incorregible, leyenda viviente, promotor que arrastró al mundo del rock para el éxito rotundo de la noche. Mi favorito, Castejón de Asfalto, en sus maneras y temas habituales. El corazón en la mano es lo que logró Judith Mateo cuando puso la sala latiendo al unísono al grito de "No se venden, las manos que te atienden".

Y el Gran Wyoming con sus Insolventes, gran expectación que nos exhortaba: "¡No salgáis a la calle, tomadla!". Me divertí con sus maneras insondables, su animación, fotografiarle mientras le entrevistaban. Era como casi verle en la Sexta, pero a un metro de mí. Siempre contundente, siempre definido. Médico de estudios al que el río de la vida le había llevado a los derroteros de la comunicación y la música extrema. La marcha que hubo y que dio su música, con José y Miguel logrando una noche inolvidable, mucho aire de fiesta y buen rollo.

Después de un año de carrera contra las adversidades, con la jubilación forzosa de miles de médicos mayores de 65 años que estaban en activo, sin remplazo juvenil posterior, es decir, con menos profesionales en cada servicio; la derivación de pacientes a centros privados concertados para la realización de técnicas, como las mamografías a las mujeres, las ecografías, las operaciones de cataratas… Y la mala noticia de que en un año los políticos habían logrado que se publicara que la sanidad madrileña estaba a la cola española por falta de camas, médicos y dinero. Una verdadera estrategia de desgaste. Como Wyoming explicaba: "Hay médicos de mucha calidad que se están yendo, porque ya no soportan el desprecio sistemático. Y esa es la gran baza. Por ejemplo, si a ti te atienden de un infarto en el Hospital de Fuenlabrada, que es un hospital nuevo, no tienen unidad de hemodiálisis, que es lo caro. Te atienden al principio y luego te mandan a La Paz. Lo caro lo sigue pagando el sistema público. Estos señores cobran por paciente, por asistencia…, digamos que lo que es barato lo cobran caro y lo que es caro no lo tienen". Un verdadero desastre. Pero ocurrió lo bohemio, lo inesperado…, como versos de Jorge Luis: "Está en lo cotidiano, en la batalla. Alto lo dejó en su épico universo y casi no tocado por el verso".

Estaba nervioso, no podía parar quieto. Esta vez de alegría…, infantil. No podía creérmelo. Marga, compañera de carrera, me envió el primer WhatsApp. 15.15, saliendo del trabajo: "Ignacio González estudia aparcar la privatización de la sanidad tras los sucesivos varapalos judiciales…". http://voxpópuli.com. Me pregunto si es posible que den marcha atrás…, ¿por no perder votos? Pienso inquieto, "voluntariamente, me extraña, con el compromiso (y lo que se habrán embolsado) con las empresas adjudicatarias para la privatización. No me huele bien, algo se cuece", ¡y tanto! 17.19 (Marga again): ¡Esta es aún mejor! Noticia de la portada de El País. Lo va a anunciar Ignacio González en rueda de prensa: "Madrid va a dar marcha atrás a la privatización sanitaria tras el último revés judicial". ¡¡Sí, sí se puede!! (iconos de copas agitadas en brindis del programa, globos y confeti). ¡Sí, se puede! (y una carita socarrona sacando la lengua). Momentos de tremenda, tremendísima emoción y mi hija con "Estás dependiente del móvil, no sé por qué lo miras tanto". Cuelgo la noticia en el Facebook del centro. Pongo un WhatsApp en el grupo de trabajo…, me reuniría a brindar con quien fuera. Una emoción tremenda me embarga, una felicidad inquieta. Volví al centro de Madrid esa noche en ese enero gélido que se tornaba cálido con la noticia, para tomarme una cerveza. La ocasión y la causa lo merecían.

"Fernández-Lasquetty dimite como consejero tras paralizarse la externalización sanitaria de Madrid". Ecodiario.es. Siguen llegando WhatsApp, llamadas telefónicas, mensajes públicos y privados de Facebook. Por la mañana, el sentimiento de éxito desbordado en el centro y en toda la Sanidad Pública de Madrid es rotundo.

El veintisiete de enero de dos mil catorce amaneció lleno de entusiasmo. Una ola de alegría recorre los centros sanitarios públicos. AFEM emitió un comunicado.

De nuevo, una sábana, unos rotuladores, las enfermeras, hábiles, trazaron las letras, las palabras conocidas, repetidas en ese tercer domingo de cada mes durante más de un año: Sí se puede. Se pudo. La pancarta cuelga sobre el mostrador que recibe a los pacientes.

Las consultas tienen un carácter festivo, hasta para los enfermos más dolientes. La palabra enhorabuena circula en boca de todos. Sí se puede.

Ignacio González realizó la mayor privatización de hospitales de España que la justicia paralizó.

Transformó la gestión médica de seis centros públicos que adjudicó a tres contratistas en una operación global de 4.600 millones de euros. Modificó las condiciones del contrato cuatro días antes de la apertura de ofertas para hacerlo más atractivo para las empresas. El proyecto provocó la marea blanca de oposición a la que desoyó hasta que la suspensión judicial de las adjudicaciones le obligó a renunciar al plan. González, presidente de la Comunidad de Madrid del 26 de septiembre de 2012 al 25 de junio de 2015, se encuentra a día de hoy en la cárcel imputado por cobros indebidos en la gestión del Canal de Isabel II. https://www.eldiario.es/sociedad/Ignacio-Gonzalez-privatizacion-hospitales-Espana_0_634836752.html

TRIÁNGULO INSÓLITO I

Yo seguiré siguiendo,

yo seguiré muriendo,

seré, no sé bien cómo, parte del gran concierto.

Gabriel Celaya

—¡Menudo día el de hoy, compañeras! —exclama la administrativa al resto—. ¡No son las doce de la mañana y van cinco domicilios! ¡Tres de ellos en la misma calle, pero distintas familias y personas! El caso es que los nombres me resultan familiares, pero no les pongo cara.

Y con garbo, dirigiéndose a la sala de cada profesional, les entrega anotado los datos de los pacientes para poder desplazarse, en el momento adecuado, para prestar la atención demandada.

—Doctor, le dejo estos dos domicilios. Lo siento, pero han llamado para que vaya y no puede retrasarse a mañana. Siento que con este suman tres. Tiene hoy un día muy ocupado —informa la administrativa al profesional, entregándole el registro con los datos del doliente.

—¿Está lejos? Tengo un día... —el médico ni levanta la vista del ordenador.

—Lo he mirado, y no parece lejos, pero desconozco exactamente dónde se sitúa esa calle. En la misma han dado otros dos avisos, uno para usted, otro para la doctora Serrano y otro para la doctora Centenera. Cómo se nota que vamos entrando en el otoño. La calle además tiene un nombre curioso: Calle del Retorno a lo intangible..., lo he mirado en el Google Maps y sale como por la paralela a nosotros, pero hace una especie de triángulo. Total, que no puedo aclararle nada. ¡Lo siento!

TRIÁNGULO INSÓLITO I

—Ariadna, no me queda claro el nombre del sujeto que tengo que visitar. Busco por el apellido y me salen Rafael Múgica, Juan de Leceta y Gabriel Celaya. ¿Es esto un tres en uno? ¿Tres convivientes enfermos o qué?

—No —responde la secretaria, eficiente en su generalidad—, creo que su nombre completo es Rafael Gabriel Juan Múgica Celaya Leceta, lo que aprovecha para pasar inadvertido o que nadie sepa que es él. Debe de ser una estrategia de famosos. A mí me suena, pero no lo conozco. ¿Tú?

—Si es el que dices y creo, falleció hace muchos años. El dueño de ese nombre tan largo hizo un cambio tan brutal en su vida que convirtió el nombre, Gabriel Celaya, de un seudónimo, como los otros que utilizaba, en un heterónimo, y, finalmente, en ortónimo, pues vivió la mayor parte de su vida como esa personalidad. En fin, dejando las disquisiciones, será una broma de alguien. O será un pariente, descendiente o algo así que usa sus nombres. Me irrita que la gente haga esto en algo tan serio como es la atención sanitaria. Luego aparecen los equívocos y la culpa es siempre nuestra. ¡Hay que...!

El hombre se despoja de la bata como en un ritual tántrico. Así son sus ademanes, lentos y calmosos. Sus sesenta años transcurren pausando la vida de sus colegas, de su mujer, de sus hijos y de todos sus allegados. La vida para él discurre en instantes cuánticos y, uno a uno, hay que disfrutarlos y dotarles de la importancia que se merecen. Para José María Tudela tan importante es quitarse la bata, revisando si hay mancha alguna y procurando que no se arrugue, como el instante pleno de enfrentarse a un nuevo paciente, mirándole a los ojos y confrontado la realidad de su salud. Pocas cosas le irritan y una de ellas es la inverosimilitud de los hechos. La ciencia explica todo. Y lo que no se explica es porque no lo conocemos todavía y es sujeto de investigación. Ferviente admirador de Ramón y Cajal, lee con fascinación una y otra vez sus *Charlas de café* y *Recuerdos de mi vida*. Frases como "Observar sin pensar es tan peligroso como pensar sin observar" u "O se tienen muchas ideas y pocos amigos o muchos amigos y pocas ideas" constituyen sus lemas de vida. Además de leer gustoso, es conocido entre sus pacientes por regalar los oídos, o por escrito, versos de autores españoles, con especial predilección por la Generación del 27 y Lope de Vega.

Eso del aviso para ir a un domicilio en la calle del Retorno a lo intangible, a visitar a un paciente con tres nombres diferentes o a tres pacientes con identidad indefinida le suena poco más o menos que a inocentada. Con el chaquetón puesto y el fonendo bien calzado, atraviesa la salida del consultorio con un "enseguida regreso" y, sin explicárselo dos veces, parar en la calle Nieremberg 23. No termina de timbrar cuando la puerta es abierta por una mujer robusta de cuerpo y voz, con sonrisa y collares tintineantes.

—¡Alegría de verle, doctor! Mi marido está fatal, tiene unos trastornos de conciencia que no me explico. Apenas come, para lo que es él. ¡Ni siquiera probó más que una de las chuletitas de cordero que le preparé ayer, con lo que le gustan!

—...

—No, no ha perdido el conocimiento, pero se queda atontado, como mirando a las musarañas. Él no es así.

—...

—¿Qué él podría haber ido al centro? No lo crea. Está muy torpe para caminar, sale siempre con el bastón y estando así, me da miedo que se caiga.

—...

—No, no hemos pedido nada... Hay que reconocer que somos un poco desastre. ¿Cómo es eso de ahora? ¿La Ley de Dependencia? A lo mejor deberíamos pedirla para tener alguna ayuda. Ahora me dice usted, cuando lo vea.

—¡Amparitxu, Amparitxu! —una voz potente y posesiva reclama a la mujer desde el fondo del pasillo, recorrido por una estantería atiborrada de libros apilados con cierto desorden por falta de espacio—. ¿Quién es? ¿Con quién hablas? ¿No te he dicho que no abras la puerta a cualquiera? Te pueden dar un buen susto.

Gabriel o Rafael, pues son el mismo, se encuentra sentado en un sillón de orejas. Una mesa camilla centra la estancia en la que predominan las flores amarillas en uno u otro formato..., una tela, una vasija. Un lápiz presto sobre papel reposa junto a una lupa de gran formato. Generoso en su forma y maneras, con una sonrisa luminosa, Gabriel saluda al doctor Tudela como si le conociera.

—Doctor, "envejecer es peor que morirse y estoy perdiendo la alegría de vivir. Cantemos como quien respira. Hablemos de lo que cada día nos ocupa. No hagamos poesía como quien se va al quinto cielo o como quien posa para la posteridad. La poesía no es —no puede ser— intemporal, hay que apostar al ahora o nunca"[5]. Es todo lo que me pasa, pero esta mujer mía se preocupa demasiado. ¿Qué se puede esperar cerca de los ochenta años?

---

5. G. Celaya

José Tudela, médico de cabecera a la antigua usanza, se sienta junto a ese hombre combatiente de la ternura, le acoge esa mano llena de alegrías y recuerdos entre las suyas, esa mano cálida por la que han pasado poemas manchados de barro y amor. Le mira a los ojos de azul desvaído, recabando una respuesta, la de la confianza, y le interroga.

—Pues, cuénteme, ¿qué le pasa? Usted es vasco, ¿no?

La mujer, que no quita el ojo de encima a su marido, visiblemente preocupada, les interrumpe.

—Doctor, es muy tarde, seguro que le apetece tomar algo. ¿Qué le traigo? ¿Una cerveza y patatas? Tómese su tiempo, no hay prisa. Gabriel estará encantado de contarle su enfermedad. La traigo en un momento.

—¡Amparo! Pues si le traes al doctor, yo también me apunto a una —y prosigue mirando al doctor que se ha aposentado en el sillón parejo y en un susurro comenta—. ¡Me tiene a dos velas últimamente! Además, fíjese. Ya desde hace un tiempo que no puedo salir. Antes, todos los días a estas horas nos íbamos ahí a la plaza, lo conocerá seguro, al bareto que hay en el 98 de López de Hoyos, Casa Emilio. Parábamos allí, nos tomábamos un zurito o dos, una tapa de esas de matrimonio, anchoas y boquerones, como somos nosotros, charlábamos con los amigos y, ea, otra vez para casa para el almuerzo. Ahora, ya no puedo. Las piernas me flaquean en cuanto ando más de cincuenta metros, me aprieta un dolor en las pantorrillas que me tengo que parar. Me esfuerzo, voy con el bastón…, pero he tenido que dejar de hacerlo. ¡Yo! ¡Que a mí lo que me gusta es la calle, "el pasearnos a cuerpo"[6]!

—Antes de seguir —titubea el médico—, explíqueme. Todavía no sé muy bien cómo he llegado hasta aquí, a Nieremberg, cuando buscaba otra calle y, además, yo pensaba que usted, que usted estaba… En fin, no importa, estamos aquí y enigmáticamente he llegado al sitio correcto. Siga. Mejor, no. Voy a ir haciéndole unas preguntas, ¡desconozco completamente su historial médico!

—¡Qué formal se pone doctor! ¡Que no es para tanto! Son cosas de la señora, ¿no lo ve?

Gabriel, terco y guasón, se reclina en el sillón y mira con descaro a su compañera que entra y sale del aposento como quien no quiere la cosa. El Dr. Tudela, por el contrario, se inclina hacia delante intentado crear un clima de cercanía y cordialidad, pero no puede evitar el desconcierto de la situación. Él, trabajando

---

6. G. Celaya

en un centro de salud de los de toda la vida, con más de veinticinco años en la misma plaza que había ganado mediante concurso-oposición, se encuentra realizando una visita domiciliaria en una calle inexistente a un paciente que estaba…, muerto…, pero que le está refiriendo sus cuitas.

—¿Su, su…, edad? ¿Unos…, ochenta?

—Muy bien calculado, tiene un ojo clínico buenísimo. Sabe mi edad y de dónde vengo —replica Rafael Gabriel Múgica Celaya—. Ahí permanezco. Existo porque existen mis amigos, mis lectores, mi Amparitxu —y voceando hacia la cocina—. ¡Amparitxu! ¿Y esas cervezas que no llegan?

—¿Y de que ha padecido usted? —prosigue el interrogatorio formal encaminado a la biografía de salud.

—De todo y de nada —el paciente suspira—. De chico, sobre los doce años, me declararon enfermo. Mi familia se preocupó mucho por mí. Era muy importante salvaguardarme, futuro heredero de la empresa, y los adolescentes éramos frágiles, la edad a la que entra de todo, la tuberculosis, con tanta que había en el País Vasco. Empecé con alguna fiebre y me quitaron de la circulación. Con mi madre fui a Pau, en Francia, donde residimos en un hotel. Lo bueno es que aprendí francés, que me vino estupendamente para traducir a Rimbaud, ¿lo ha leído? Volcánico, ¿verdad? Pero yo creo que lo que de verdad me puso muy enfermo fue ese aire de perfección al que me querían llevar, todas esas restricciones: *"No cojas la cuchara con la mano izquierda. No pongas los codos en la mesa. Dobla bien la servilleta. Eso, para empezar"*[7]. Era vivir cortándote las alas.

Luego nos fuimos al Escorial y ahí supongo que me recuperé porque venían a verme mis hermanas y había estudiantes con los que alternaba. Pero lo más importante es que encontré la poesía cargada de futuro. Apenabas me dejaban decir quién era, y encontré el camino. Me declararon sano, me regresaron a San Sebastián, completé de forma brillante el bachiller, examinándome por libre, y con los de mi edad, a estudiar carrera, que en mi familia no había nadie titulado. Mi padre decidió que fuera a Madrid a estudiar ingeniería, que en Bilbao había muchos borrachines. Y fui a parar, por fortuna, a la Residencia de Estudiantes, que allí estaba el novio de una de mis hermanas y hablaba bien de ese sitio. Seguían los consejos: *"No seas tan loco. Sé educado. Sé correcto. No bebas. No fumes. No tosas. No respires"*. ¿Qué le parece doctor? Entonces, *"¡Ay, sí, no respires!"*. *Dar el no a todos los "no" y descansar: "Morir"*[8]. ¡Ay, la persona hace el espíritu

---

7. G. Celaya

8. G. Celaya

contra la naturaleza! ¿Está de acuerdo, doctor?El doctor, todo oídos a esa verborrea de la que muchas palabras y frases y versos le resultan familiares, hace caso omiso a la sensación de estar inmerso en una chirigota. Y ata sus cabos... la Residencia de Estudiantes, allí se empaparía del sentir intelectual de los republicanos de la época. ¿No habían ido por allí Unamuno, Machado, Dalí, Lorca y alguno más? Lástima de poco tiempo para preguntarle por anécdotas.

—Conocerá usted a mi amigo, ¿no? A Pepín Bello. Creo que a él lo visita una doctora y, sobre todo, una tal Carmen, creo que la enfermera que le cura. Vive pegado al ambulatorio y frecuenta el Nanis, el bar de su misma manzana. Está hecho polvo, pero es un *dandy*, siempre con su jersey de pico, haga sol o nieve. Convivió con nosotros en la Residencia. De él provienen la mayoría de las fotos en las que salimos juntos.

Celaya no da tregua a su lengua, con vozarrón acerado y temple del Madrid castizo.

—¿Enfermedades familiares, me pregunta? Pues a ciencia cierta, no sé. Mi hermana, la chica, que era mi favorita, murió jovencísima, a los diecinueve años. Aquello afectó a mi familia inmensamente. Mi madre, que se llamaba Ignacia, no lo superó nunca. Pero, doctor, ¿qué tiene esto que ver con lo que me pasa ahora?

—Todo y nada. ¿Fuma? ¿Bebe?

—¿Y a usted que le parece? ¡Hago todo lo que dijeron que no hiciera, si no, no estaría usted aquí. "*¿Y usted habla de lo que le ocupa?*"[9]. Tantas vidas y sensaciones y sentimientos de los que usted sojuzga. "*¡Hay que cantar como quien respira!*"[10]. Si no, uno se muere.

—Sígame contando, que me dijo que estuvo tres veces enfermo y vamos por la primera. ¿Le han operado de algo? ¿Tiene usted alergias?

—Sí, claro. ¡Tengo muchas alergias! ¡Alergia a los capitalistas! ¿Y usted? Yo soy comunista de corazón. En esta misma sala, donde se sienta usted, hemos celebrado muchas reuniones clandestinas.

—Digamos que comparto más o menos su tendencia —responde el médico divertido con la vehemencia de la respuesta—. Le voy a tomar la tensión.

Amparo Gastón, sentada en la silla de madera tras poner una bandeja con cervezas, patatas, aceitunas y guindillas para tres, azuza al médico.

---

9. G. Celaya

10. G. Celaya

—¡Venga, anímese, doctor, no sea tímido! Como él dice —señalando con la barbilla y esos ojos pizpiretas al poeta—, atrévase a equivocarse, bébase una cerveza, aunque esté de servicio. Mire, le cuento yo, que él se alarga mucho. Cuando yo le conocí, estaba fatal. No comía, estaba recluido en la habitación de su casa. Parece que tenía fiebres de esas que llaman de Malta u otras, no se curaba. Y con su mujer, a palos. A palos o a distancia, que ella no le tocaba, ¿me explico? A mí, me conoció de casualidad. Yo andaba alquilando libros en una librería (fíjese qué cosas se hacían antes) y se dedicó a perseguirme. Yo tenía un novio entonces, Tomás, que dio la casualidad de ser amigo suyo del colegio y, lo que dice el refrán, el que la sigue la consigue. Me persiguió a todas horas y caí rendida en sus brazos. Como él me dice —y le mira cariñosamente—, me quiere de un modo raro. Y se curó, de lo que tuviera. ¿Verdad, mi amor?

—Mire, doctor —Celaya agarra la palabra—. Yo estaba prisionero en un matrimonio de conveniencia de los de la época. Todo había sido muy complicado. Yo, mientras estudiaba, tenía una novieta cada verano. Usted sabe, las cosas de los chicos y el verano. Y era fácil, tenía un coche, traje, dinero para invitarlas. ¿Qué le voy a decir? Pues me eché una novia el verano del 35, Julia era su nombre, que hacía una *mousse* de chocolate de órdago. De buena familia. La mía estaba loca porque me casara, que asentara la cabeza definitivamente. Y yo solo pensaba en escribir. Divertirme, claro. Era ingeniero, estaba trabajando en la empresa de mi abuelo, Herederos de Ramón Múgica, y era el candidato a mandar. ¿Qué pasó?

El doctor Tudela está mudo del asombro. ¿Qué hace él aquí en esta especie de teatro escuchando la historia de un viejo poeta fallecido? Y, para colmo, en horas de trabajo, como si no tuviera otra cosa que hacer. Su buena educación, el interés del relato y la pasión por un autor cuyos versos le fascinan que escuchaba y escucha en la voz de Paco Ibáñez, le impiden romper la escena.

—Prosiga, continúe...—rompiendo en su audición interesada la máxima de Cajal, "procuremos agradar e instruir; nunca asombrar".

—Lo que pasó es que estalló la Guerra Civil. Me hice capitán de gudari (guerrero en vasco) —guiñando su ojo izquierdo velado por la edad—. Mi batallón sucumbió inmediatamente. Fue un recorrido espantoso, viajando prisionero con el miedo atroz y ciego recorriendo la piel de Vitoria a Palencia. En verdad, soy un cobarde y me entregué como soldado raso..., a los otros capitanes los fusilaron inmediatamente... Tuve suerte e influencias. Primero pasé un tiempo en un campo de concentración en Palencia. No quiero ni recordar esos primeros meses. Todos estábamos pendientes de cómo nos clasificarían, "afecto" a la sublevación, "desafecto", "enemigo de la patria y del Movimiento" y "responsable probado de delitos comunes o contra el derecho de gentes". A las dos últimas categorías las juzgaba un tribunal militar y el fusilamiento era lo habitual. Me declararon "afecto al Movimiento" y me libré de la cárcel y de morir. Fue una encerrona… Mi suegro, César Cañedo, sabedor de que su hija no reglaba, sabido por la vigilancia extrema de la madre, cosas de entonces, rompió mi expediente, me sacó de allí, me metió de ingeniero civil para los franquistas que no tenían técnicos y así me titulé de ingeniero civil. Al final del 37 me casó con su hija, tuve dos hijos, Pilar y Luis Rafael, y aguanté siete años matando el tiempo.

El médico, rendido a la biografía apócrifa de Juan Leceta, tercer nombre del escritor forzado a publicar con ese nombre por las conveniencias, porque *"¿Le parece a usted correcto que un ingeniero haga versos? La cultura es un adorno y el negocio es el negocio"*[11].

A Gabriel le chorrea el sudor por la frente. Juan de Leceta hubiera contado esa historia del embarazo prematuro y decoro; Gabriel, la que publicó en el diario *El País* (21/11/1981), donde negaba el amor profesado en algún momento a la madre de sus hijos, Julia, a la que achacaba un romance corto y un matrimonio impuesto por su suegro. Rafael Múgica, sabedor de la verdad, joven novio durante cinco años de esa mujer risueña, cantarina como un pajarillo, enamorada de las aves y positiva como los canarios, se reinventó y negó a sí mismo. Negó en su presente del Madrid de los cincuenta, sesenta y setenta la existencia de una primera mujer, de dos hijos, de un pasado y presente ambivalente. Una España de Franco sin divorcio, donde vivir amancebado era delito y pecado. Rafael Múgica escribía a su mujer al marcharse a vivir a Madrid (con Amparo): "Soy un hombre errante, volveré a esta casa aunque sea para morir"[12]. Un ser y no ser. Un tirarse en paracaídas sin perder la red.

Gabriel volvía a San Sebastián al hotel Niza, con su Amparitxu, un año tras otro, fotografiándose en la playa de la Concha, cuadro y escenario de la habitación número 11 que siempre les alojaba. A Rafael, sin embargo, nunca se le atrancó la puerta del domicilio familiar en ese difícil periplo familiar. Los hijos esperaban al padre ausente domingo a domingo llegando a mediodía, cuando Julia les regalaba postres de ensueño y él aprovechaba para llevarse libros de su inmensa biblioteca. La partida a Madrid supuso un respiro para todos…, Rafael-Gabriel, Julia, los niños arrancando la adolescencia, Amparo… Las llaves seguían en el bolsillo del pantalón de Rafael, tintineando en cada viaje a San Sebastián… Las Nochebuenas y Nocheviejas compartidas… Alojarse en familia en sus viajes en solitario. Y esa primera mujer, creyente, religiosa, afronta la vida llenándola de sus hijos, de aves, de trabajo,

---

11. G. Celaya

12. Cartas de Rafael Múgica a su mujer Julia Cañedo, conservadas por su hija Pilar a la que agradezco la entrevista de corazón

de alegría. No hay foto que no la encare con sonrisa franca, en la boda de su hija Pilar (12/1/1962), donde el padrino era el padre, como correspondía a los cánones establecidos y donde Gabriel retomaba su Rafael; con sus amigas... La misma amplia sonrisa que lucía de niña junto a sus hermanos sobre un tractor en el campo, sumidos en la naturaleza que tanto le acompañaba. Julia, generosa, aclaraba a sus hijos: "Aquí en Hernani, lo tenían muy difícil".

La negación pública de Gabriel de la primera mujer de Rafael, de Julia, arrostró que padre y su hija Pilar no se hablaran durante más de una década..., hasta que él enfermó. Amparo abrió las puertas y facilitó que esos hijos inexistentes pudieran acompañar y velar a su padre en un entorno de años de vivencias y pensamientos encontrados. La indigencia aparente, no tan real, venía del propio deterioro y dificultad de manejo de la enfermedad. Y de esa escasez de recursos sociales del tiempo aquel, de espaldas a la senectud.

Amparo se levanta y va a la cocina con cualquier excusa, no quiere escuchar el dolor de esa época, no quiere soportar lo que pudo tener de culpa en que se desmembrara esa familia. Tuvo bastante siendo crucificada y maldecida por la sociedad pudiente. No en vano le decían a Rafael: *"Si sigues con esa chica te cerraremos las puertas"*[13]. Esa misma ciudad, y tras el estreno de la Ley del Divorcio (1981), fue testigo de sus nupcias el 14 de octubre de 1982, tras más de veinticinco años de convivencia, ella, guapetona y con garbo, con traje pantalón de pana blanco y orquídea nívea en la solapa, él "a la vasca" y sin corbata.

—Verá, doctor. Mis planes de ser escritor en Madrid no se habían arreglado, y después de la Guerra me quedé de ingeniero en nuestra fábrica de San Sebastián, porque mis amigos de estudios estaban en el exilio, en la cárcel o muertos. Hasta que conocí a Amparo y decidí cambiar de vida. Mientras no encuentras otra mujer no te atreves a dar el paso. Compré esa pequeña oficina en Donostia con dos habitaciones. Ella dejó su trabajo y, finalmente, se fue a vivir allí. Todo lo hacíamos en ese refugio, amarnos, trabajar duro, escribir. Fundamos la colección Norte de poesía, frente a la Sur. Amparo hizo todas las fichas de posibles suscriptores y autores, más de trescientos, y conseguimos salir adelante, publicar y publicarme, con la inestimable ayuda, soporte y colaboración de mi librero... No hubiera existido nada sin él y sin Amparo. Y a través de sus ojos conocí al proletario de verdad... Ella imprimía pasquines revolucionarios comunistas, ¡lo que nos podía haber pasado!, la pillé y me puse a forjarlos con ella.

Suda y suda. Los ojos se oscurecen de tristeza, de la desesperación de esas fechas.

---

13. G. Celaya

—Yo me duplicaba, me quintuplicaba. Atendía a mi familia, a mis hijos peque-ños, trabajaba en la fábrica que iba viento en popa, creciendo, haciendo vago-nes. Crecían los trenes en el país, nuestras fábricas y nuestra metalurgia. Chocaba una vida mía, vacía, vana, encaminada al dinero, con mi otra vida, plena. Plena de arrojo, de amor, de ella.

La mira de nuevo arrebolado a sus ochenta años.

—Amparo me había curado de la pena, pero era una situación difícil. Julia se mantenía firme, me lo perdonaba todo, pensaba que era algo pasajero, algo de hombres... —suspira Gabriel en el abismo del recuerdo—. Todos los días iba ca-minando por esa avenida, un año tras otro, a la izquierda, la fábrica de Herederos de Ramón Múgica y, a la derecha, La Tabacalera, camino del paso elevado so-bre la Estación del Norte. Avanzaba desesperado, volcándome en versos. Hacia 1955 tomé la decisión.

—¿Esa fábrica era la suya? ¿No hay o había por ahí un campo de fútbol? —pregunta Tudela, que practica el deporte con asiduidad—. Estuve una vez. Allí se jugaba fútbol en estado puro, sin vallas, barro a tope, golazos, la peña entrando al campo a celebrarlo y todos..., con botas negras, ¡¡como debe ser!! Sin marico-nadas de colorines —comenta, exaltado lo justo para su ser temperado.

—¿Lo conoce? —un Gabriel sorprendido, ríe a carcajadas—. Sí..., allí más de una vez metí gol. Siempre tenía las botas llenas de barro, que le enojaba a la, por entonces, mi esposa. Así me gustó mezclarme con los empleados, con los obreros, conocerlos. Y como le decía, todo me pesaba, traicionar al hombre que me había salvado la vida, a pesar de sus condiciones. Abandonar a mis hijos, dejar a la mujer que era madre de la sangre de mi sangre..., renegaron de mí para siempre. Ejercí de padrino de la boda de Pilar, mi hija mayor en el 62, pero eso quedó en un acto único, poco me quedaba de mi vinculación a la empresa. Me conducía como poeta y comunista. Además, desde que murió mi suegro en el 47, saqué a la luz a Amparitxu, nos fotografiamos en la playa de la Concha, y en el 56 nos vinimos a Madrid... La foto la repetimos un verano tras otro viéndonos cambiar..., hasta que no hemos podido volver más a nuestra tierra. No he podido comprarme un agujero allí donde acabar mis días.

Amparo, de vuelta a su terreno y a la memoria histórica compartida, retoma el relato.

—Y no se ha vuelto a poner malo hasta ahora. Madrid le sentó estupenda-mente. Le dolía el cuerpo, la palabra, el trabajo, la familia..., hasta que decidió dejarlo todo. Nos vinimos a Madrid con una maleta cada uno y un paraguas. Él tenía dinero en el banco, 200.000 pesetas de las de entonces, ya ve usted, una fortuna, y la renta del alquiler de un vagón tipo cisterna. Duró para el principio. Compramos este pisito, ya ve usted, nada, no nos hace falta más. Le dije que no trabajara, que solo escribiera… Y yo busqué habichuelas para los dos. Trabajé de lo que pude.

Gabriel, recuperado de nuevo, con la boca ardiente por la palabra, continúa desmenuzando la época. El médico extasiado ha extraviado la causa de la visita. Amparitxu, de natural locuaz, retoma.

—Somos muy felices…, hasta ahora…, pero ¿lo ve? —el dedo rollizo de Amparo señala la mesa—. Mire esa lupa. Publicó su último libro hace cinco años. No ve, no puede escribir ni leer. Y lo nuevo no le llena, la poesía social se ha quedado obsoleta. Esa es la poesía que yo entiendo, que no sé de nada, pero lo que él escribe, eso sí que lo entiendo —y en un gesto muy suyo alza coquetos los ojos al cielo y luego los vuelve a su Gabriel—, que para eso me consulta cada verso que escribe. Incluso, fíjese usted, doctor, me despierta, bueno, despertaba por las noches una y otra vez para que le corrigiera.

—Sí, ahorqué mis hábitos de ingeniero burgués, abandoné la fábrica, mi familia y me vine, con el cielo arriba y la tierra abajo…, teniéndolo todo…, eran los años en los que la poesía social estaba en auge, los años de lucha y vida furiosa en que Amparitxu tanto me sostuvo. Y aunque fueron también los años de multas, cárcel, persecuciones y dificultades económicas, son los que siempre añoraré. *"Porque entonces parecía que uno servía para algo"*[14]. No como ahora.

La mirada de Celaya se dirige a las faldas de la camilla. Se suena con un viejo pañuelo usado y gastado, que Amparitxu le quita de las manos.

—Doctor, está muy bien lo que usted hace, trabajando en la sanidad de todos. Lástima que como antiguo propietario y autónomo no he tenido acceso hasta ahora. No se canse usted, que su causa lo merece. Repitámoslo. Recémoslo: *"Nadie es nadie. Busquemos nuestra salvación en la obra común"*[15].

La mujer interviene con su alegría y fervor innato de la vida.

—¿Te acuerdas cuando fuimos a Cuba? ¡Eso sí que fue divertido! ¡Menuda gente! ¡Y los mejores médicos del mundo! Me dio una diarrea y se me cortó inmediatamente con lo que me administraron. *¡Buenísisimos!*

---

14. G. Celaya

15. G. Celaya

El doctor, perdiendo su habitual distancia, explica.

—Ahora mismo la situación es complicada. La sensación en el trabajo es como si hiciéramos asaltos a la administración para defender lo nuestro.

—¡Magnífico tiempo el de la lucha! —interrumpe Celaya, aplaude Amparo.

—Sí —reafirma Tudela—, es como la mejor pelea de los pesos pesados en la historia. Tremendo último asalto, Frazier sin apenas poder ver y queriendo continuar. Nosotros, muchas veces, sin resuello, como Ali hace 39 años, a punto del desmayo.

—¡Me acuerdo! —exclama el escritor—. Ali debía estar cercano a la muerte. Me acuerdo perfectamente de esa pelea. Y eso que a mí no me va el boxeo. Pero entiendo de lucha radical. ¡Siga así!

La mano escribiente sacude la operante con la brusquedad de la alegría de entenderse.

—Así que conoce el campo donde se jugaba en mi tierra, en mi campo. Y ve las mismas peleas que he visto yo. Imagino que también muchas lecturas que he frecuentado yo. Lástima que he tenido que liquidar la biblioteca que tenía, más de 15.000 libros. Lo que usted ve ahora es una miseria, aunque parezca que se caigan de los estantes. Lo que se hace por sobrevivir. Y ¿usted? ¿Su vida?

—Gabriel..., ahora, con una incógnita que me rompe los esquemas: ¿Por qué estoy aquí? Es más: ¿dónde y con quién estoy? Sea sincero, por favor...

—José Tudela —mirándole desteñido en azul a los ojos del galeno desconcertado—. *"La poesía no es racional, es un arma cargada de futuro. Solo somos hombres, verdaderamente hombres, en tanto que vivimos inventándonos a nosotros mismos, realizando nuestro personaje"*[16]. Como hice. Me pudo el mundo porque no aguanté la presión social. Pasé de Rafael Múgica a Gabriel Celaya. *"La Poesía es un instrumento, entre otros, para transformar el mundo, y la transformación, sea cual sea, es dolorosa"*[17].

—¿Entonces, usted no está pero está? ¿Y en que ámbito se encuentra? ¿Cómo es posible que fusionemos nuestros campos, que estemos hablando, que haya una realidad de tocarnos? Seguro que lo explica, que es ingeniero, que llega hasta mí.

---

16. G. Celaya

17. G. Celaya

Gabriel aprieta la mano de José. Antes era él el que lo hacía en actitud de consuelo. Ahora las tornas se han invertido.

—Mi estimado doctor, el *"mundo del espíritu no es un mundo causal, como el de la naturaleza física, sino un mundo teleológico: Un mundo con fines que crea la realidad hacia atrás"*[18]. Esto es lo que sucede. Usted quería estar aquí, en su barrio, conocerme, encontrarme en mi casa y, simplemente, aquí está. Como usted lo deseaba.

—¿Así de fácil? ¿Así de inexplicable por la medicina y la ingeniería?

—Así de sencillo, sí. A mí ahora me tocó el cambio final, el definitivo, el que me retorna a mi Amparitxu —sus figuras se desvanecen en la calle del Retorno a lo intangible—. Recuerde, *"cantar es abrir lo celeste y encontrar, ciego, en él, al dios que espera al hombre para poder creer..."*[19].

Gabriel Celaya falleció en el Hospital Gregorio Marañón el 18 de abril de 1991 en Madrid y sus cenizas fueron esparcidas en su Hernani natal. Después de un tiempo, Rafael Múgica nunca volvió a la casa familiar y murió en brazos de Amparo y, aunque quiso despedirse de Julia antes de su muerte en 1986, las circunstancias lo impidieron. Amparo Gastón le sobrevivió hasta 2009.

---

18. G. Celaya
19. G. Celaya

TRIÁNGULO INSÓLITO II

Escribí la palabra muerte deseando que no sea más que eso,
una palabra dibujada con dedos temblones.

Juan Carlos Onetti

—¡Por Dios, doctora Serrano! ¡No se ponga así conmigo, que no tengo la culpa! —la mujer, en su papel de embajadora de la carga de trabajo, conoce las caras y los humores variables de los médicos y enfermeras…, que fluctúan en razón de numerosos factores: el agobio personal, padres, hijos, enfermedades…, los compromisos laborales, este artículo, aquella investigación, ese residente, un alumno…, el humor del día, con el pie derecho o con el pie izquierdo, el frío o el calor de la jornada…, la estupidez humana, de cada uno, del otro, del paciente, del profesional…—. ¡Nada de esto es urgente, según dicen, pero hay que ir! Es un hombre que no se mueve de la cama desde hace años. Su mujer, al teléfono, un cielo. Le explicará ella.

La doctora, en su brío habitual, agarra el teléfono para investigar la naturaleza de la demanda. Los avisos a domicilio tienen que estar muy bien justificados, no se puede hacer perder el tiempo de cualquier manera, le expone a la esposa del yacente.

—¿Y me puede explicar dónde se encuentra la susodicha calle? ¡Veinte años llevo trabajando en este centro de salud y jamás he oído eso del "Retorno a lo intangible"! ¿Muy cerquita? ¿Y por qué no la conozco? ¿Le duele el brazo? ¿Y se le ha hinchado? Mmm…, no veo ningún dato aquí de su marido —mientras consulta la historia electrónica—. No me diga más, no se preocupe, en cuanto termine de ver los pacientes en el centro me desplazo a su casa… Hasta luego, hasta luego.

TRIÁNGULO INSÓLITO II

Dicho y hecho. Tras sus cuarenta y tres citados inicialmente y los siete sin hora que acuden puntualmente tras realizar sus compras en el supermercado o en la frutería para solicitar la receta del catarro o el justificante laboral por una diarrea autolimitada, la médica se lanza a la calle dirigiendo sus pasos a lo intangible…, y no imagina cuánto. Un paseo, una vuelta y media, un equívoco, un portal, un ascensor, un octavo piso, un fox terrier ladrando (¡a ella, que odia los perros!). Tras el timbre impaciente, una señora…, encantadora (a ella, que ese tipo de halagos le parece ridículo). Pelo apenas cano…, mirada que discurre suavizando los contornos. La sonrisa queda le saluda al abrir la puerta.

—Buenos días, doctora…

—Serrano. Buenos días.

—Buenas tardes, dirían en mi país —arrastrando un suave y matizado acento argentino—. Soy Dolly y mi marido, Juan Carlos, es el que se encuentra mal, por él es que la hemos importunado. Lleva años en cama y apenas se levanta a la terraza, que es al único sitio al que se traslada y si es que hace sol. Sufrió tanto el pobre que ha perdido las fuerzas.

Sobre la cama, un viejo cartel plastificado, y no muy limpio, con los estatutos de los que nacieron cansados, cuestionando la vigencia de la inmovilidad del supuesto enfermo: "Se nace cansado y se vive para descansar. Ama a tu cama como a ti mismo. Descansa de día para dormir de noche…". El paseo visual continúa por la habitación. Muchos, muchos, demasiados ceniceros, con tintes amarillentos como las uñas del paciente, esas uñas delatoras de su hábito, en vidrio esmerilado. Libros, muchos, todos, sobre la mesilla de noche, en las estanterías, sobre el suelo. Un vaso a medio trago, con hielo derretido y un contenido oro fuego.

Sobre la cama, un hombre con cierto sobrepeso o hinchado; los ojos discretamente saltones, enmarcados por bolsas que denotan un mal vivir. Un gafapasta (o plasta) de los de ahora, un modernillo intelectual en versión abuelo. Una tos repetitiva suscribe la servidumbre al tabaco.

—Hola —espeta escueta la galena—. ¿Esa tos es lo que le molesta? Lo tiene fácil, deje de fumar. A ver que le ausculte. ¿Tiene fatiga?

—Sí, doctora. Fatiga de la vida —su belfo húmedo y colgante, con un cigarrillo residual saluda temblón, haciendo caso omiso del consejo—. Pero no le he mandado venir por eso. Me duele el brazo, mire, se me ha abultado el codo.

—Deje que le mire. ¡Siéntese bien, por Dios! ¿No sale de la cama? —la doctora se sienta al borde derecho de la cama, le ajusta las almohadas, le remanga el clásico pijama de caballero azul inmaculado, manchado de tinta—. Extienda los brazos. ¡Menudo *meneíllo* que se trae! ¿Siempre tiembla así? ¿Es esto normal en usted?

—No, doctora, se me pasa en cuanto termino el primer whisky del día. ¿Ve? —señalando el vaso de Duralex sobre la mesilla de noche y tragándose el resto de una sentada—. No lo había terminado. Y a su otra pregunta: no me levanto de la cama porque la Biche me muerde las canillas. ¿No ve que mi mujer ha tenido que encerrarla para que no la ataque a usted?

—Es todo un detalle. ¡Faltaría más que me mordiera un perro por venir a su casa! ¡Es de agradecer! —el cinismo de la profesional hace mella y gracia en el ánimo del sujeto.

—Tiene que arreglarme el brazo. Casi se me ulcera. No me lo veo bien. Es de tanto apoyarme —la suave i griega prolongada redondea el dolor que le produce la inflamación—. ¡No puedo escribir!

—¿Cómo escribe sobre el codo? ¿En un codo, no en los dos? ¿Cómo es esa forma de escribir? —el hecho provoca realmente su curiosidad—. Explíqueme qué hace y cómo lo hace usted. Para que se le cure, tiene que dejar de cargarlo. ¿Por qué lo carga? ¿Acaso anda con el brazo? —la pregunta irónica satisface de nuevo al escritor, al que el contacto con las mujeres le anima la mirada y el espíritu.

—Verá, es simple, como todo lo complicado. ¿Ve todas esas agendas viejas? ¿Las que tiene a los pies de la cama? Son los manuscritos de mis libros. Luego mi mujer los transcribe. Aquí hago mi vida. Amaba cuando podía. Duermo, por supuesto. Como, bebo, fumo y escribo. Escribo a pluma o bolígrafo. Con la mano izquierda, me giro levemente y me apoyo sobre este maldito brazo derecho que no me quiere sujetar. No querrá impedir que realice lo único que tiene significado para mí: escribir. Desaparecería de este mundo si no pudiera hacerlo. Haga lo que pueda, se lo pido por favor.

—¿Desaparecería? ¿Tiene usted malas ideas? —la antena de Maribel Serrano se agiliza. Una persona encamada, sin sentido del presente. ¿Una depresión grave? ¿Una amenaza de suicidio?—. Cuénteme…

Los ojos belicosos de Juan Carlos Onetti Borges le miran fijamente a través de las gruesas gafas, graduadas una y otra vez por los oculistas en esa misma y única cama, emporio de ese rioplatense, de ese hombre urbano, descreído, recluido voluntariamente tras la marcha de Uruguay, escéptico, melancólico añorante de Gardel, cuya estampa contempla desde la almohada.

—"*Tengo asco por todo, ¿me entiende? Por la gente, la vida, los versos con cuello almidonado. Me tiro en un rincón todas las noches, en esta cama de la que a duras penas salgo*"[20] —continúa con los ojos fijos en ella—. En medio de la noche, la soledad es lo único cierto…, fumar el remedio, la certeza de estar vivo. Y el whisky, con su tintineo *on the rocks*, que acaricia y suaviza la garganta y la mente. No me cuestione, doctora, usted es joven y centrada, desconoce la amargura de saberse excluido, de la locura de la existencia. Tantas *pebetas* coquetas con su desnudez que he estrechado entre mis brazos, tantas que me han querido, pero Dolly me rescató. No sabía si me amaba más a mí o a su violín, al que ciñe como a un amante, oyendo constantemente la voz de su instrumento, volviéndome loco de celos. Esa permanente incertidumbre de no a saber a quién adora me apasionó. Ella me salvó de la cárcel, entregó su casa para pagar ese manicomio al que tuve que recurrir… La locura de esos regímenes políticos, la herrumbre del astillero, de esa maravillosa costanera de Montevideo, ¿la conoce? ¿Ha ido por allá? Mire la caracola, es lo único que traje de mi país.

La doctora, ahora junto a la mesa donde reposa la gran caracola que trae sonidos atlánticos y del Mar de la Plata, observa esa sonrisa mordaz, juvenil, feroz, con el miedo a la vida desbordándose en la mirada. Él continúa.

—"*Pero ahora quiero hacer algo distinto. Algo mejor que la historia de las cosas que me sucedieron. Me gustaría escribir la historia de un alma, de ella sola, sin los sucesos en que tuvo que mezclarse, queriendo o no*"[21]. Si no escribiera, sería hombre muerto. No querrá usted asesinarme, ¿verdad? Sería un buen fin para la saga de novelas negras que tanto me gustan. "Mató a su paciente impidiéndole la escritura". Fin. No lo hará, ¿cierto? ¿Aliviará mi codo para aliviar mi alma? Estoy seguro…, es usted una mujer como las de otra época, de esas rotundas que sufren por los hombres casi tanto como se sirven de ellos…, no hay mujeres así ahora. Una mujer de las que logran imposibles.

El tono halagador y profundo conmueve a la mujer que se inclina extrayendo de su maletín gasas, esparadrapo, el líquido iodado y poco más, segura de haber elegido bien o lo mejor posible, acertando a envolverle el brazo con su mejor habilidad y conocimiento.

—Muchas gracias, de corazón. Es lindo sentirse atendido —afirma el escritor desviando su mirada a las fotos de la pared. Le cuesta expresar sentimientos sutiles a pesar de ser ferviente admirador de Gardel, al que miró y admiró con ojos de

---

20. J. C. Onetti

21. J. C. Onetti

niño en la distancia del Teatro 18 y junto al Viejo Tupí, devorando con los ojos las milanesas que otros degustaban en las mesas de madera desgastadas por el uso—. Amo más la enfermedad que la vida, siempre penando por esta pierna que tuvo gangrena. Me pudro por dentro, pero me vierto en mis historias. Sus personajes son reales. Usted, mi mujer, yo, fantasmas.

La doctora, finalizando su tarea, le dirige de nuevo la palabra. Es como si no hubiera escuchado la diatriba filosófica, absorta en sus menesteres.

—Listo —le sonríe—. ¿Se encuentra mejor así? Procure descansar el brazo. Escriba al dictado, por ejemplo. Mañana enviaré a la enfermera para que le cambie el vendaje. ¿Algo más? —a la vez guarda los instrumentos y se abriga con la chaqueta algo abultada para esa mujer menuda de pelo largo y ondulado.

—Sí, doctora, algo más. La constancia de mis últimas voluntades. Usted sabe de eso. *"Otra vez, la palabra muerte sin que sea necesario escribirla. Hay un cementerio marino más hermoso que el poema de Valery. Y hay o había o hubo allí, entre verdores y el agua, una tumba en cuya lápida se grabó el apellido de mi familia. Luego, en algún día repugnante del mes de mayo de allá, lluvia, frío y viento, iré a ocuparlo con no sé qué vecinos. La losa no protege totalmente de la lluvia y, además, como ya fue escrito, lloverá siempre. Allí, el silencio mío…, el edificio del alma"*[22]. Quiero que me lleven allí, por favor…

La doctora Maribel Serrano retorna de lo intangible a la consulta de su centro de salud. El sabor del autor de *Para una tumba sin nombre* la devuelve a sentir que es un soplo la vida, que veinte años no es nada, que fue muy atrás cuando supo que en esta profesión *"se está abierto a la sorpresa, incapaz de determinar que actos son suyos, cuales prestados o cumplidos por capricho"*[23]. O cuando un gesto o una palabra de la bata blanca, desnuda en la entrega de lo mejor al otro es capaz de girar el rumbo de una vida.

Juan Carlos Onetti Borges murió en Madrid el 30 de mayo de 1994, donde vivió en la Avenida de América 31, tras su exilio de Uruguay desde 1976. Sus cenizas no han llegado al cementerio El Buceo, en Montevideo, se encuentran en el cementerio de La Almudena (Madrid). Dolly (Dorotea Muhr), su mujer, vive y toca el violín a día de hoy.

---

22. J. C. Onetti

23. J. C. Onetti

TRIÁNGULO INSÓLITO III

Acompáñenme a entrar en el paréntesis
que alguien abrió cuando parió mi madre.

Mario Benedetti

—¡Que no! ¡Que te he dicho que a mí no me toca hacer este aviso! Esta no es mi semana y la que tengo hoy encima es tremenda —la médica cincuentona arranca su turno evidentemente enfadada, con el genio que la caracteriza en momentos puntuales.

—Pues el paciente ha dicho que te ha escogido de médico y que lo ha hecho para ser atendido expresamente por ti. Está muy cabezón, no atiende a razones —la auxiliar administrativa baja el teléfono y tapa el auricular con la mano.

—¡Pues que se vaya a freír puñetas! ¡Si quiere que yo lo atienda, que venga a la consulta! Trabajamos en equipo y hay que respetar las normas del centro de salud. ¡Menudo caos si hacemos caso a cada individuo que quiera algo en particular!

—… Dice que no puede venir, que está muy asfixiado.

—Y para colmo, no entiendo ese empeño. Si no conozco de nada a este Mario Orlando Farrugia, será de los dominicanos que viven en la calle Ramos Carrión, hay una comunidad en el número seis.

—¡Casi aciertas! No suena dominicano, pero sí a latino. Y la casa está en la calle esa rara del Retorno a lo intangible, que hoy está de moda. Pero ha aclarado que cerca del siete de Ramos Carrión. ¡Creo que tienes algo de bruja, Beatriz!

Beatriz Centenera agarra el teléfono, apretando el auricular contra su oreja para persuadir al paciente de que no es necesario sea ella *precisamente* quien le preste la atención médica. Queda perpleja ante el tañido de la voz, que le llega desde el otro lado del cable telefónico, del más allá o del otro lado del Atlántico.

—¿Doctora? Sí…, dígame…, ¿que vos no puede venir? Sería una lástima. Me ataca de nuevo esta asma que me tiene sujeto a la silla y el tratamiento que me pusieron allá en mi tierra no me calma…

—¡Pero, Mario, cualquiera de mis compañeros puede ponerle el tratamiento adecuado!

—Cierto, doctora. ¡Pero no cualquiera puede aceptar un duelo de versos!

TRIÁNGULO INSÓLITO III

Al finalizar la consulta, con una demora de más de cuarenta y cinco minutos, con más intriga que urgencia, la bata blanca, despojada de ella, con el maletín en pie de guerra y el estetoscopio como arma, se dirige a ese caso intangible que le ha tocado lidiar. Un portal doble, en espejo duplicado, este el siete, que no el nueve, una portera amable, un ascensor tras unas escaleras exiguas y una puerta que se abre antes de timbrar. Un hombre moreno, de sienes y bigote cano, balanceándose en una hamaca calmosa como su voz, con el pecho discretamente distendido, como el caparazón de un tonel, y la locución contenida por la fatiga, soplando lentamente para controlar el agobio por la falta de aire y la libertad insuficiente, le dirige la palabra.

—No sé si podré dejar de escribir, mientras no se acaben los recuerdos uno puede escribir, yo escribo de allá de los montevideanos, incluso cuando están por aquí, como ese inmigrante en Barcelona.

El teléfono irrumpe en la conversación.

—Aló —contesta Mario—. Disculpe, doctora, es mi amigo Juan Carlos, que está enfermo —apoyando el auricular en el hombro y cuchicheando—. Me llama todos los días sobre estas horas. Es como si saliera de paseo—. Sí, disculpa, Juan Carlos, estoy con la doctora que acaba de llegar… No…, es lo de siempre… Yo, con un poco más de asfixia, y Luz, en lo suyo, con sus despistes. No te había llamado porque no sé dónde me ha colocado la agenda. Disculpa, dame tu número que te telefoneo en cuanto pueda. Chao, chao, hasta luego, hasta luego —y apoyando el teléfono en la mesita de al lado, continúa conversando con la médica. Onetti, mi amigo Juan Carlos, dice que no me preocupe, que en la cama se puede hacer de todo. En la cama se nace, en la cama se muere, se puede escribir, leer, ver la TV. Dice que él lleva así muchos años y que persiste en la vida.

—Concretando —irrumpe la médica—. *"Subo en el ascensor, que chirría a punto de explotar y pienso que quizá nada perdiese con volar, desde estas últimas alas y por fin, llegar"*[24]. ¿Me hace venir para contarme lo suyo o lo de su amigo? Prosiga con lo que le pasa. O sea, ¿qué vengo a ver a dos pacientes? ¿A su mujer y a usted? ¿Y dónde anda su señora?

—Ese es uno de los problemas, doctora. *"Digamos que te alejas definitivamente hacia el pozo de olvido que prefieres, pero la mejor parte de su espacio, en*

---

24. Dra. Brigitte Calle. Versos inéditos

realidad la única constante de su espacio, quedará para siempre en mí, doliente, persuadida, frustrada, silenciosa, quedará en mí su corazón inerte y sustancial, su corazón de una promesa única en mí que estoy enteramente solo, sobreviviéndole"[25]. Ella, Luz, mi mujer, a la que llevo amando desde los veintiséis años, desaparece…, se pierde en sus desconciertos, hasta en ocasiones no sabe quién soy yo… Tanto viaje, tanto mudarnos, tanto exilio ha desestructurado su cabeza… Doctora, ayúdenos…, yo le digo a ella: *"Después de ese dolor redondo y eficaz, pacientemente agrio, de invencible ternura, ya no importa que use tu insoportable ausencia ni que me atreva a preguntar si cabes como siempre en una palabra"*[26]. Creo que, usted, doctora, que se acerca a mí, también padece.

—No se aventure usted, Mario, que de mí no sabe nada. Sin embargo, sí, sí adivina que sufro por uno, dos, tres seres queridos. Heridas que no se cierran. Padre, madre, ¡mi compañero, que sigue luchando! Y les digo, como usted a su novia eterna: *"Tendré los párpados abiertos de par en par sin sueño; testigo de este sorprendente mundo de los vivos y allá a la vuelta, a contraluz del cielo, cuando, sin cuerpo ya, volvamos a vernos… Te lo contaré todo, estrecharé tu mano y charlaremos largo, quizá eterno"*[27].

—Establezcamos pues el duelo de versos para el que la he llamado. Antes que esta fatiga del asma que padezco, me agote para siempre. *"¡Ah! ¿Quién me salvara de existir? Dijo Pessoa"*[28].

—¿Y quién salva de morir?, digo yo —replica contundente la doctora—. *"Y moriré, caeré en tierra, porque no fui esculpida en un rayo de luz, sino amasada en barro"*[29]. Nosotros somos de carne y hueso y, Mario, cuénteme su asfixia, que, pese a todo, para salvar, nos mandan a nosotros.

—Mi estimada doctora, *"vivir después de todo, no es tan fundamental. Lo importante es que alguien debidamente autorizado certifique que uno probadamente existe"*[30]. Vos, ¿qué pensás?

—¿Me pregunta usted a mí, a una profesional que siempre anda certificando? Tanto que hasta escribí sobre el carné de identidad. Sirve también para ver al

---

25. M. Benedetti

26. M. Benedetti

27. Dra. Brigitte Calle. Versos inéditos

28. M. Benedetti

29. Dra. Brigitte Calle. Versos inéditos

30. M. Benedetti

ausente que te ha abandonado. Pero ahora que su tarjeta de la seguridad social funciona y ha reclamado mi atención, dígame, ¿qué espera de mí?

—*"La muerte es una tediosa experiencia; para los demás, sobre todo, para los demás"*[31]. Amiga, no contribuya al hastío con su impaciencia. Padezco de un asma elemental de toda la vida. Y siempre fui débil del intestino. Intenté recalar en Mallorca, en el exilio, pero la humedad me mataba así que terminé en esta placita. Aquí me conocen todos, me tratan bien, desde el panadero hasta en la tiendita de ordenadores y fotocopias de Clara del Rey, que saben que tengo la misma computadora aquí y allá, en Madrid y en Montevideo. Ellos se ocupan de mi desconocimiento en este campo y me solventan todos los inconvenientes de la tecnología. ¿A vos le gustá este barrio?

La doctora se balancea impertinente. No sabe si la situación le atrae, le motiva o le repele en extremo. Enfrenta la mirada al anciano y sonríe a la mujer perdida que acaba de cruzar el umbral de la puerta o de la conciencia.

—¿El barrio? ¿Me pregunta por el barrio? —contesta la cofrade de Hipócrates—. No está mal…, no me disgusta —y dirigiéndose a Luz, la compañera de Mario de toda la vida, le dirige palabras dulces—. *"Solo ternura y besos y lágrimas y aliento…, en ellos concretar días y noches el transcurso del resto de la vida"*[32] —y la besa en la mejilla, gesto inusual para un galeno—. Luz… ¡Luz!… ¿¿¿Luz???

—Háblela fuerte, doctora, que no la oye. Está muy sorda y muy despistada. Y cuando me falta el aire, como ahora, tengo menos voz y no me escucha. Entonces, hasta se pierde por la casa. No sé qué voy a hacer con ella. Creo que definitivamente nos tendremos que quedar en Montevideo —Benedetti agacha la mirada compungido—. Es el desexilio…, pero me gusta venir aquí, alternar de casa…, tengo tantos amigos… ¿Qué tiene para darme de su basta farmacopea? Algo útil para la asfixia y para este dolor de vientre que todas las mañanas me desgarra las entrañas.

—¡Eso no me lo había dicho! ¿Le duele por las mañanas? ¿Al defecar? ¿Se le alivia con la comida? ¿Ha sangrado alguna vez…, al ir al baño o en un vómito?

—No, no —contesta animado el poeta—, pero lo que dice. Al ir por las mañanas, me cuesta, me duele. Como que ya no voy a mis necesidades como iba, algún cambio hay. ¿Es eso importante?

---

31. M. Benedetti
32. Dra. Brigitte Calle. Versos inéditos, modificado

—"Y no valdrá la pena buscar en los bajíos —¡cuerpo mío!, ¡ánima triste!— con qué remendarte"[33] —meditabunda responde—. Mi querido Mario —dirigiéndose de nuevo a su interlocutor—. Vayamos a la cama, que pueda explorarle correctamente. Eso que me cuenta es además de la fatiga. Poco se queja usted, veamos.

—A esa alcoba, ¿viste?, la que está a su derecha. Ahí puede mirarme. Pero, desengáñese, "la muerte se está vengando siempre de nuestras vacilaciones; la vida se compone de tres etapas, vacilar, vacilar y morir; la muerte en cambio no vacila frente a nosotros"[34]. Anda pisándome los talones, me tiene ganas. Lo sé, no me lo oculte.

El aposento, dos camas con cobertor blanco roto, una ventana despechada a un patio interior, un armario viejo sin empotrar y una única mesilla de noche, con lamparita permanentemente encendida, acoge o escupe a sus visitantes. El paciente, sobre la cama, pecho y vientre al descubierto, los pies, sin calzado. La doctora colocada a la diestra del paciente, enfrentando el rostro amable de Benedetti y aproximando un diagnóstico.

—Mario, me parece que es grave. Deberíamos trasladarle al hospital. "Carne mortal, abrigo del alma"[35]. Debe tener una anemia a causa de lo que tenga en el vientre, que le acentúa la disnea, perdón, su ahogo. Creo que el 12 de Octubre, al sur de Madrid, por la carretera de Andalucía es un buen sitio para que le estudien. Le voy a derivar en una ambulancia.

—Doctora, ¿y mi mujer? ¿Qué hacemos con ella? —la angustia del escritor es patente en sus ojos de chiquillo—. Padezco insomnios y duermevelas entre su trajín nocturno y el mío.

—No se preocupe. La dejamos con una vecina y nos apañamos para que pueda visitarle. ¿Con cuál se lleva mejor o tiene confianza? Me ocupo de dejarla en buenas manos.

—"Me gusta la gente que vibra, que no hay que empujarla... La gente que cultiva sus sueños, hasta que esos sueños se apoderan de su propia realidad"[36]. Está usted en esa categoría de personas —mientras habla, el poeta ventila algo más rápido de lo habitual y contiene el aire, resoplándolo lentamente, para evitar que se marque su sofoco—. "Cuando anochece se estremecen los pinos y no es de frío"[37]. Va llegando mi hora.

---

33. Dra. Brigitte Calle. Versos inéditos

34. M. Benedetti

35. Dra. Brigitte Calle. Versos inéditos

36. M. Benedetti

37. M. Benedetti

—Veremos lo que pueden hacer mis compañeros. Si hubiera que intervenir-le, cosa que no me extrañaría, tranquilo que en ese servicio son especialmente competentes, de lo mejorcito de este país. Su mal son las heridas que ha sufrido de todos los exilios y se le han amarrado al pulmón y al vientre. Usted lo sabe, *"entonces el dolor calla, cuando la vida repite —obstinada— de mil maneras las lágrimas..."*[38].

Mario Benedetti vivió en la calle Ramos Carrión 7, desde 1976 hasta 1993, que regresó a Montevideo donde falleció el 17 mayo 2009. Mantuvo su casa de Madrid, alternando con Montevideo, hasta que su salud y la de Luz, hecha luz en el 2006, lo impidieron. Está enterrado en el Cementerio El Buceo en Montevideo. Por fin, los Jardines de Benedetti, frente a la ventana de su casa, llevan su nombre.

---

38. Dra. Brigitte Calle. Versos inéditos

En homenaje y con afecto estrecho y cercano a mis compañeros del Centro de Salud Universitario Santa Hortensia, que
se encuentra en el núcleo del triángulo que forman los vértices
de los domicilios en los que residieron estos insignes escritores,
Gabriel Celaya, Mario Benedetti y Juan Carlos Onetti.

La calle del Retorno a lo intangible es, como otras tantas, el
sobrenombre de zonas rebautizadas del barrio de la Prosperidad con títulos del vecino y escritor Medardo Fraile, para el que
se reclamó el parque de la calle Puenteáreas.

EPÍLOGO
Desnudo 34

Las cosas casi nunca son lo que parecen. 33 desnudos en bata, el libro de María Pasquín, no es un texto más de esa larga relación de médicos escritores que dan cuenta y razón de su experiencia clínica, poniendo habitualmente el acento en trayectorias más o menos pretenciosas o en la casuística de una larga experiencia profesional.

No es el caso. Parte de una larga declaración de principios biográfica y de una honesta postura militante concebida desde una lectura ética de la sanidad; concretamente, de la sanidad pública.

No es, ni lo pretende, un libro de humor, un amable conjunto de relatos de ambulatorio, sino una reflexión sobre la enfermedad y los enfermos, una radiografía de la sanidad pública, un escáner integral de una forma contemporánea de entender la medicina, una lectura revisitada del viejo manual, con puesta al día incluida, del *Manual de diagnóstico etiológico* del doctor Marañón.

Es un libro culto, no de culto, para un amplísimo universo lector y está concebido con una economía literaria casi rayana con la austeridad, lo que facilita a quien lo lee la intensidad narrativa para que parezcan cortos los treinta y tres relatos clínicos que componen el libro que tiene en las manos.

Las citas que abren o cierran los diferentes capítulos son oportunas y descriptivamente elocuentes, desde Borges a Benedetti, desde Marañón a Conrad. En ocasiones, quien oficia de introductor de un libro es consciente de que, a todas luces, no es menester franquear la puerta primera de los textos a los que invita a leer, a adentrarse en su lectura, y quien esto suscribe tiene por fuerza, por honestidad intelectual, que subrayar que está ante un libro sorprendentemente oportuno, a caballo entre la pedagogía médico-sanitaria y la reflexión que conduce a la denuncia. Huelgan pues comentarios lisonjeros y actitudes urgentes que no lleven mucho más que una recomendación lectora.

Es un libro para la mesilla y el despacho, para comentar en voz alta, para sostener el argumentario riguroso de una reivindicación de la que no podemos abdicar y que no es otra que la sanidad pública, universal y de calidad. María Pasquín tiene las respuestas.

Ramón Pernas.
Escritor.
En la luz inmóvil (2011), *Hotel Paradiso* (2014),
El libro de Jonás (2016)…

INFORMACIÓN SOBRE LA RESPONSABILIDAD SOCIAL CORPORATIVA DE AMAZING BOOKS

https://amazingbooks.es/editorial-ecosostenible

Responsabilidad Social Corporativa: para la edición de nuestras publicaciones se ha utilizado papel libre de cloro de acuerdo con los criterios medioambientales para el tratamiento de papel de forma sostenible, Amazing Books publica sus libros promoviendo la excelencia medioambiental y utilizando procesos que sean eco sostenibles respetando el medio ambiente. Amazing Books adquiere el compromiso de reciclar el stock sobrante de todas las ediciones que publica.

Papel con certificación PEFC

Compromiso de reciclaje

www.ingramcontent.com/pod-product-compliance
Lightning Source LLC
Chambersburg PA
CBHW041111120626
46547CB00019B/2671